李瑶亭 著

城市旅游产业发展模式与经济效应研究

上海社会科学院出版社
SHANGHAI ACADEMY OF SOCIAL SCIENCES PRESS

引 言

发展旅游业是推动高质量发展的重要着力点。2024 年 5 月 17 日，全国旅游发展大会在北京召开。习近平总书记对旅游工作作出重要指示，充分肯定我国旅游业取得的突出成就，强调“着力完善现代旅游业体系，加快建设旅游强国”，“推动旅游业高质量发展行稳致远”。

我国旅游产业从 1978 年起经历了形成、快速成长和蓬勃发展阶段，已成为我国新兴的战略性支柱产业和发展速度最快的产业之一。在这 40 多年的发展历程中，城市旅游产业作为我国旅游产业发展的核心和依托，为我国旅游产业的快速繁荣增长做出了重要的贡献。同时旅游产业在城市国民经济中的产业地位也不断提升，成为城市第三产业中的重点产业和支柱产业之一，发展旅游业成为城市大力发展第三产业、优化产业结构的重要核心内容。因此深入研究城市旅游产业的发展不仅是提升我国整体旅游产业实力、加快建设旅游强国的客观要求，也是城市围绕旅游核心产业优化配置现代旅游产业体系以带动城市产业结构调整优化、推动城市经济高质量发展的现实需要。

在城市旅游产业总体呈繁荣发展景象的同时，城市旅游产业发展空间差异也日益凸显，尤其是东、中、西部地区间的城市旅游产业发展水平存在显著差异。研究城市旅游产业发展模式，尤其是以东、中、西部地区旅游发展水平最高的城市为例，分析识别东、中、西部城市旅游产业发展模式，研究在不同发展模式下究竟是哪些关键因素促进其旅游产业发展？又有哪些因素制约其旅游产业发展？这些影响因素对城市旅游产业发展有何种程度影响？不同发展模式下的旅游经济效应有何区别？以城市旅游产业发展的影响因素为切入点，构建城市旅游产业分析框架和评价指标体系，通过综合评价所揭示出的旅游产业关键影响因子及其关联程度与特征来判断并识别东、中、西部城市旅游产业发展模式，进一步对不同发展模式下的旅游经济效应进行测度，从发展模式差异角度探究经济效应不同的原因，以明确东、中、西城市旅游产业发展模式的优缺点，在此基础上给出东、中、西部城市旅游产业发展对策与建议，这将充分发挥东、中、西部旅游增长中心城市的示范作用，为东、中、西部地区内其他具有类似旅游产业发展条件的城市提供发展模式参考和提升路径选择，具有重要的现实意义和实践价值。本书正是基于上述问题来研究城市旅游产业发展，遵循问题提出、文献述评、理论分析、实证研究、对策建议的研究路径对城市旅游产业发展展开定性与定量研究。

本书结合旅游经济学、产业经济学、城市经济学的相关理论来分析城市旅游产业发展的理论基础，并系统回顾和评价国内外相关理论和实证研究以确立本书研究切入点。目前，从发展角度对城市旅游产业的研究文献较多集中在旅游产业性质的改变、在城市经济发展中产业地位的变迁和旅游产业发展阶段的划分等方面，并多从宏观、定性角度来论述城市旅游产业的发展。也有部分学者对城市旅游产业发展模式或驱动模式进行了探讨，对发展模式影响因素的研究往往没有全面考虑城市旅游产业发展的系统性，没有基于城市旅游产业的系统结构进行影响因素分析，也没有考虑城市旅游产业发展影响因素的结构性和内在关联性，因而难以概括性地分离出影响城市旅游产业发展和识别城市旅游产业发展模式的关键因素。较多研究成果停留在定性分析，很少通过定量研究来判断和识别城市旅游产业的发展模式。少有的定量研究也是聚焦于某一时点上城市旅游产业发展的静态表现，样本数据多采用截面数据，缺乏对旅游产业发展过程的定量分析，采用时间序列数据的城市旅游产业发展模式研究略显不足。基于上述现状，本书的研究将在一定程度上弥补先前研究的不足，基于时间序列数据对城市旅游产业发展影响因素、发展模式和经济效应进行系统、综合研究，将有助于拓展城市旅游产业研究范围与内容，也将对城市旅游产业学术研究有较大的理论意义。

城市旅游产业发展演进历程可分为时间和空间 2 个维度，从时间维度上看，城市旅游产业经历了形成、快速成长和调整优化等 3 个阶段，城市旅游产业的发展格局、产业功能、运行方式、产品结构等都呈现出阶段性的特征和变化。从空间维度上看，我国东、中、西部城市旅游产业发展差异明显，呈现出东部首级增长中心城市带动中、西部次级增长中心城市，次级增长中心城市带动区域内其他城市的旅游产业发展格局。

本书将城市旅游产业视为一个复杂的产业系统，其发展是在产业系统内生和外生影响因素作用下的动态演进过程。且城市旅游产业发展模式作为城市旅游产业发展的总体方式，体现了城市旅游产业的发展方向和发展特征，其实质正是对旅游产业在微观因素影响下宏观表现的高度概括。因此本书研究城市旅游产业及其发展模式，将关注点放在城市旅游产业发展宏观表现下的微观影响因素。以影响因素为切入点，在借鉴现有城市旅游产业相关理论和文献研究基础上，结合城市旅游产业发展的特性，系统地归纳、分析城市旅游产业发展的影响因素及其相互关系，以构建城市旅游产业政府政策—产业发展—城市环境(GIU)分析框架。本书认为城市旅游产业发展主要受3个层面因素影响，分别为政府政策层面(level of Governmental policy)、产业发展层面(level of tourism Industry)和城市环境层面(level of Urban environment)。其中政府政策(G)是城市旅游产业发展的制度保障，决定了城市旅游产业的发展方向；产业发展(I)是城市旅游产业发展的内在核心，决定了城市旅游产业的要素配置、产业规模、产业结构和市场绩效；城市环境(U)是城市旅游产业发展的环境支撑，决定了不同城市旅游产业发展的比较优势和竞争优势。这GIU 3个层面要素相互联系、相互促进、相互影响，共同作用于城市旅游产业发展。

在GIU分析框架基础上，本书构建了城市旅游产业GIU评价指标体系，选取东、中、西部城市旅游产业发展水平最高的上海、武汉、重庆3个城市为样本城市，运用因子分析法对样本城市旅游产业分别进行了定量分层评价。通过分层评价所揭示出的旅游产业关键影响因子及其相关程度与特征，对东、中、西部城市旅游产业发展模式进行判断、识别。由此得出以上海为代表的东部城市旅游产业发展模式为“产业驱动，政策支持型”，以武汉为代表的中部城市旅游产业发展模式为“政策驱动，产业推动型”，以重庆为代表的西部城市旅游产业发展模式为“资源环境先导，政策响应型”，并在识别过程中结合对3个城市旅游产业现实发展的深度剖析对不同发展模式下旅游产业的发展特征和发展路径进行了分析、归纳。

通过对不同发展模式下旅游经济效应进行测度和评价，运用两部门经济模型和向量自回归(VAR)模型分别对样本城市旅游产业经济增长效应和产业结构优化效应进行的实证研究，得出在东、中、西部城市旅游产业发展模式下，旅游经济增长对城市经济增长和非旅游部门产出增长都有正向带动效应，东部城市旅游经济增长效应大于中、西部城市旅游经济增长效应，且东部城市旅游部门边际生产力高于非旅游部门边际生产力，而中部、西部旅游部门边际生产力低于非旅游部门边际生产力。对于东、中部城市，旅游产业发展水平提升是产业结构优化的单向原因即旅游产业发展促进了城市产业结构优化，且有东部城市产业结构优化影响系数大于中部城市产业结构优化影响系数。而对于西部城市，城市产业结构优化是旅游产业发展水平提升的单向原因，即城市产业结构优化提升了城市旅游产业发展水平。

在进一步横向比较东、中、西部城市旅游产业发展模式后，从发展模式差异角度探究了东、中、西部城市旅游经济效应不同的原因，明确了东、中、西部城市旅游产业发展模式的优缺点，并在 GIU 框架下从发挥城市旅游产业政策导向作用、调整优化城市产业结构和完善城市旅游产业发展环境 3 个层面给出了促进东、中、西部城市旅游产业发展的对策建议。

目　录

第一章
绪　论

第一节　选题背景与研究意义

一、选题背景

(一)城市旅游产业成为我国旅游产业发展的核心和依托

2024 年 5 月 17 日召开的全国旅游发展大会，是党中央首次以旅游发展为主题召开的重要会议。习近平总书记对旅游工作作出重要指示，充分肯定我国旅游业取得的突出成就，强调"着力完善现代旅游业体系，加快建设旅游强国"，"推动旅游业高质量发展行稳致远"。

从 1978 年我国旅游产业起步形成，实现由"外事接待型"向"经济经营型"转变，到 1992 年成长为我国第三产业的重点产业之一，再到如今旅游业日益成为新兴的战略性支柱产业和具有显著时代特征的民生产业、幸福产业。在这 40 多年中我国旅游产业经历了从形成、快速繁荣到稳定增长的发展过程。①2023 年我国旅游

---

① 由中国文化和旅游部官网发布统计数据可得，我国入境旅游人数由 1978 年的 180 万人次增加到 2023 年的 8 203 万人次，增长了 45 倍；国际旅游外汇收入由 1978 年的 2.6 亿美元增加到 2023 年的 529.6 亿美元，增长了 203 倍，旅游业成为我国国民经济中发展最快的产业之一。

总收入达6.63万亿元，约相当于国内生产总值的5.26%，旅游产业已成为我国新兴的战略性支柱产业，我国实现了从"旅游资源大国"向"旅游经济大国"的历史性跨越，正迈向"世界旅游强国"的新征程。在这个重要的历史性跨越中，城市旅游产业发挥了极其重要的作用。

（二）城市旅游产业在城市国民经济中的产业地位不断提升

城市旅游产业在城市国民经济中的产业地位不断提升，成为城市第三产业中的重点产业和支柱产业之一。一方面，随着城市的经济发展水平不断提高，城市环境日益改善，现代旅游资源不断开发和丰富，满足旅游消费者"食、住、行、游、购、娱、休闲"需求的各种旅游配套设施不断完善；旅游市场不断扩大，城市旅游功能随着不断凸显和增强，城市本身发展成为一个旅游目的地，由旅游客源地转变为旅游客源地和旅游目的地的综合体；旅游产业在城市国民经济发展中的地位不断上升，成为扩大城市内需，促进城乡居民消费支出增加的城市经济发展的新的增长点。另一方面由于旅游产业强大的综合性和产业关联性，使得旅游产业的发展带动了城市交通、餐饮、住宿、商贸、金融、文化、信息等相关服务业和第一、二产业的发展，也极大地带动了城市就业，因此发展旅游业成为城市大力发展第三产业、优化产业结构的重要核心内容，尤其是在西部城市，更是将旅游产业作为培养、发展服务业的支柱产业和先导产业。

城市旅游产业的发展对我国旅游产业发展和城市国民经济发展都发挥着重要的作用，因此深入研究城市旅游产业的发展不仅是提升我国整体旅游产业实力、加快建设旅游强国的客观要求，也是城市围绕旅游核心产业优化配置现代旅游产业体系以带动城市产业结构调整优化、推动城市经济高质量发展的现实需要。

（三）不同区域城市旅游产业发展存在差异

在城市旅游产业总体呈现繁荣发展的同时，我们也关注到城市旅游产业发展存在一定差异，尤其是东、中、西部城市旅游产业发展存在着显著的差距和不同。①

区域间城市旅游产业发展的绝对差距较大。而且区域内城市与城市间的旅游产业发展差异也明显存在，呈现出多级旅游产业发展中心城市格局：以东部地区的上海、广州、北京，中部地区的武汉，以及西部地区的重庆、西安、成都为旅游产业发展的首级增长中心城市，以东部地区的深圳、珠海、厦门、杭州、天津、南京、福州、大连、宁波，中部地区的长沙、黄山，以及西部地区的桂林、昆明为次级增长中心城市，并呈现出首级增长中心城市带动次级增长中心城市，次级增长中心带动区域内其他城市的旅游产业发展格局。

因此研究城市旅游产业发展模式，尤其是东、中、西部旅游产业发展水平最高城市的旅游产业发展模式，分析在不同发展模式下究竟是哪些关键因素促进了城市旅游产业发展？又有哪些因素制约了城市旅游产业发展？这些影响因素对城市旅游产业发展有何种程度影响？不同发展模式下旅游产业经济效应如何？以城市旅游产业发展的影响因素为切入点，构建城市旅游产业分析框架和评价指标体系，通过综合评价所揭示出的旅游产业关键影响因子及其相关程度与特征对东、中、西部城市旅游产业发展模式进行判断、识别，并对不同发展模式下旅游产业的经济效应进行测度，进一步从发展模式差异角度探究经济效应不同的原因，以明确东、中、西部城市旅游产业

---

① 据中国文化和旅游部官网发布统计数据可知，2021 年，东部地区国内旅游收入为 65 517.59 亿元，占全国总收入的 44.04%。中部地区和西部地区国内旅游收入分别为 38 806.71 亿元和 44 440.64 亿元，分别占全国总收入的 26.09%和 29.87%。

发展模式的优缺点，在此基础上给出发展东、中、西部城市旅游产业的具体对策建议。这将充分发挥东、中、西部旅游发展水平最高城市的示范作用，为东、中、西地区内其他具有类似旅游产业发展条件的城市提供发展模式参考和提升路径选择，具有重要的现实意义和实践价值。

二、研究目的与意义

首先，进一步丰富了城市旅游产业研究的领域与内容。城市旅游产业是我国旅游产业发展的核心和依托，城市旅游产业发展关系到我国整体旅游产业发展的产业实力和素质，因而研究意义重大。目前，从发展角度对城市旅游产业的研究文献较少且较多集中在旅游产业性质的改变、在城市经济发展中产业地位的变迁和旅游产业发展阶段的划分等方面，并多从宏观、定性角度来论述城市旅游产业的发展。也有部分学者对城市旅游产业发展模式或驱动模式进行了探讨，对发展模式的影响因素研究往往没有全面考虑城市旅游产业发展的系统性，没有基于城市旅游产业的系统结构进行影响因素分析，也没有考虑城市旅游产业发展影响因素的结构性和内在关联性，因而难以概括性地分离出影响城市旅游产业发展和识别城市旅游产业发展模式的关键因素。较多成果停留在定性分析，很少通过定量研究来判断和识别城市旅游产业的发展模式。少有的定量研究也是聚焦于某一时点上城市旅游产业发展的静态表现，样本数据多采用截面数据，缺乏对旅游产业发展过程的定量分析，采用时间序列数据的城市旅游产业发展模式研究略显不足。基于上述现状，本书研究将在一定程度上弥补先前研究的不足，基于时间序列数据对城市旅游产业发展影响因素、发展模式和经济效应进行系统、综合的研究，将有助于拓展城市旅游产业研究范围与内容。

其次，在定量研究基础上对城市旅游产业发展模式进行判断与识别，为城市旅游产业发展的进一步研究提供有价值的理论参考。目前对于城市旅游产业发展模式的研究多为定性分析，对城市旅游产业发展模式的判断和识别缺乏科学性的数据支持与规范尺度。本书以城市旅游产业发展的影响因素为切入点，建立了一套城市旅游产业 GIU 评价指标体系，并运用科学的数理统计方法和相关统计软件对样本城市旅游产业进行了评价，在此基础上识别了东、中、西部城市旅游产业的发展模式，归纳了不同发展模式下的旅游产业发展特征与发展路径。

再者，为东、中、西部城市完善城市旅游产业体系、优化城市旅游产业结构和提升城市旅游产业发展水平提供了决策参考。本书聚焦于城市旅游产业发展宏观特征下的微观影响因素，以城市旅游产业发展的影响因素为切入点，构建城市旅游产业评价指标体系。通过分层评价所揭示出的旅游产业关键影响因子及其相关程度与特征，对样本城市的旅游产业发展模式进行判断、识别，并对不同发展模式下旅游产业经济效应进行测度，进一步从发展模式差异角度解释经济效应不同的原因，明确了东、中、西部城市旅游产业发展模式的优缺点，在此基础上给出东、中、西部城市旅游产业发展的具体对策建议，为东、中、西地区内其他具有类似旅游产业发展条件的城市提供了发展模式参考和提升路径选择。并将城市旅游产业视为一个以城市为依托的综合产业系统，立足于城市发展的现实基础，探究旅游产业发展与城市经济、社会、生态协调发展的途径，也具有较大的现实价值。

第二节 研究思路与研究内容

一、研究思路

城市旅游产业是一个复杂的产业系统,其发展是在产业系统内生和外生影响因素作用下的动态演进过程。城市旅游产业发展模式作为城市旅游产业发展的总体方式,体现了城市旅游产业的发展方向和发展特征,其实质就是对旅游产业发展在微观因素影响下宏观表现的高度概括。

因此本书研究城市旅游产业及其发展模式,将关注点放在城市旅游产业发展宏观表现下的微观影响因素。以影响因素为切入点,首先通过系统分析旅游产业影响因素及其相互关系,构建城市旅游产业 GIU 分析框架,基于该框架构建城市旅游产业 GIU 评价指标体系对东、中、西部样本城市旅游产业做出综合评价。然后根据综合评价所揭示的关键影响因子及其相关程度与特征来识别东、中、西部城市旅游产业发展模式,归纳东、中、西部城市旅游产业的发展特征和路径。并对不同发展模式下旅游产业的经济增长效应和产业结构优化效应进行测度,进一步比较东、中、西部城市旅游产业发展模式,从发展模式差异角度探究经济效应不同的原因,以明确东、中、西部城市旅游产业发展模式的优缺点,最后在此基础上给出东、中、西部城市旅游产业发展的具体对策建议。

依据该研究思路,本书的研究逻辑框架见图 1-1。

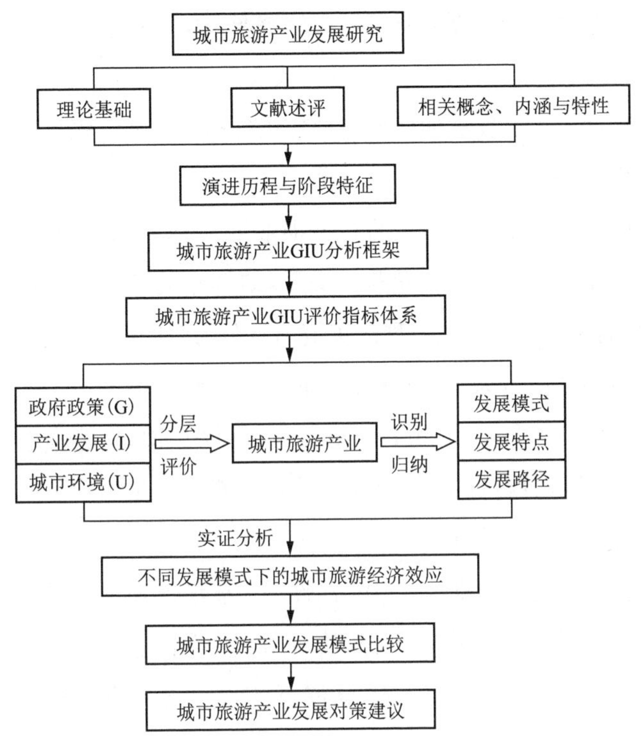

图 1-1　城市旅游产业发展与经济效应研究逻辑框架图

二、研究内容

第一章为导论，主要阐述本书的研究背景、研究目的与意义，界定研究对象与研究范围，介绍研究思路与内容框架安排以及本书的主要研究方法和创新之处。

第二章为理论基础和文献述评，结合旅游经济学、产业经济学、发展经济学、城市经济学的相关理论，分析城市旅游产业发展研究的理论基础，对国内外相关理论和实证研究做出研究述评，确立本书的研究切入点。

第三章从时间维度对我国城市旅游产业发展的演进历程进行概括总结，分析城市旅游产业发展的阶段演进特征，同时从空间维度对我国城市旅游产业发展的区域差异变化过程和区域结构展开进一步深入分析。

第四章为城市旅游产业的 GIU 评价指标体系构建，系统分析城市旅游产业发展影响因素及相互关系，结合相关理论和产业发展特性，将影响城市旅游产业发展的关键因素分为政府政策层面（level of governmental policy）、产业发展层面（level of tourism industry）和城市环境层面（level of urban environment）3 个层面，构建本书的城市旅游产业 GIU 分析框架，并基于该分析框架进一步构建了城市旅游产业 GIU 评价指标体系。

第五、六、七章分别为东、中、西部城市旅游产业发展模式和经济效应的实证研究。运用因子分析法对东、中、西部旅游产业发展水平最高的 3 个增长中心城市上海、武汉、重庆的旅游产业进行定量分层评价，通过分层评价所揭示出的旅游产业关键影响因子及其相关程度与特征，对东、中、西部城市旅游产业发展模式进行判断、识别，并在识别过程中结合 3 个城市旅游产业现实发展的深度剖析对不同发展模式下旅游产业的发展特征和发展路径进行归纳、总结。运用两部门经济模型和向量自回归模型分别对 3 个样本城市旅游产业的经济增长效应和产业结构优化效应进行评价。

第八章横向比较东、中、西部城市旅游产业发展模式及经济效应，从发展模式差异角度探究东、中、西部城市旅游产业经济效应不同的原因，明确东、中、西部城市旅游产业发展模式的优缺点，并在 GIU 框架下从发挥城市旅游产业政策导向作用、调整优化城市产业结构和完善城市旅游产业发展环境 3 个层面给出了促进东、中、西部城市旅游产业发展的对策与建议。

第九章为本书研究结论与后续研究展望。

第三节 研究方法与创新之处

一、研究方法

研究方法是认识问题、分析问题和解决问题的重要手段，也是研究工作得以成功进行的基础和前提，研究方法的选择是依据研究对象的内容和特征来决定的。本书认为展开对城市旅游产业发展研究首先需要将城市旅游产业视为一个完整的产业系统，对系统的整体构成和内在影响要素进行剖析；同时，城市旅游产业的评价和城市旅游产业发展模式的识别、分析是一个定性与定量相结合的过程。因此，本书以系统论原理作为总体思路，辅以科学推演的综合性方法对城市旅游产业发展进行研究，采用的研究方法主要包括：

（一）文献研究法

文献研究法主要用于本书的理论基础与国内外文献述评和城市旅游产业演进过程分析。由于城市旅游产业研究的跨学科性、综合性和交叉性，本书对有关城市旅游产业发展的相关理论进行梳理，综合借鉴和吸收旅游经济学、产业经济学、发展经济学、城市经济学、系统理论等多个学科的理论，系统参阅、回顾国内外关于城市旅游产业发展的研究文献，从多角度分析城市旅游产业发展，明晰城市旅游产业发展及发展模式的概念、内涵、特性，运用系统理论和层次分析方法剖析城市旅游产业发展的影响因素构成，以确定本书的研究切入点和构建城市旅游产业分析框架。通过城市旅游产业演进过程分析、收集与该研究内容相关的文献资料和数据，通过分析、归纳文献资料，挖掘文献所体现出的城市旅游产业发展的状态、演进趋势与变化和发展特征。

（二）实证研究与规范研究法

实证研究是一种分析“是什么”的研究方法，规范研究则是一种分析“应该是什么”的研究方法，两种方法在本书研究中交叉运用。本书在评价城市旅游产业、识别城市旅游产业发展模式、测度城市旅游经济效应时，主要采用实证研究方法。采集样本城市 2007 年到 2017 年的时间序列数据①，运用因子分析法对样本城市旅游产业进行定量分层评价，通过分层评价所揭示出的旅游产业关键影响因子及其相关程度与特征，识别东、中、西部城市旅游产业发展模式，并构建两部门经济模型和向量自回归模型对样本城市旅游经济效应进行测度与评价。在围绕东、中、西部城市旅游产业应该如何发展，提出城市旅游产业发展对策建议时则采用规范研究方法。

（三）系统论方法

系统理论将研究对象视为一个整体体系，以整体观看系统整体和组成系统的各要素之间的关系。系统论认为任何系统都具备 3 个组成部分，即系统的构成要素、系统环境和系统输入与输出。其原理就是通过分析系统的结构来研究系统、要素、环境三者之间的相互关系。本书运用系统论方法，将城市旅游产业视为一个多层次的复合产业系统，分别对其整体构成和内在影响要素进行深入探讨与剖析。既注重对其与城市宏观环境之间关系的考察，也注重对其内部各层

① 由于 2018 年 4 月文化部与国家旅游局职责整合成立文化和旅游部，《中国旅游统计年鉴》在 2019 年（出版年份）之后与《中国文化文物统计年鉴》合并为《中国文化文物和旅游统计年鉴》，统计指标前后不一致，故样本数据截至 2018 年《中国旅游统计年鉴》的数据。

次、各要素之间关系的考察，以厘清城市旅游产业 GIU 分析框架的来源依据，在此基础上构建城市旅游产业研究框架和评价指标体系。

（四）比较分析法

本书在我国城市旅游产业的演进历程分析中，从时间维度对我国城市旅游产业的演变过程进行了纵向阶段比较，从空间维度对我国东、中、西部地区城市旅游产业发展水平进行了横向比较。在东、中、西部城市旅游产业发展模式与经济效应研究中，基于本书构建的城市旅游产业 GIU 分析框架，对东、中、西样本城市的政府政策、产业发展、城市发展环境 3 个层面进行了分层评价与比较，判断、识别出东、中、西部城市旅游产业发展模式。并通过横向比较东、中、西部城市旅游产业发展模式及其经济效应，探究了发展模式差异带来经济效应不同的原因，进一步明确了东、中、西部城市旅游产业发展模式的优缺点。

（五）归纳与演绎分析方法

在借鉴现有城市旅游产业发展相关理论和对国内外文献进行综述基础上，本书结合城市旅游产业发展特性，系统分析、归纳城市旅游产业发展的关键影响因素，构建城市旅游产业 GIU 分析框架和 GIU 分层评价指标体系。然后基于该分析框架以我国东、中、西部城市旅游产业发展水平最高的上海、武汉、重庆 3 个城市为例，对东、中、西部城市旅游产业展开实证研究。通过因子分析法所揭示的城市旅游产业发展关键影响因子及其相关程度与特征，识别出东、中、西部城市旅游产业的发展模式，并在识别过程中结合样本城市旅游产业现实发展的深度剖析对不同发展模式下旅游产业的发展特征和发展路径进行了归纳、总结。并进一步比较东、中、西部城市旅游产业发展模式，从发展模式差异角度探究东、中、西部城市旅游产业经济效应不同的原因，明确东、中、西部城市旅游产业发展模式的优缺点，由此推导给出东、中、西部城市旅游产业发展提升路径和对策建议。

二、研究创新之处

（一）基于城市视角来研究旅游产业发展及发展模式。从现有的文献资料来看，对于旅游产业发展模式的研究主要集中在国家层面的研究，以城市为视角研究城市旅游产业发展模式的较少。其研究国家旅游产业发展模式，往往是套用分析一个国家经济发展模式的逻辑方法来分析旅游产业的发展模式，这种分析方法总结出的发展模式普适于我国所有城市的旅游产业，并没有反映出不同城市旅游产业发展模式的差异和特征。而在我国，不同区域城市旅游产业发展特征存在着较大的差别，如果简单地将它们归类于上述的某一种旅游产业发展模式，就忽视了不同城市旅游产业自身的发展特点。这就为本书的研究提供了突破点和创新点，即城市旅游产业发展模式的研究应当基于城市旅游产业自身的发展演进历程，分析归纳旅游产业在发展历程中所呈现出的特征和变化趋势，并探究引起这些特征变化和趋势的关键影响因素。以城市旅游产业发展的影响因素为切入点，构建城市旅游产业研究框架和评价指标体系，以东、中、西部旅游产业发展水平最高的上海、武汉、重庆为例，运用因子分析法对其旅游产业做出综合评价，根据评价所揭示的关键影响因子及其相关程度与特征来识别东、中、西部城市旅游产业的发展模式，归纳不同模式下的发展特征与路径，将充分发挥东、中、西部旅游增长中心城市的示范作用，为区域内具有类似旅游产业发展条件的城市提供发展模式参考和提升路径选择。

（二）基于系统理论构建城市旅游产业 GIU 分析框架和评价指

标体系。相关研究从多个角度和层次对城市旅游产业发展的动力和影响因素进行了分析，综合起来看，既有考虑城市旅游产业发展的内在因素包括旅游资源、旅游吸引物、旅游生产要素、旅游企业、旅游产品、旅游产业集群、旅游产业结构等因素；也有涉及旅游产业发展的外部环境如经济、区位、制度、文化、技术、生态环境等诸多因素和条件。但是现有研究并没有全面考虑城市旅游产业发展的系统性，没有基于城市旅游产业的系统结构进行影响因素分析，因此没有考虑城市旅游产业发展影响因素的结构性和内在关联性，也就难以概括性地分离出影响城市旅游产业发展和识别城市旅游产业发展模式的关键因素。本书避免先前研究不足，将城市旅游产业视为一个复杂多层次的系统，其发展是在产业系统内生和外生影响因素作用下的动态演进过程，结合相关理论和城市旅游产业发展特性，通过系统分析影响因素及其相互关系，将城市旅游产业关键影响因素分为3个层面，分别为政府政策层面、产业发展层面和城市环境层面，每个层面由不同的要素构成。政府政策层面是城市旅游产业发展的制度保障，决定了城市旅游产业的发展方向。产业发展层面是城市旅游产业发展的内在核心，决定城市旅游产业要素结构与配置效率、产业规模、产业结构和市场绩效。城市环境层面是城市旅游产业发展的环境支撑，决定了不同城市旅游产业发展的比较优势和竞争优势。这3个层面要素相互联系、相互促进、相互影响，共同作用于城市旅游产业发展。在此基础上，创新性地构建了本书的城市旅游产业GIU分析框架，以此作为城市旅游产业评价指标体系构建的理论基础和城市旅游产业发展模式的识别依据，分层评价了东、中、西部样本城市旅游产业、识别其旅游产业发展模式和归纳总结其发展特征与路径，进一步基于该分析框架比较发展模式并给出提升旅游产业的具体对策建议。

（三）通过对城市旅游产业的定量分层评价，提出东、中、西部城市旅游产业发展的3个模式。关于城市旅游产业发展研究尤其是发展模式研究较多使用定性分析法，使用定量分析的较少。本书选取样本城市2007年到2017年时间数据序列分析城市旅游产业发展的演进过程，运用因子分析法分别对东、中、西部旅游产业发展水平最高的上海、武汉、重庆3个增长中心城市的旅游产业进行了定量的纵向分层评价。通过分层评价所揭示出的旅游产业关键影响因子及其相关程度与特征对样本城市的旅游产业发展模式进行了判断、识别，得出以上海为代表的东部城市旅游产业发展模式为“产业驱动，政策支持型”模式，以武汉为代表的中部城市旅游产业发展模式为“政策驱动，产业推动型”模式，以重庆为代表的西部城市旅游产业发展模式为“资源环境先导，政策响应型”模式，并在识别过程中结合3个城市旅游产业现实发展的深度剖析对不同发展模式下旅游产业的发展特征和路径进行归纳总结。城市旅游产业GIU评价指标体系的建立和因子分析法的运用破解了先前城市旅游产业发展模式识别缺乏科学数据支持和规范尺度，单一地从定性角度判断城市旅游产业发展模式的难题，对城市旅游产业研究具有重要的理论意义。同时识别东、中、西部旅游产业增长中心城市的旅游产业发展模式、总结归纳其发展特征与发展路径具有较大的现实研究价值，为东、中、西部城市发展旅游产业提供了发展模式参考和发展路径选择，也为政府相关决策咨询提供了可行的、有针对性的政策建议。

第二章
理论基础与国内外相关研究综述

第一节　城市旅游产业发展的理论基础

本书以城市旅游产业为研究对象，以发展影响因素、发展模式和经济效应为核心研究内容，因此研究中会涉及旅游经济学、发展经济学、城市经济学的相关理论，本书将首先对这些相关理论和概念做出梳理，以建立本书理论和实证研究的理论基础。

一、城市经济学理论与城市旅游产业发展

（一）城市化理论与城市旅游化

传统的城市化理论认为城市化是社会经济发展的必然结果，是指农村人口向城市聚集、城市规模扩大并由此引起的社会经济结构变化的过程，其实质是在经济、社会和空间结构三方面的变迁过程。城市化发展呈现阶段性演进规律。在初级阶段，农业在经济结构中比重较大，农业劳动力占总劳动力比重也较大，农业劳动生产率低，加工工业发展缓慢，工业化处在初期阶段，城市化发展缓慢。在中期阶段，随着农业生产率提高有大量农业剩余劳动力离开农村进入城

市的第二、三产业就业，人口和经济活动迅速向城市集聚，非农经济活动增加，第一产业比重下降，第二、三产业比重上升，工业以生产劳动密集型产品为主，工业化进入起飞阶段，促使城市化进入高速成长期。在后期阶段，城市化达到较高水平，工业由劳动密集型过渡到资本密集型、技术密集型，对劳动力的需求进一步减少，工业中部分劳动力开始向第三产业转移，第三产业比重上升。农业基本实现现代化，农业剩余劳动力转移大致完成，农村向城市迁移人口大幅度下降，没有更多的劳动力可以进入城市，城市化逐渐进入缓慢发展和注重提升城市质量的阶段。从城市化演进阶段规律来看，在城市化的初级和中期阶段，城市的专业化部门以第一产业、第二产业的生产性部门为主，以工业化作为城市化的主要推动力量。而在城市化的中后期阶段，城市的第三产业比重不断上升，城市的专业化部门以非生产性部门为主。特别是进入工业化后期和后工业化时期，经济以服务性经济为主，第三产业取代第二产业成为城市化的主要推动力量。在这过程中，旅游产业作为第三产业的重要组成部分也成为促进城市化发展的重要动力，旅游城市化这一现象也逐渐凸显。

旅游城市化(tourism urbanization)最先由帕特里克·穆林斯(Patrick Mullins)提出①，他认为旅游城市化是20世纪后期在西方发达国家出现的建立在享乐的销售与消费基础上的城市化模式。在这过程中旅游向城市集中、城市的旅游功能日益增强、城市旅游规模不断扩大，城市从旅游客源地向旅游客源地和旅游目的地的综合体转化②。

① Mullins P. Tourism Urbanization[J]. International Journal of Urban and Regional Research, 1991(3):326—342.

② 张圆刚，陈希，余润哲，等.线型旅游体验空间：风景道的体验性逻理嬗变[J].自然资源学报，2020(2):284—296.

其实质是旅游产业的发展带动人口、资本和物质等生产力要素向旅游依托地区积聚和扩散，从而带动城市地域的不断推进和延伸的过程①。

从我国旅游城市化的发展实践来看，旅游产业发展已成为城市化的重要动力，在城市化不同阶段发挥作用。在城市化的初级阶段，旅游产业发展作为城市形成的原动力，使得专门旅游城市从无到有、从小到大。在城市化的中后期阶段，城市在转型过程中以现代服务业为推进器，而旅游产业在不同的城市被定位为现代服务业的主导产业或支柱产业，在城市化进程中改变了城市的产业结构，促进了城市的经济转型和功能多元化。因此应运用城市化相关理论在旅游城市化的背景下分析研究城市旅游产业发展带给城市的经济效益和就业效应，重视旅游产业在城市产业结构调整、就业结构调整和第一、二产业要素资源在旅游产业的再分配及其带给现代服务业的集聚经济效应的作用上。

(二) 城市集聚经济理论

集聚经济是城市经济学重点研究内容，也是城市经济学的核心理论，它认为城市作为人口和经济活动的综合集聚体，其发展和演变在本质上是产业集聚推动的结果。集聚形成的规模报酬递增和外部经济造成了产业规模的不断扩展和结构升级，由此带动城市经济不断发展。

在城市旅游产业发展过程中，旅游产业聚集现象已成为一个客观存在并呈不断上升态势的现象。城市集聚经济理论围绕产业集聚推动城市经济发展的研究给本书研究城市旅游产业发展提供了一个

① 王金伟，王启翔，陆大道.数字经济、旅游经济与新型城镇化时空耦合格局及影响因素——以长三角地区为例[J].地理研究，2024(12)：3301—3326.

新视角，即研究旅游产业集聚以及其与旅游产业发展之间、与城市经济发展之间的关系。一方面，旅游产业的发展需要城市发展的依托，需要城市资源、要素、人口的集聚，由于旅游产业提供旅游产品的非存储性及生产消费同时性的特点，只有生产要素和人口规模聚集达到相当规模，才能形成对旅游产品和服务强大的市场需求，城市本身已然成为旅游产业发展的重要因素。另一方面，旅游产业和资源、要素、人口等在城市内不断集聚，旅游产业聚集的程度和速度将决定旅游产业的发展水平和与城市经济发展耦合的高低，并对城市产业结构调整和城市第三产业发展产生影响。

二、系统理论与城市旅游产业发展

系统理论将研究对象视为一个整体体系，以整体观看系统整体和组成系统的各要素之间的关系。将系统理论运用于本书旅游产业发展研究，可将旅游产业视为一个系统，从整体出发研究旅游产业系统和组成系统各要素之间的关系，从而把握旅游产业发展的整体规律。并用系统的方法对各种影响旅游产业发展的因素进行归纳、分类，在此基础上构建城市旅游产业的分析框架和评价指标体系。

任何一个系统都须具备 3 个要素，即系统的组成部件、系统的环境、系统的输入和输出。系统论基本思想就是通过分析系统的结构和功能来研究系统、要素、环境三者之间的相互关系及变动规律性。对于本书所研究的城市旅游产业而言，旅游产业系统是整个城市经济系统的子系统，是城市经济系统内投入产出链上的一环，离不开城市经济发展的大环境。因此旅游产业的输入是城市的要素供应者，包括劳动力、资金、技术、创新、资源、投资和政策的供应者，输出则由满足旅游消费需求的旅游产品和服务、旅游产业利润、对城市经济影响构成。旅游产业系统的环境具有层次性，可以从宏观和微观 2 个层次来分析。宏观层次是指将旅游产业发展系统放在城市系统的背景下去考察，研究旅游产业发展与城市之间的关系。微观层次则是指在旅游产业系统内部进行层次细分，将其分为若干子系统，考察系统内部各子系统、各要素之间的关系。旅游产业系统组成要素根据不同的方法可以细分成不同的子系统，现有研究中旅游产业系统已有的划分有：按相关行业部门受旅游产业影响程度分为旅游直接影响、间接影响和引致影响行业 3 个子系统；按与旅行者的关系角度分为旅游服务系统、旅游服务后援系统、旅游保障系统、旅游调控系统、旅游资源系统和旅游客源系统①；按旅游六要素分为食、住、行、游、娱、购六大系统。系统理论为本书提供了一个从整体出发研究旅游产业系统和组成系统各要素之间关系的视角。

上述理论涉及城市旅游产业发展的论述、旅游产业发展影响因素的阐释、旅游产业发展与城市发展之间关系的探讨，涉及旅游经济学、产业经济学、发展经济学、城市经济学等多个学科领域，从不同角度和方面为本书城市旅游产业发展研究提供理论依据与参考，为下文构建城市旅游产业分析框架和展开实证分析打下理论基础。

第二节 国内外相关研究综述

城市旅游产业经过了改革开放 40 多年来的发展，在产业定位、发展模式、运行方式、产业内和产业间的组织结构、产品形态等方面都发

① 尹书华，罗秋菊.秩序建构视角下的节庆活动空间主体研究[J/OL].旅游科学，1—15[2025-02-05]. https://doi.org/10.16323/j.cnki.lykx.20241225.002.

生了改变和调整，因此城市旅游产业发展研究是一个很大、很复杂的命题，本书要构架出一个较为完整、系统的城市旅游产业分析框架，就需要对国内外学者关于城市旅游产业发展研究内容进行全面的梳理和归纳，以为本书确立研究切入点、选择研究路径和构建理论框架做好理论铺垫。国内外学者对城市旅游产业发展的研究主要分以下几方面：

一、产业性质、定位和发展模式

国内外学者在城市旅游产业形成初期，集中围绕城市旅游产业的产业性质、产业定位和发展模式展开定性研究。从 20 世纪 60 年代起，西方经济发达城市作为旅游门户，其入境旅游获得了飞速发展，国外学者开始逐渐认识到城市旅游产业的重要性，由此展开了对城市旅游产业影响力和重要性的集中定性研究。斯坦菲尔德(Stanfield)①在研究中发现了发展旅游业带来的城乡不平衡，最先认识和提出了城市旅游业的重要性。之后学者开始关注旅游业对城市的重要性和影响，沃尔(Wall)②论述了城市旅游业对社会转型的影响。阿什沃思(Ashworth)(1992)③首先对历史遗迹型城市发展旅游业进行了研究，之后提出城市本就是一个旅游目的地，不再仅是经济、文化、政治中心，也是旅游中心，旅游业在城市发展中有重要作用。穆林斯(Mullins)④提出了城市旅游化是建立在享乐的销售与消

① Stansfield C.A. A Note on the Urban-Nonurban Imbalance in American Recreational research. Tourist Review，1964.

② Wall G. Atlantic City Tourism and Social Change[J]. Annals of Tourism Research，1983(4)：590—605.

③ Ashworth G. J. Is There an Urban Tourism? Tourism Recreation Research，1992(2)：3—8.

④ Mullins P. Tourism Urbanization International Journal of Urban and Regional Research，1991(3)：326—342.

费基础上的一种新的城市化类型，这一概念的提出使人们对城市如何通过发展旅游来获得带动发展有了新理解和新认识。在这阶段中最早从产业发展演进角度来研究城市旅游产业的是加拿大学者布尔特(Bulter)①，在其1980年提出的旅游地生命周期理论的基础上分析了18世纪到19世纪苏格兰高地旅游业的发展过程，总结分析了当地旅游业在不同发展阶段呈现出的特点，提出旅游产业可以通过划分清晰而又重叠的发展阶段来进行分析，并探讨了当时的社会、经济和技术对旅游业发展的影响。

而在我国，学者们对旅游产业的性质和定位研究是紧密结合我国旅游业的发展实践背景的。在我国由于政治、经济、社会等多方面的原因，旅游业在新中国成立之初并未被视为一个产业而是作为外事接待事业而存在发展，是我国外事活动的组成部分并不具备真正意义上的产业经济功能。直至1978年改革开放后，我国旅游业开始从政治接待事业向经济经营事业转化，旅游业开始进入形成期，向真正意义上的产业发展迈进。因此从20世纪80年代起我国学者对旅游产业的研究才开始起步，但当时的旅游业研究较多集中在对西方发达国家或城市旅游业发展的经验介绍②③④⑤⑥，强调突出西方国家或城市旅游业发展对国民经济的重要影响，为我国旅游业经济地位的取得做了理论指引和铺垫。之后国务院首次将旅游业发展纳入

---

① Butler R W. Evolution of Tourism in the Scottish Highland[J]. Annals of Tourism Researeh, 1985(3):371—391.

② 朱祥忠.西班牙的旅游业是怎样发展起来的[J].世界经济，1980(8):63—67.

③ 许凤歧.旅游业：奥地利经济的重要支柱[J].外国经济参考资料，1980(5):34—35，24.

④ 吴志宏.国际旅游业的发展[J].外国经济参考资料，1980(5):31—34.

⑤ 黄惠莲.菲律宾的旅游业[J].东南亚研究资料，1983(3):105—108.

⑥ 张佐华.香港的旅游业为什么能够迅速发展[J].旅游论坛，1986(3):65—70.

了我国国民经济发展的“七五”计划，旅游产业地位正式确立，我国学者的研究重点转向了对旅游业性质和在国民经济发展中定位的探讨。最为代表性的是李赓[①]对我国旅游业的作用和产业性质的分析，他认为旅游业应依托已有的产业资源和产业基础发挥四大作用，即发展入境旅游创汇、发展国内旅游改善居民消费结构、发展旅游外向型经济吸纳农村剩余劳动力、成为地区支柱产业繁荣地区经济。李赓判断在旅游产业初始阶段，旅游业是经济文化事业，更强调旅游业的直接、间接经济效应对旅游业获得牢固产业地位有很大重要性。同时预见当旅游产业不断壮大成熟后将成为满足人民更高层次精神文化需求、在国家社会多方面大有作为的经济文化事业，并关注到了旅游业对交通运输、道路通信、建筑装修、食品供应、文化园林相关产业的带动性，认为旅游业的关联性将对我国经济发展形成巨大的潜力。可以说他关于旅游业发展的观点在当时的旅游产业性质和地位研究中是很具有前瞻性的。

在 20 世纪 80 年代旅游业的经济功能得到明确，奠定了旅游产业的发展基础，90 年代起我国改革开放不断深入，我国旅游产业逐渐从传统计划经济体制中脱离出来，进入蓬勃成长阶段。这一阶段我国学者开始对旅游产业地位和发展模式展开进一步的研究。张辉[②]指出继续将旅游业定性为事业性质在理论上是混乱的，旅游业已作为一个新兴产业在经济发展中发挥重要作用，并提出我国旅游产业应选择超前型发展模式和国际旅游推进国内旅游发展的运行方

---

① 李赓.产业关联：有待释放的潜在功能：中国旅游产业的现实思考[J].旅游学刊，1989(2)：7—11.

② 张辉.对我国旅游发展道路的重新认识[J].西北大学学报(哲学社会科学版)，1995(3)：119—122.

式。王大悟、魏小安[1]就我国旅游产业发展采取政府主导型的协调运行机制展开论述，认为政府主导型旅游发展模式是在以市场为基础配置资源的前提下，由政府组织、协调各种社会主体共同加快旅游产业发展速度的模式。但随着我国旅游业快速发展的同时，政府主导型发展模式的弊病也逐渐显现，章尚正[2]分析了政府主导型发展模式造成了旅游产业条块分割、资源配置低效率、企业缺乏自主经营权、产业内结构性矛盾突出等问题，提出政府主导型发展模式的依存条件已改变，应转化政府主导模式为市场主导型模式，认为政府只能顺应市场规律“推动”，而非“主导”旅游业发展。张建梅[3]分析了现阶段实施政府主导型发展模式的依据，但同时指出了该模式带来的负面影响，提出市场主导模式是未来发展旅游业的必然选择。王起静[4]，杜长辉[5]则认为政府和市场在旅游产业发展过程中应相互配合，在充分发挥市场机制作用的基础上，实行积极有限的政府职能，结合模式可以更好地促进旅游产业的发展。马春野[6]提出在旅游产业发展过程中应充分发挥环境的调节作用，尊重旅游产业系统自组织演化规律，使旅游产业系统在协同动力机制作用下，以自组织方式演化的旅游产业发展模式来取代现有的政府主导型发展模式。

---

① 王大悟，魏小安.新编旅游经济学[M].上海：上海人民出版社，1998：97.

② 章尚正.政府主导型旅游发展战略的必然转化[J].旅游科学，2002(1)：5—8.

③ 张建梅.论我国旅游业由政府主导向市场主导模式的转换[J].现代财经(天津财经学院学报)，2003(11)：58—61.

④ 王起静.市场作用、政府行为与我国旅游产业的发展[J].北京第二外国语学院学报，2005(1)：20—25.

⑤ 杜长辉.制度变迁与中国旅游产业政府主导式发展[D].北京：北京第二外国语学院，2006.

⑥ 马春野.基于协同动力机制理论的中国旅游产业发展模式研究[D].哈尔滨：哈尔滨工业大学，2011.

在国家旅游产业发展模式确立的背景下，国家将旅游业作为大力发展的第三产业中的重点产业，旅游业发展由从海外市场拉动转化为内外市场共同拉动，我国国内旅游业迅速崛起，旅游业在地方经济发展中地位大大提高。国家旅游局（现文化和旅游部）为进一步提高国内城市的旅游综合接待能力和服务水平，促进旅游业健康持续发展，从 1998 年起开展了我国优秀旅游城市的评选活动，该活动极大地推动了城市旅游产业的发展，旅游产业在城市经济中的地位不断提高。从那时起到 21 世纪初我国学者开始注重对城市旅游产业发展地位、作用、发展模式以及旅游产业与城市发展关系的探讨。张凌云①提出旅游资源优势、旅游产业优势和旅游经济优势代表了一个地区旅游资源价值运动的不同阶段，旅游资源优势是条件，旅游经济优势是目标，而旅游产业优势就是从旅游资源优势到旅游经济优势的桥梁，不同地区由于区位条件和优势组合不同，其旅游产业地位和经济作用应因地而异，强调了旅游产业地位在不同地区的层次性。并以 18 个城市为研究对象，分析这些城市旅游收入占地区生产总值(GRP)的比重，以 5%和 20%为界将旅游产业在城市经济发展中的地位认定为支柱产业和主导产业，探讨了不同定位层次上旅游产业的作用。郭为等②根据城市在旅游业发展扮演的角色转变，将城市旅游发展分为 3 个阶段，即单一的旅游目的地阶段、旅游目的地和旅游流节点的二元化阶段、旅游目的地、客源地、旅游流节点的一体化阶段。魏小安③分析了旅游产业在旅游城市发展中的作用，并提出

① 张凌云.试论有关旅游产业在地区经济发展中地位和产业政策的几个问题[J].旅游学刊，2000(1)：10—14.

② 郭为，朱选功，何媛媛.近三十年来中国城市旅游发展的阶段性和演变趋势[J].旅游科学，2008(8)：12—18.

③ 魏小安.旅游城市与城市旅游：以另一种眼光看城市[J].旅游学刊，2001(6)：8—12.

两种城市旅游产业发展模式：一是通过景区开发和发展拉动城市旅游业发展，二是注意培养城市本身，将城市作为旅游目的地发展而不仅仅是旅游业的发展，并认为后一模式是城市旅游业发展的长远模式。郭舒①构建了城市旅游业发展模式的三维选择框架，以城市旅游空间、旅游者行为、旅游业行为三维要素为判断依据，从空间维度、需求维度、供给维度来决定城市旅游业的发展模式。学者们也以旅游产业较为发达的具体城市为例对城市旅游产业发展模式进行了探讨，彭华②以汕头市为例，具体探讨了经济中心型城市的旅游发展应走商务主导型都市旅游带动区域旅游发展的模式。吴国清③，卢晓④，朱尧⑤等从上海旅游产业发展的定位、旅游吸引物和资源、旅游形式、旅游产品和旅游者空间分布等方面对上海都市旅游发展模式进行了探讨。保继刚⑥探讨了珠海以休闲度假、会议会展、观光、商务等活动为内涵的"主题城市旅游"发展模式和驱动机制。杨勇⑦用制度、旅游业宽度、产品线扩展 3 个因素分析解读上海旅游产业改革开放以来的发展逻辑与路径，认为上海旅游产业的发展以制度变迁为基础，以旅游产业宽度和产品线扩展为推动机制性结构。这 3 个因素的发展变化形成了上海旅游产业不同阶段的发展模式，也促进

---

① 郭舒.城市旅游发展模式的研究框架[J].北京第二外国语学院学报，2002(4)：16—19.

② 彭华.试论经济中心型城市旅游的商务主导模式：以汕头市为例[J].地理科学，1999(4)：140—146.

③ 吴国清.市场导向与上海郊区旅游开发初探[J].人文地理，1996(3)：69—71.

④ 卢晓.上海旅游资源产品化的一般模式研究[J].旅游科学，2000(1)：17—19.

⑤ 朱尧，邹永广，陈璐.基于 UGC 数据的国内都市旅游流时空特征分析：以上海为例[J].旅游论坛，2019(4)：33—41.

⑥ 保继刚，朱竑，刘晓冰.珠海市旅游发展模式及驱动机制研究[J].特区探索，1998(5)：19—21.

⑦ 杨勇.上海旅游产业化进程的发展路径和综合评价研究：一个基于经验分析的逻辑框架[J].北京第二外国语学院学报，2012(1)：40—48.

了上海旅游产业由政府主导下“嵌入式”发展模式向规则性市场制度环境“产业推动型”发展模式转变。马勇、董观志[①]提出武汉市旅游产业的发展应选择大旅游圈模式，并对大旅游圈的构建模式、空间结构、功能结构展开分析。朱竑、戴光全[②]以东莞为例分析了经济驱动型城市的旅游产业发展模式，该模式突破了传统依托旅游资源的产业发展模式，对经济发达但旅游资源薄弱的城市发展旅游业有一定借鉴意义。彭华[③]从旅游产业发展动力模式角度提出城市旅游发展受旅游资源、城市经济、旅游需求3个主导因素和城市环境与基础设施2个辅助因素影响，在此基础上提出了资源驱动型、经济驱动型、需求推动型、综合都市型四种城市旅游产业发展动力模型。唐承财[④]基于这4个城市旅游产业发展动力模型以北京、广州、深圳、重庆为例，建立判别指标体系分析得出北京为都市综合型驱动旅游城市，广州为经济驱动型旅游城市，深圳为需求驱动型旅游城市，重庆为旅游资源驱动型城市。袁鹏[⑤]构建城市旅游发展的经济发展、社会文化、旅游资源、基础设施、气候条件和环境条件六大动力因子。王新越等[⑥]提出我国旅游产业发展在经历了经济驱动、市场驱动2个阶段后，逐渐过渡到创新驱动阶段。冯学钢[⑦]等将新质生产力与旅

---

① 马勇，董观志.武汉大旅游圈的构建与发展模式研究[J].经济地理，1996(2):99—104.

② 朱竑，戴光全.经济驱动型城市的旅游发展模式研究[J].旅游学刊，2005(2):41—46.

③ 彭华.旅游发展驱动机制及动力模型探析[J].旅游学刊，1999(6):39—44.

④ 唐承财，钟全林，周超明，张颖.城市旅游发展动力模型判别[J].经济地理，2007(6):1030—1033.

⑤ 袁鹏，曾艺桥，陈政.基于TOPSIS法的城市旅游发展动力因子评价:以湖南省为例[J].统计与决策，2019(22):59—63.

⑥ 王新越，时高磊，朱文亮.旅游产业发展动力演化研究[J].世界地理研究，2021(2):378—388.

⑦ 冯学钢，李志远.新质生产力与旅游业高质量发展:动力机制、关键问题及创新实践[J].上海经济研究，2024(9):38—48，59.

游业高质量发展纳入同一研究框架，从新技术、新要素、新产业及新动能等维度阐发了新质生产力赋能旅游业高质量发展的动力机制。

这些研究从多方面和多层次对城市发展模式或驱动模式进行了探讨，对发展模式影响因素的研究往往没有全面考虑城市旅游产业发展的系统性，没有基于城市旅游产业的系统结构进行影响因素分析，也没有考虑城市旅游产业发展影响因素的结构性和内在关联性，因而难以概括性地分离出影响城市旅游产业发展和识别城市旅游产业发展模式的关键因素。较多研究成果停留在定性分析上，很少通过定量研究来判断和识别城市旅游产业的发展模式。

二、城市旅游产业发展的产业结构研究

由于国外旅游产业走得是市场主导型发展模式，旅游产业发展由市场调节，旅游产业结构的演进发展具有其自发性，因此国外学者并没有过多关注旅游产业结构，对旅游产业结构研究的相关文献较少，主要集中在对旅游产业部门界定、城市旅游产业具体供给部门研究 2 个方面。对旅游产业部门界定的研究，主要有 M.西娅（M. Thea）①在《旅游产业》一书中将旅游产业划分为旅馆和其他商业住宿业、第二处住房和度假旅馆、食品和饮料业、航空运输业、铁路运输业、游船业、汽车租赁业、旅行社业和部分娱乐游憩业等 9 个部门。库柏（Cooper）②、威廉·蓬普尔（Willhelm Pompl）和帕特里克·拉

① M. Thea Sinclair and M. J. Stabler. The Tourism Industry[M]. CAB International of Wallingford, UK, 1991:35—46.

② Chris Cooper, John Fletcher, David Gilbert, Alan Fyall. Tourism: Principles and Practice[M]. London: Pitman Publishing, 1993.

威利(Patrick Lavery)①在分析欧洲旅游产业结构与发展时将英国旅游产业部门划分为游览、住宿、食品、购物、娱乐及其他服务5个部门。约瑟·拉比尔(Jozée Lapierre)②从满足旅游者需求角度出发,将旅游业界定为是旅游服务业、住宿业、交通运输业、食品和饮料业和娱乐业5个产业部门集合。迪米特里·约阿尼德(Dimitri Ioannide)和基思·德贝奇(Keith Debbage)③认为旅游业是一个综合性产业,在研究美国的标准产业分类系统(SIC)向北美产业分类系统(NAICS)的演变过程基础上,认为旅游产业结构包括住宿和商品服务业、交通及货栈业、房地产业、出租及租赁业、管理和维护、垃圾管理及医疗服务、艺术、娱乐和休闲业。国外对于城市旅游产业部门的界定由于受各国旅游产业发展实际不同的影响,目前还没有形成权威统一的观点。

对城市旅游产业具体供给部门研究方面则主要集中在住宿业、旅行社业和购物业,如道格拉斯(Douglas)等④分析了西班牙各城市在1965—1980年期间住宿业的增长率得出各城市住宿业发展存在很大差异性并以此为据划分了西班牙城市住宿业市场需求的空间结构。布雷恩(Brain)等⑤分析了1989—1993年间英国旅行社业的组

---

① Willhelm Pompl, Patrick Lavery. Tourism in Europe: Structures and Developments [M]. CAB International of Wallingford, UK, 1993:26—30.

② Jozée Lapierre. Research on Service Quality Evaluation: Evolution and Methodological Issues[J]. Journal of Retailing and Consumer Services, 1996(3):91—98.

③ Dimitri Ioannide, Keith Debbage. Post-Fordism and Flexibility: the Travel Industry Polyglot[J]. Tourism Management, 1997(18):229—241.

④ Douglas G, Pearce, Jean-Pierre Grimmeau. The Spatial Structure of Tourist Accommodation and Hotel Demand in Spain[J]. Geoforum 1985(16):37—50.

⑤ Brain Davies, Paul Downward. Industrial Organization and Competition in the U. K. Tour Operator and Travel Agency Business, 1989—1993: An Econometric Investigation [J]. Journal of Travel Research, 2001(4):411—425.

织结构和行业竞争状况。诺姆·绍瓦勒(Noam Shoval)等①引入地理政治因素对城市住宿业发展空间结构展开研究。亚当(Adam)②对城市旅游产业中购物部门的经济影响进行研究,并分析了大型购物中心在购物业发展中的作用,认为其可以作为独立旅游设施提供旅游者全方位服务。

相较于国外,我国学者关于城市旅游产业结构的研究内容和研究方法要丰富很多。主要集中在以下几方面:

(一) 城市旅游产业结构发展研究

由于旅游产业结构既包括旅游产业内各行业部门的结构关系,也包括旅游产业与国民经济其他产业的结构关系,因此城市旅游产业结构发展研究主要有两方面内容:

1. 城市旅游产业各行业之间的结构关系与效益研究

该方面的研究根据运用方法的不同主要有两类,一类是运用偏离-份额法对城市旅游产业结构及效益进行分析。如胡宇橙③用偏离-份额分析法对天津旅游产业结构及效益进行分析,认为旅游产业各部门发展优势明显但各部门之间存在不均衡,其中交通部门和商品销售部门增长速度快,结构贡献度大,而住宿部门增长速度趋缓,竞争力减弱。康传德④分析青岛旅游产业结构,认为青岛旅游产业餐饮、商品、游览业结构效益差。张晓明等⑤运用偏离-份额分析法

---

① Noam Shoval, Kobi Cohen-Hattab. Urban Hotel Development Patterns in the Face of Political Shifts[J]. Annals of Tourism Research, 2001 (28):908—925.

② Adam Finn. The Economic Impact of a Mega-Multi-Mall: Estimation Issues in the Case of West Edmonton Mall[J]. Tourism Management, 1995(16):367—373.

③ 胡宇橙,王庆生,钱亚妍.天津市国际旅游产业结构的现状及优化:基于偏离-份额分析法(SSM)的研究[J].哈尔滨商业大学学报(社会科学版),2008(1):111—115, 118.

④ 康传德.青岛旅游产业结构分析与优化对策研究[J].经济研究导刊,2009(20):23—25.

⑤ 张晓明,刘总理.基于偏离-份额法的西安国际旅游产业结构分析[J].统计与信息论坛,2010(1):103—106.

对西安旅游产业结构进行了实证研究，得出西安旅游产业内各部门之间存在结构性矛盾，游览业、娱乐业、交通业等弹性部门旅游创汇比重低，但产业竞争力较强，而住宿业、餐饮业、商品销售业等部门旅游创汇比重高，但产业竞争力不足。陈秀莲①用次区域理论将泛珠三角分成三大次区域，然后用灰色关联分析法对各次区域旅游产业结构进行实证分析，得出旅游产业各部门影响度在不同区域存在明显差异的结论。盛学峰②对黄山市旅游产业结构进行分析，结论为对黄山国际旅游外汇收入增长影响较大的部门依次为商品部门、餐饮部门、娱乐部门、住宿部门、长途交通部门、游览部门和邮电部门。张春晖③则同时用偏离-份额分析法和灰度关联分析法对陕西旅游产业进行分析，得出陕西省入境旅游产业及各部门的发展水平低于全国平均水平，游览和娱乐部门亟待调整的结论。逯宝峰④利用偏离-份额、结构生产力等方法，从经济、社会和生态环境 3 个方面对区域旅游产业结构进行评价。他认为可以通过产品升级，改善要素内部结构，完善要素薄弱环节，优化地域产业结构，推动产业集约化发展，健全公共服务体系，加大产业技术创新力度来实现区域产业结构的优化。魏敏等⑤从旅游软环境支持、旅游硬环境支持、旅游需求因素、旅游供给因素和旅游产业结构优化 5 个方面构建旅游产业结构

---

① 陈秀莲.泛珠三角国际旅游产业结构实证分析：基于次区域理论和灰色关联度的探讨[J].国际经贸探索，2007(7)：39—43.

② 盛学峰，李德明.安徽省国际旅游产业结构分析与优化研究[J].特区经济，2009(6)：129—131.

③ 张春晖，张红，白凯，刘丽.基于动态偏离-份额和灰色关联分析的陕西入境旅游产业结构与竞争力分析[J].旅游论坛，2010(3)：59—64.

④ 逯宝峰.区域旅游产业结构评价与优化策略[J].企业经济，2013(12)：120—123.

⑤ 魏敏，徐杰.珠三角城市群旅游产业转型升级的测度研究：基于 PROMETHEE-GAIA 法[J].经济问题探索，2020(6)：143—154.

转型升级指标体系，对珠三角城市群的旅游产业进行定量测度。刘佳等①从合理化、高级化、高效化和生态化 4 个维度构建旅游产业结构优化评价体系，分析中国旅游产业结构优化水平及其动态演化规律。

2. 城市旅游产业与城市其他产业之间的结构关系研究

旅游产业的综合性、产业关联性强的特点使得旅游产业在带动相关产业发展中有很大的作用，并且逐渐出现了旅游产业与城市其他产业之间相互渗透、融合形成产业新业态的现象，我国学者也关注并展开对产业融合现象的研究。李峰等②突破性地从定量角度对西安市的旅游产业融合和旅游产业结构关系演化进行了实证研究，他用技术融合、业务融合、市场融合、研发经费融合和研发人员融合等指标来度量旅游产业融合，用技术结构、需求结构、就业结构、产值结构和规模结构等指标来度量旅游产业结构演化，运用协同动力模型定量地分析了旅游产业融合与旅游产业结构演化两者之间的关系。随着旅游市场、需求以及发展趋势历经了深刻的变革，旅游产业与文化产业呈现出较强的融合趋势。但红艳③认为旅游产业与文化产业融合动因主要包括市场需求、企业对效益最大化的追求、技术革新、管制放松等，两大产业融合会导致产业一系列变化，如催生新产品、新市场、促进产业链的价值增值、推动组织创新和管理创新、延长产业生命周期等。魏鹏举④认为在现代科技尤其是数字技术不断催生

---

① 刘佳，侯佳佳，亓颖.基于 DEMATEL-ANP 模型的中国旅游产业结构优化评价研究[J].地理与地理信息科学，2021(6)：102—112.

② 李锋，陈太政，辛欣.旅游产业融合与旅游产业结构演化关系研究：以西安旅游产业为例[J].旅游学刊，2013(28)：69—76.

③ 但红燕，徐武明.旅游产业与文化产业融合动因及其效应分析：以四川为例[J].生态经济，2015(7)：110—113，117.

④ 魏鹏举.数字时代旅游产业高质量发展的文旅融合路径：以文博文创数字化发展作典范[J].广西社会科学，2022(8)：1—8.

文旅融合新业态的情境下，文博文创及其数字化成为文旅融合高质量发展的典型。王恒①研究了冰雪文化体育旅游融合发展的机制与模式，冰雪文化、体育和旅游之间通过原动力（供给）、拉动力（需求）、推动力（刺激）、支持力（环境）等多个方面的共同作用，形成融合发展。

（二）城市旅游产业结构评价研究

吴承照②构建了旅游产业内部生长力指数、旅游产业外部竞争力指数和旅游产业整合力指数，分别对上海旅游产业结构合理性、旅游产业竞争力和旅游产业运行质量 3 个方面进行综合评价。王兆峰③用区位熵、多样化指数和系统熵 3 个指标评价了张家界旅游产业结构。巨鹏④对上海和广州旅游产业结构做出评价，发现两城市旅游产业内各部门的绩效存在极大的趋同性，并从供给和需求两方面因素对趋同现象做出解释。田纪鹏⑤以旅游经济发展最大化和旅游就业最大化为目标构建了旅游产业结构多目标优化模型，并以资源、环境、节能减排为约束条件，通过对上海旅游产业结构的实证分析，得出现阶段上海旅游产业发展目标更倾向于旅游就业最大化，上海旅游产业结构优化在节能减排方面有较大的提升潜力。

---

① 王恒，宿伟玲.冰雪文化体育旅游融合发展机制、模式及路径[J].社会科学家，2024(1)：87—95.

② 吴承照，马林志.上海旅游产业结构健康指数及其应用研究[J].同济大学学报(社会科学版)，2009(20)：108—113.

③ 王兆峰.张家界旅游产业结构升级优化定量评价研究[J].资源开发与市场，2011(5)：439—441，456.

④ 巨鹏.旅游产业的趋同与本地化研究：以上海市与广州市为例[C]，美国詹姆斯麦迪逊大学(James Madison University)、武汉大学高科技研究与发展中心、美国科研出版社. Proceedings of International Conference on Engineering and Business Management. 2011：5.

⑤ 田纪鹏.国际大都市旅游产业结构多目标优化模型构建与实证研究：基于优化上海旅游产业结构的视角[J].上海经济研究，2012(24)：100—111.

朱文娟①将旅行社业、旅游住宿业和旅游景区业融入城市旅游产业结构调整评价指标体系中，利用灰色关联分析法分析城市旅游产业结构调整关联度，得出旅行交通业、旅行社业、旅游住宿业和旅游景区业与城市旅游产业结构调整关联度较高。

三、城市旅游产业集群研究

（一）旅游产业集群的概念与定义

国际集群协会（cluster consortium）②对旅游产业集群的定义为“旅游产业集群是旅游企业和相关组织机构在地理上的集中，它们为了共同的目标而合作，建立起了紧密的联系，使得区域获取了整体的竞争优势。”莫莱费（Molefe）③认为旅游产业集群是旅游活动在地方地理上的集中，形成了基于旅游活动的旅游价值链，集群可以通过合作以提高竞争力和加速经济发展。萨拉（Sara）④认为旅游产业集群即包括了传统餐饮、住宿、娱乐、旅行社等旅游企业集群外，还包括了非传统形式的旅游主题集群（thematic clusters）。集群内的企业通过合作协同为旅游者提供高价值旅游体验。唐纳德（Donald）⑤从产业链和产业竞争优势角度定义旅游产业集群是“由有效的旅游供应

---

① 朱文娟.低碳经济下城市旅游产业结构调整实证分析[J].河北北方学院学报（社会科学版），2023(6)：29—32.

② The Cluster Consortium. How to Accelerate Local Tourism Clusters[R/OL]. 1999-11. http://www.nedlac.org.za/research/fridge-studies/local-tourism-clusters.aspx.

③ Molefe T. South African Tourism Cluster Study Summary [R/OL]. 2000-5. http://www.nedlac.org.za/research/fridge/south african tour cluster_st.html.

④ Sara Nordin. Tourism Clustering & Innovation-path to Economic Growth & Development [Z]. European Tourism Research Institute. Mid-Sweden University, 2003(14): 1—85.

⑤ Donald E Hawkins. Sustainable Tourism Competitiveness Clusters: Application to World Heritage Sites Network Development in Indonesia[J]. Asia Pacific Journal of Tourism Research, 2004(9): 293—307.

链组织起来的一系列旅游活动和服务，其目的为所有单位协同作用共同提高旅游目的地的旅游产业竞争力”。

我国学者最早由尹贻梅、陆玉麟等①从区域集群角度给出定义，认为旅游产业集群是“聚集在一定地域空间的旅游吸引、旅游企业和旅游相关企业和部门为了共同目标建立紧密联系，协同工作提高其产业竞争力”。旅游产业集群较之产业集聚更强调集群内部企业之间在特定旅游市场和活动中的经济联系。王兆峰②认为旅游产业集群是旅游资源、旅游企业和相关部门在地理上的集中，但其核心是旅游企业之间以及旅游企业与其他相关企业之间的联系和共生关系。龚绍方③将旅游产业集群定义为“在一定地域范围内围绕本地区旅游核心吸引物而形成的一个以旅游企业为主体，以辅助性服务企业和机构为辅的，有共同目标的旅游经济集聚现象和旅游服务体系，以及由此产生的经营联盟、区位品牌、创新旅游服务等旅游价值链”。许登峰④基于创新生态系统将旅游产业集群定义为由旅游企业、政府部门、科研机构、中介服务组织和金融机构构成的组织间网络，通过各种联结机制形成旅游产业集群创新生态系统。

从国内外学者对旅游产业集群的定义可以看出，旅游产业集群包含了三大核心要素：第一，旅游产业集群是旅游产业各要素在空间上集中的表现。第二，旅游产业集群强调集群主体之间的联系与合作，通过集群相关要素的协同合作形成集聚经济和规模经济。第三，

---

① 尹贻梅，陆玉麒，刘志高.旅游企业集群：提升目的地竞争力新的战略模式[J].福建论坛(人文社会科学版)，2004(8)：22—25.

② 王兆峰.湘鄂渝黔边区旅游产业集群竞争力提升研究[J].吉首大学学报(社会科学版)，2006(2)：122—125.

③ 龚绍方.区域旅游产业集群发展战略初探[J].中州学刊.2007(4)：71—73.

④ 许登峰.基于社会网络的集群企业创新机制研究[D].天津：天津大学，2011.

旅游产业集群与一般制造业产业集群是价值链上的垂直分工不同，是旅游者体验价值链上的横向、合作联系。

（二）旅游产业集群实证研究

方世敏[①]讨论了旅游产业集群的影响因子，以长株潭城市群旅游圈为对象，运用灰色关联分析方法对各因子对产业集群的影响度做出定量判别。卞显红[②]以杭州国际旅游综合体为例，分析了旅游产业集群持续成长的驱动力，认为旅游要素比较优势是基础驱动力，旅游投资是保障性驱动力，集群网络是关键驱动力，集群创新是核心驱动力。舒波[③]认为经济发展水平、旅游形象宣传、政府政策、旅游企业联盟是影响城市旅游产业集群发展的关键要素。王文红[④]在京津冀协同发展战略推进实施和北京与张家港举办冬奥会的背景下，从资源条件、产业基础、形成机理和结构特征 4 个方面对张家口旅游产业集群的形成进行理论角度的分析。姚小林[⑤]以后疫情时期的滑雪旅游产业集群为研究对象，认为滑雪旅游产业集群具备空间集聚性、产业关联性与资源共享性，能够满足产业可持续发展与消费升级的双重需要。

（三）旅游产业集群水平的研究

国内外学者运用各种指数和计量方法对旅游产业集群水平做出判断，如乌尔塔森（Urtasun）[⑥]用赫芬达尔指数计算了澳大利亚和西

---

① 方世敏，赵金金.旅游产业集群形成影响因素关联度分析：以长株潭城市群旅游圈为例[J].旅游论坛，2010(4)：432—437.

② 卞显红. 旅游产业集群成长阶段及持续成长驱动力分析：以杭州国际旅游综合体为例[J].商业经济与管理，2011(12)：84—91.

③ 舒波，尹浩然.基于 DEMATEL 的城市旅游产业集群发展影响要素评价与促进作用研究[J].燕山大学学报(哲学社会科学版)，2014(1)：135—139.

④ 王文红.张家口旅游产业集群形成机理与发展路径研究[D].河北经贸大学，2017.

⑤ 姚小林.后疫情时期我国滑雪旅游产业集群高质量发展路径研究[J].哈尔滨体育学院学报，2023(2)：18—24.

⑥ Urtasun A，Gutirrez I. Tourism Agglomeration and Its Impact on Social Welfare：An Empirical Approach to the Spanisn Case[J]. Tourism Management，2006(27)：901—912.

班牙的旅游产业集聚度，刘春济[①]用 E-G 指数对全国、区域和部门 3 个层面的旅游产业集聚程度进行测算，得出我国旅游产业集聚程度较高结论，认为大部分旅游产业部门并不适合高度地方性集聚，应在“大旅游”内涵下发展旅游与相关产业的集群效应。杨勇[②]通过计算空间基尼系数对我国旅游产业的行业区域聚集程度进行计算，得出我国旅游行业区域聚集程度呈现上升趋势。朱彧等[③]运用基尼系数、赫芬达尔指数、行业集中度等指标对海南旅游产业集群程度进行定量识别、判定和分析。把多勋[④]采用区位商值和旅游产业集聚增长指数对甘肃省 14 个城市的产业集聚竞争力进行了计算和划分。王军军等[⑤]运用城市旅游功能、区位熵、产业空间联系方法，对山西省 11 个城市的旅游产业集群化程度进行了综合测度与评价。陈静等[⑥]从产业规模集聚度、产业空间集聚性和产业内部关联度 3 个维度测度新疆各地州市旅游产业集群状况以揭示旅游产业集群背后的驱动因子。孙艳红[⑦]将互联网发展水平纳入研究框架，测度了旅游产业集群对旅游经济的空间溢出效应。

---

① 刘春济，高静. 中国旅游产业集聚程度变动趋势实证研究[J]. 商业经济与管理，2008(11)：68—75.

② 杨勇. 中国旅游产业区域聚集程度变动趋势的实证研究[J]. 旅游学刊，2010(10)：37—42.

③ 朱彧，樊琪. 海南省旅游产业集群定量识别与分析[J]. 中国商贸，2012(4)：194—195.

④ 把多勋，郭言歌，高力. 基于产业集群效应的区域旅游竞争力分析[J]. 商业时代，2012(4)：130—132.

⑤ 王军军，杜英，姜玲. 旅游产业的集群识别及其溢出效应分析：基于山西 11 个地市的实证研究[J]. 晋阳学刊，2016(3)：90—95.

⑥ 陈静，吕雁琴，潘云峰. 新疆旅游产业集群的测度及其驱动因子研究[J]. 地域研究与开发，2021(5)：107—112.

⑦ 孙艳红，尚婷婷. 互联网背景下旅游产业集聚对旅游经济的空间计量分析[J]. 时代经贸，2023(4)：148—151.

四、城市旅游产业经济效应研究

(一) 旅游产业发展对经济增长的影响研究

国外学者对于旅游业对经济增长的影响较注重实证和个案研究。如在入境旅游带给经济增长的影响研究方面,国外学者多以出口驱动型经济增长理论为理论基础,阿斯朗特克(Arslanturk)①认为旅游业是劳动密集型产业,在国际收支账户中属于国际服务部分,因而入境旅游就是无形的出口,发展入境旅游所带来的收入具有外汇性质。基于此,索卡伊泽斯(Soukiazis)②认为发展入境旅游可从两方面来促进经济增长,一是促进了本国(地区)旅游企业与国外其他旅游目的地国家(地区)旅游企业的竞争,提高了效率;二是推动了本国(地区)旅游企业实现规模经济。加利(Ghali)③基于入境旅游是菲律宾第二大出口贸易的事实,研究了入境旅游对菲律宾经济增长的影响,得出了发展入境旅游带给菲律宾国民个人收入总量增长要比不发展入境旅游多 17 个百分点,旅游出口对菲律宾经济增长有积极的贡献。巴拉格尔(Balaguer)④等提出旅游驱动型经济增长假说,认为旅游是促进长期经济增长的因素,并以西班牙为例验证了该观点。

---

① Arslanturk Y. Time-Varying Linkages between Tourism Receipts and Economic Growth in a Small Open Economy[J]. Economic Modelling, 2010(3):1—8.

② Soukiazis E., Proenca S. Tourism as An Alternative Source of Regional Growth in Portugal: a Panel Data Analysis at NUTS II and III Levels[J]. Portuguese Economic Journal, 2008(1):43—61.

③ Ghali M. Tourism and Economic Growth: An Empirical Study[J]. Economic Development & Cultural Change, 1996(3):527—538.

④ Balaguer J. Tourism As a Long-Run Economic Growth Factor: The Spanish Case[J]. Applied Economics, 2002(7):877—884.

阿尔瓦拉德霍(Albaladejo)①利用1970—2010年的西班牙数据进行了分析旅游业发展与经济增长的关系,采用向量误差修正模型(ECM)研究了经济增长与旅游业发展的关系。唐(Tang)和陈(Tan)②利用马来西亚1975—2011年期间的统计数据检验了旅游业与经济增长之间的因果关系,运用索罗增长模型,发现经济增长和旅游发展存在协整关系,对马来西亚经济增长有积极影响。国外研究学者以不同国家和地区为对象,运用协整检验、格兰杰(Granger)因果关系检验、VAR模型、VEC模型等计量模型与方法,研究了旅游与经济增长之间的关系,得出旅游发展促进经济增长的结论。

但也有学者认为旅游业与传统出口产业是不同的,在研究旅游业与经济增长关系时不能简单硬套出口驱动经济增长的理论,并通过实证研究得出了不同的结果。奥哈(Oh)③针对巴拉格尔的研究结论提出旅游驱动型经济增长假说并不适用于所有像西班牙这样的旅游依赖型国家,并以韩国为例得出了旅游并非促进经济增长的长期原因。卡迪尔科卢(Katircioglu)④通过对土耳其1960年到2006年的时间序列数据进行约束检验和约翰森(Johansen)协整,得出土耳其不存在入境旅游与经济增长之间的协整和格兰杰因果关系。唐(Tang)⑤对马来

① Albaladejo I. P., Gonzalez-Martinez M. I., Martinez-Garcia M. P. Quality and Endogenous Tourism: An Empirical Approach. Tourism Management, 2014(41):141—147.

② Tang C. F., Tan E. C. Does Tourism Effectively Stimulate Malaysia's Economic Growth? Tourism Management, 2015(46):158—163.

③ Oh, C. O. The Contribution of Tourism Development to Economic Growth in the Korean Economy. Tourism Management, 2005(6):39—44.

④ Katircioglu S. Testing the Tourism-Led Growth Hypothesis: The Case of Malta[J]. Actao Economics, 2009(3):331—343.

⑤ Tang C. Is the Tourism-Led Growth Hypothesis Valid for Malaysia? A View from Disaggregated Tourism Markets[J]. International Journal of Tourism Research, 2011(1):97—101.

西亚1995年到2009年的入境旅游与经济增长关系进行了协整检验，结论表明入境旅游与经济增长之间存在长期稳定协整关系，根据格兰杰检验法，入境旅游和经济增长之间并非时间尺度上的因果关系。

我国学者对国内旅游和入境旅游对经济增长的影响也进行了相类似的研究。有运用计算两者之间弹性系数、相关系数的传统方法来探讨两者关系的研究，如：

陶金龙[①]计算了城市苏州的旅游业对GDP的贡献度，认为旅游业对苏州的国民经济增长有较好的影响效果。苏继伟[②]等利用回归模型测算了1984—2001年期间重庆市入境旅游对城市经济和第三产业的贡献率，认为入境旅游对重庆国民经济增长特别是第三产业增长有积极影响。周四军等[③]测算了我国旅游业与经济增长之间的相关系数和贡献率，得出两者间为相互影响关系。

也有学者借鉴国外研究方法和计量模型来分析两者之间影响关系。刘长生[④]基于面板数据的VAR模型对我国旅游业发展与经济增长关系进行了研究，得出旅游与经济增长两者存在长期均衡和双向因果关系的结论，但旅游业发展对经济增长的影响要小于经济增长对旅游业发展的影响。但由于学者选取计算指标不同、运用方法不同、采用研究数据时间段不同，得出了不同的结果。庞丽等[⑤]对我国1991—2002年入境旅游与经济增长的关系进行了分析研究，得出

① 陶金龙.苏州市旅游业经济拉动效应的实证分析[J].社会科学家，2004(5)：99—102.

② 苏继伟，邱沛光.旅游业对地区经济发展的贡献分析[J].统计与决策，2005(8)：115—116.

③ 周四军，张墨格.中国旅游业发展与经济增长的统计分析[J].统计与信息论坛，2006(4)：60—64.

④ 刘长生.我国旅游业发展与经济增长的关系研究[J].旅游科学，2008(5)：23—32.

⑤ 庞丽，王铮，刘清纯.我国入境旅游和经济增长关系分析[J].地域研究与开发，2006(3)：51—55.

在全国、区域层面上入境旅游仅对我国东部地区的经济增长有显著影响而对中西部地区的经济增长无显著影响。在省级层面上，只有少部分省份的入境旅游与经济增长存在显著因果关系，且存在明显的省际差异。杨勇①利用我国 1984 年到 2004 年的 20 年数据，对我国国内旅游与国内生产总值(GDP)之间关系进行研究，得出国内旅游与经济增长之间并不存在长期均衡关系，而是只存在经济增长到国内旅游消费的单向因果关系。陈海波等②以江苏省 13 个城市为研究对象，运用面板数据模型分析不同城市旅游接待人数对旅游经济增长的影响。孟祥伟③运用协整分析和格兰杰因果关系检验法分析了河北旅游经济发展与区域经济增长的关系。蒋满元④用 VAR 模型及其格兰杰因果关系检验分析了旅游外汇收入与经济增长之间关系，认为两者之间不能确定互为因果关系。查芳⑤在索洛经济增长模型基础上对我国宏观旅游经济与经济增长相关性进行分析。赵磊⑥采用 DEA-Malmquist 生产率指数对 1999—2009 年我国省际经济增长效率进行了测算，并运用动态面板系统广义矩估计方法分析了旅游发展对经济增长效率的影响。孙晓等⑦选取了黑龙江省 1995—2014

---

① 杨勇.旅游业与我国经济增长关系的实证研究[J].旅游科学，2006(2)：40—46.

② 陈海波，刘洁，张瑾.基于 Panel-Data 模型的江苏省区域旅游接待人数与旅游经济增长研究[J].工业技术经济，2006(7)：127—129.

③ 孟祥伟，金浩.旅游经济发展与区域经济增长关系的实证研究[J].河北学刊，2010(3)：224—227.

④ 蒋满元.旅游外汇收入对国民经济增长的贡献分析[J].旅游学刊，2008(8)：30—33.

⑤ 查芳.旅游产业与经济增长的相关性：基于 1994—2009 年的经验数据[J].统计与决策，2011(11)：115—117.

⑥ 赵磊.旅游发展与中国经济增长效率：基于 Malmquist 指数和系统 GMM 的实证分析[J].旅游学刊，2012(11)：44—55.

⑦ 孙晓，张继梅，李冰.黑龙江省旅游产业发展与经济增长实证研究[J].新疆师范大学学报(自然科学版)，2017(4)：64—69.

年旅游数据对黑龙江省的旅游收入与经济增长关系进行了实证研究,得出旅游总收入、旅游外汇收入与经济增长呈现正向关系。

(二)旅游专业化水平对经济增长影响

国外学者基于旅游专业化发展程度来研究其对经济增长的影响,研究主要集中在两方面,一为旅游专业化发展是否对经济有促进作用,二为进行旅游专业化发展的国家其经济快速增长的原因。旅游专业化程度是衡量旅游业发展程度的指标,一般用旅游收入占GDP比重、旅游收入占出口贸易额比重或入境旅游人次占本地居民的比重等指标来衡量。

学者们通过实证分析认为旅游专业化发展对经济增长有正向作用,如布拉乌(Brau)[①]定量分析了143个国家15年的数据得出旅游专业化国家的经济增长率确实高于其他非旅游专业化国家的结论。塞凯拉(Sequeira)[②]用面板模型分析同样也得出旅游专业化国家的经济增长率较高结论,旅游专业化对经济增长有正向作用。

但有学者同时指出旅游专业化程度不同对经济增长的影响程度不同,并且对经济增长的促进作用是随着旅游专业化程度的提高而逐渐减小的。阿达莫斯(Adamos)[③]认为在旅游专业化程度较低时,旅游专业化往往会带来较高的经济增长率,之后由于收益递减规律,旅游专业化对经济增长的正向影响会逐渐减小。张嘉临[④]利用门限

① Brau R. How Fast Are the Tourism Countries Growing? The Cross Country Evidence [R]. Fondazione Enrico Mattei, Working Papers, 2003:85.

② Sequeira T. N. Does Tourism Influence Economic Growth? [J]. Applied Economics, 2008(40):2431—2441.

③ Adamos A. Prospects and Limits of Tourism-Led Growth: The International Evidence. http://www.Socolar.com/link?id=420043181648.

④ Chang C. L. A Panel Threshold Model of Tourism Specialization and Economic Development[Z]. Working Papers, 2009:1—43.

面板模型，研究了旅游专业化对欧洲、亚洲、非洲和拉丁美洲等地区经济增长的影响，将旅游专业化程度划分成3个区间，分析了不同区间的专业化程度与经济增长两者关系，专业化成熟相对较小区间时，旅游专业化对经济增长有较大影响，之后两者关系逐渐减弱，认为旅游专业化不一定能持续地促进经济增长。

国外学者还对旅游专业化国家经济增长的原因进行了深度分析，兰扎(Lanza)①提出旅游专业化国家其经济增长快速的原因在于其自然资源和可再生资源禀赋充裕，具有专业化发展旅游的比较优势，并提出旅游专业化促进经济增长较适用于小规模的国家。布拉乌(Brau)②则在之前研究基础上提出将旅游专业化发展视为独立的经济增长因素，认为旅游专业化国家的经济增长不能用传统经济增长模式中的增长因素来解释。他认为旅游专业化发展将增加对该国非贸易品的需求，而非贸易品的需求增加改善了该国的贸易条件，促进其经济增长。

我国学者同样也关注到了旅游专业化程度的问题，但集中于对我国区域或城市的旅游专业化程度进行测度评价，较少像国外学者那样关注旅游专业化与经济发展关系的研究。如张茜等③对我国主要省份旅游专业化程度进行了测度，研究了不同专业化程度省份其旅游竞争力的现状。杨传开等④从城市作为旅游客源地、旅游目的地、旅游中转地3个层次分析了我国36个城市的旅游专业化功能的

---

① Lanza A. and Pigliaru F. Tourism and Economic Growth: Does Country's Size Matter? [J]. International Review of Economics and Business, 2000(1):77—85.

② Brau R., Lanza A. and Pigliaru F. How Fast Are Small Tourism Countries Growing? Evidence from the Data for 1980—2003[J]. Tourism Economics, 2007(4):603—613.

③ 张茜，马添翼.中国区域旅游业专业化与竞争力评价[J].江西财经大学学报，2008(1):114—117.

④ 杨传开，汪宇明，杨牡丹.中国主要城市旅游功能强度的变化[J].地域研究与开发，2012(2):106—111.

强度，并对比了 2000 年和 2010 年这些城市的专业化程度的变化，并对影响专业化程度的主导因素进行了分析。秦东丽等[①]采用 DEA-Malmquist 指数模型和 GMM 动态面板回归方法探讨了长三角地区城市旅游专业化水平对旅游全要素生产率的影响效应，经济发展水平、交通发展水平、信息化水平和产业结构对旅游全要素生产率具有显著正向影响，而旅游资源禀赋、市场化程度及城镇化水平抑制旅游全要素生产率的提升。姜奎[②]运用长江中游城市群 28 个城市 2000—2017 年旅游产业专业化发展水平面板数据，测度得地区经济发展水平与旅游产业专业化之间呈"U"形曲线关系。

(三) 旅游行业和部门对经济增长影响

国外学者从旅游产业特性出发，认为旅游产业不同于传统产业，传统产业是以生产和提供相类似产品的企业集合，而旅游产业则更是一个产业系统，由提供综合旅游产品和服务的多行业、部门组成[③]。这其中包括了多个不同类型的行业和部门如旅行社、饭店、景区、住宿与餐饮业、交通运输业等，不同行业之间的市场绩效不同、行业利润率不同，但当这些不同的行业组合在一起成为完整的旅游产业系统时，将共同对经济增长产生影响，且影响程度的大小源自于不同的行业和部门的比重和绩效[④]。陈明祥[⑤]从旅游产业绩效角度研

---

① 秦东丽，丁正山，胡美娟，等.长三角城市旅游专业化水平对旅游全要素生产率的影响效应[J].南京师大学报(自然科学版)，2021(1)：57—63.

② 姜奎，郑群明.长江中游城市群旅游产业专业化空间非均衡特征及驱动机制[J].陕西师范大学学报(自然科学版)，2021(6)：54—63.

③ Mill，R.C. & Morrison(2002). The Tourism System. Iowa，Dubuque：Kendall/Hunt Publishing Company.

④ American Hotel & Lodging Association (2006). The 2006 Lodging Industry Profile. http://www.ahla.com/products_info_center_lip.asp.

⑤ Chen，M.H. Interactions between Business Conditions and Financial Performance of Tourism Firms：Evidence from China and Taiwan. Tourism Management，2007(28)：188—203.

究了旅游产业与经济增长关系，认为多个旅游行业的市场绩效共同作用于经济增长，因此选择了饭店、航空、旅行社等旅游行业的多家旅游上市公司，以这些上市公司的股价作为旅游行业的市场绩效反映指标，分析其与 GDP 增长的关系，得出旅行社与经济增长存在长期双向因果关系，而饭店业则不是，认为不同旅游行业对经济增长的作用是不同的。再如曹颉(Choi)①研究了饭店业，惠顿(Wheaton)和罗索夫(Rossoff)②研究了旅馆业，古日瓦(Guzhva)③研究了航空业等，学者们通过研究具体旅游行业的产业绩效来研究其对经济增长的影响。邓震鸿(Chun-Hung)④认为从旅游产业的多行业和部门层面上研究旅游产业同经济增长之间关系会带来更为精确的研究结论，他同时研究了住宿业、饭店业、航空业与娱乐业对经济增长的影响。邓爱民⑤以我国 2005—2014 年饭店营业收入和国内生产总值的相关数据为研究对象，构建向量自回归模型研究我国饭店业发展与经济增长的相关性。

(四) 旅游产业对经济增长影响的研究工具

国外学者衡量旅游经济影响的工具主要为旅游投入产出分析和

---

① Choi, J. The Restaurant Industry: Business Cycles, Strategic Financial Practices, Economic Indicators, and Forecasting. Doctoral Dissertation, Virginia Polytechnic Institute and State University, 1999.

② Wheaton, W. C. & Rossoff, L. The Cyclic Behavior of the U. S. Lodging Industry. Real Estate Economics, 1998(1), 67—82.

③ Guzhva, V. S. & Pagiavlas, N. US Commercial Airline Performance after September 11, 2001: Decomposing the Effect of the Terrorist Attack from Macroeconomic Influences. Journal of Air Transport Management, 2004(10):327—332.

④ Chun-Hung. The Tourism-economy Causality in the United States: A Sub-industry Level Examination. Tourism Management, 2009(30):553—558.

⑤ 邓爱民，张若琳.我国饭店业发展与经济增长相关性研究[J].山东财经大学学报，2017(3):22—29.

旅游卫星账户。

我国学者利用投入产出表对旅游业的经济影响进行了实证分析，如李江帆等①用投入产出法分析了广东省旅游业的产业关联和产业波及关系，借鉴国外并拓展了我国学者科学定量地研究旅游业对国民经济增长影响的研究方法。左冰②采用投入产出法测算了我国旅游产出乘数及就业乘数。依绍华③用投入产出法分析了旅游产业的就业效应，魏卫等④利用该方法分析了湖南省旅游产业的经济贡献。

之后在2000年联合国发布测算旅游经济影响的国际行业标准即旅游卫星账户，一些国家如美国、加拿大、瑞士、西班牙、德国、澳大利亚、新西兰、土耳其、印度都开始采用该方法体系，使得国外学者获取旅游业投入产出数据更为科学和充分，因此国外学者较多地运用投入产出法和旅游卫星账户方法以及较先进的计量经济学研究方法来测度旅游业对经济增长的影响。

而在我国，除了江苏省试点完成了旅游卫星账户编制外，该方法体系并没有在我国普及，而在我国的国民经济统计中又没有对应旅游业的概念，旅游业被分散在批发和零售贸易、住宿与餐饮业、交通运输仓储及邮电通信业、社会服务业中业、旅馆业、旅游业(国民经济行业分类中特指旅行社业)、娱乐服务业等部门，我国在旅游统计方式和口径上缺陷使得我国学者在科学定量测度旅游业经济效应上存在难度。在联合国旅游卫星账户体系发布以来，我国学者一直致力

---

① 李江帆，李冠霖.旅游业的产业关联和产业波及分析：以广东为例[J].旅游学刊，2002(3)：19—25.

② 左冰.中国旅游产出乘数及就业乘数的初步测算，云南财贸学院学报，2002(6)：30—34.

③ 依绍华.旅游业的就业效应分析[J].财贸经济，2005(5)：89—91.

④ 魏卫，陈雪钧.旅游产业的经济贡献综合评价：以湖北省为例[J].经济地理，2006(2)：331—334.

于更科学、更有效地进行旅游经济影响的定量研究，如李志青①引入旅游卫星账户（TSA）测算出上海旅游业的产出贡献。潘建民等②结合广西壮族自治区的投入产出表，建立了广西旅游卫星账户，并测算了广西旅游业的增加值及其对经济的贡献。康蓉③根据 TSA 指南探讨了建立我国旅游卫星账户和进行旅游业增加值测算的思路。葛宇菁④将旅游卫星账户发展分为概念发展阶段、探索阶段和融合深化 3 个阶段，并从基本概念、投入产出表、报表系统讨论了旅游卫星账户运用的主要方法。黎洁⑤借鉴发达国家编制旅游卫星账户的思路、分类体系和数据获取方法，分析了目前我国编制旅游卫星账户存在的问题，对应地给出建议对策。刘迎辉⑥运用旅游卫星账户分析方法计量了陕西旅游业的直接经济贡献、旅游业就业贡献等多项指标。薛莹⑦探讨了澳大利亚、丹麦等国在 TSA 编制上的经验与不足，对省、自治区、直辖市级旅游卫星账户的编制给出建议。林文超⑧基于旅游卫星账户与旅游统计的关系提出旅游卫星账户视域下我国旅游统计方式的完善路径。俞宗尧⑨认为在核算旅游总产

① 李志青.旅游业产出贡献的经济分析：上海市旅游业的产出贡献和乘数效应[J].上海经济研究，2001(12)：66—69.

② 潘建民，李肇荣，黄进.旅游业对广西国民经济的贡献率研究[M].北京：社会科学文献出版社，2003.

③ 康蓉.旅游卫星账户及旅游业增加值的测算[J].商业时代，2006(5)：78—80.

④ 葛宇菁.旅游卫星账户的发展与方法研究[J].旅游学刊，2007(7)：11—18.

⑤ 黎洁.旅游卫星账户的起源、内容与研究进展[J].地域研究与开发，2009(1)：58—61.

⑥ 刘迎辉.基于旅游卫星账户的旅游经济效应实证分析：以 2008 年陕西省为例[J].生态经济(学术版)2011(2)：189—192.

⑦ 薛莹.地区级旅游卫星账户构建的国际经验及启示[J].世界地理研究，2012(3)：127—133.

⑧ 林文超.旅游卫星账户视域下的旅游统计方式[J].中国统计，2017(3)：67—69.

⑨ 俞宗尧，葛建军，张国帅.基于旅游卫星账户的旅游收入漏损核算的实证研究[J].统计科学与实践，2023(8)：27—31.

出和旅游增加值等重要指标时并未扣除旅游收入漏损，这会导致旅游对当地经济影响的核算结果出现偏差，应将旅游收入漏损纳入旅游核算范畴。

五、城市旅游产业发展的政策研究

我国旅游业的飞速发展，我国政府关于旅游业发展的政策引起了西方学者的较多关注。乔伊（Choy）等①对我国1978—1984年的旅游业发展趋势和旅游政策的变化进行了分析，指出国家旅游政策的变化是为了扩大国际旅游人数，实行推进型旅游发展模式。蒂斯德尔（Tisdell）②分析了我国旅游业的投资规模、性质和相关投资政策，认为当时的自然观光型旅游产品已呈现出"进入成熟期迹象"，提出我国政府应当重新评估和调整相关旅游投资政策的建议。张邱汉琴③等基于霍尔（Hall）的旅游政策演进模型，从需求、决定、输出和影响4个方面阐述了1978年以后我国的旅游发展政策，并根据旅游政策的演变和对旅游产业的作用将中国旅游业分为3个阶段，分别为1978—1985年的旅游业为"政治为主，经济为辅"阶段；1986—1991年"七五"计划明确将旅游定位为经济产业，演变为"经济为主，政治为辅"阶段；1992至今旅游发展定位为"社会主义市场经济"的经济属性，指出政府在旅游发展进程中扮演经营者、政策制定者、投资促进者、促销者、协调者和教育者等角色，是旅游产业发展的主要推动

---

① Choy D. J. L., Dong G. L., Wen Z. Tourism in P. R. China: Marker Trends an Changing Policies[J]. Tourism Management, 1986(3):197—201.

② Tisdell C., Wen J. Investment in China's Tourism Industry: Its Scale, Nature and Policy Issues[J]. China Ecnonomic Review, 1991(2):175—193.

③ Hanqin Qiu Zhang, King Chong, John Ap. an Analysis of Tourism Policy Development in Modern China[J]. Tourism Management, 1999(4):471—485.

力量。艾雷(Airey)[①]研究对我国旅游政策制定的主体部门进行研究,得出我国旅游业发展的条块分割和权力分散结构使得政策由代表不同利益、价值的政策主体来制定,包括有中央领导者、国家发展改革委、财政部、文化和旅游部、地方政府等等政策制定主体。

国内学者对旅游业发展的政策研究早期集中于如何发挥政府在旅游业发展中的作用,并介绍相关的国外旅游发展政策制定经验。骆昌慈等[②]指出应根据旅游经济的发展要求来制定相关政策。张广瑞[③]对国外西方发达国家的旅游发展模式进行了总结归纳,共分为经济发达国家模式、旅游发达国家模式、不发达国家模式和岛国模式,并对应分析各种模式下国外政府对于旅游业管理和发展的政策。之后由于在 20 世纪 90 年代我国建立社会主义市场经济体制目标的确立,学者对政府长期在旅游发作中的强势干预角色应当如何重新调整和定位展开了相关探讨和研究。相关的政策研究认为既要肯定市场配置资源的基础性地位,也要政府政策进行宏观调控,这为建立“政府主导,市场主体”的旅游发展战略提供了充分的理论依据。如匡林[④]分析了在我国旅游业发展中旅游市场失灵的问题,提出政府可用“有形之手”,通过财政资助、旅游基础设施供给、制定法律法规以维护产权等克服旅游产品外部性的问题,政府通过对旅游业总体规划的指导、控制的方式进行市场干预。

进入 21 世纪后,针对我国旅游产业面临的新形势、新问题,学者们展开了多角度的旅游政策研究。李正欢[⑤]提出我国旅游经济增长

---

① Airey D., Chong K. National Policy-Makers for Tourism in China[J]. Annals of Tourism Researeh, 2010(2):295—314.

② 骆昌慈,丁玫,庞铁坚.我国旅游经济政策初探[J].湖北财经学院学报,1981(4):69—74.

③ 张广瑞.市场经济国家的旅游发展模式[J].社会利学家,1989(4):43—49.

④ 匡林.市场失灵与旅游政策[J].旅游科学,1998(4):19—21.

⑤ 李正欢.论中国旅游经济增长的特征与政策选择[J].经济与管理,2003(7):7—8.

方式应从粗放型增长向高效集约型增长转变，在政策导向上应发挥人力资本和技术进步的作用来实现旅游业的内生增长方式。宋振春①以科学发展观为基础，提出旅游政策不仅是旅游产业的发展政策，更应是以旅游活动为中心，“扩展人的权利、自由、幸福和增进社会的开放、民主、繁荣的以个人与社会发展为目”的社会政策。冯学钢②针对金融危机后我国有效需求不足，提出政府应出台旅游应对危机的政策制度来刺激旅游市场弹性空间、扩大国民休闲需求以促进经济增长。还有学者从旅游政策的系统角度展开研究，如魏小安、韩建民③ 2003 年编著了《旅游强国之路：中国旅游产业政策体系研究》，代表了我国零散的旅游政策研究趋向于系统化。罗明义④就建立我国旅游政策提出了健全旅游法规体系、制定国家层面旅游法消除旅游政策冲突、旅游政策在管理和发展中应更重视发展和注重政策可操作性 4 个角度的完善建议。2009 年国务院出台了《关于加快发展旅游业的意见》，将旅游业定位为“国民经济的战略性支柱产业和让人民群众更加满意的现代服务业”，由此旅游业在功能定位上更加全面和明确。舒小林⑤认为旅游政策是欠发达地区加快旅游产业发展、调控旅游产业运行的主要手段，探讨了旅游政策目标、机制体制、市场、产品、空间布局政策体系以及不同生命周期阶段的旅游产业政策

---

① 宋振春.论旅游发展观与国际旅游发展政策[J].浙江万里学院学报，2007(6)：105—110.

② 冯学钢.国民休闲计划与旅游弹性消费：基于旅游应对危机的政策选择[J].旅游科学，2010(1)：25—35.

③ 魏小安，韩建民.旅游强国之路：中国旅游产业政策体系研究[M].中国旅游出版社，2003.

④ 罗明义.关于建立健全我国旅游政策的思考[J].旅游学刊，2008(10)：6—7.

⑤ 舒小林.欠发达地区旅游政策演变及趋势展望：以贵州省为例[J].技术经济与管理研究，2011(2)：100—105.

实施重点等演变方向与趋势。王莹①对旅游消费政策开展研究，基于频率频次、因子、信度、单因素方差等分析方法归纳影响旅游消费的五大政策性因素，即“优惠政策”“保障政策”“管理政策”“假日政策”和“财政政策”。童碧莎等②对新常态下我国旅游政策框架体系进行分析，认为可从旅游市场需求、旅游市场供给、旅游目的地管理3个层面创新我国旅游政策框架体系。曹翔③基于2011年离境退税政策的试点实施，采用新偏离份额法构建国际旅游消费净吸引力指数对2005—2015年中国100个城市的面板数据开展识别，得出离境退税政策显著提高了国际旅游消费吸引力。张应武等④实证分析过境免签政策的入境旅游效应及其机制，认为该政策对旅游资源、服务接待能力、地区经济活力、目的地品牌和货物贸易水平等基础性或配套性条件不足的城市尤为重要。

第三节　国内外研究评价与本书切入点

一、国内外相关研究评价

通过上述国内外文献综述可知，学者们从城市旅游产业性质、定位、发展模式、产业结构、产业集群、经济效应、政策研究等多角度、多

① 王莹，杨晋.旅游消费的政策影响因素研究及启示：基于在杭消费者的调查[J].经济地理，2012(1)：163—167.

② 童碧莎，张辉. 新常态下我国旅游政策框架体系创新研究[J].北京第二外国语学院学报，2015(7)：1—6.

③ 曹翔，俞涵.离境退税政策提高了国际旅游消费吸引力吗？[J].旅游学刊，2021，36(1)：41—51.

④ 张应武，郑雪梅.离境退税政策的入境旅游效应及其内在机制[J].地域研究与开发，2023(3)：104—109.

层次展开了城市旅游产业发展研究，但总体来说研究城市旅游产业发展演进的文献较少，且研究层次和深度有限，主要存在以下不足：

（一）研究城市旅游产业发展演进的文献较少且研究多集中在旅游产业性质的改变、在城市经济发展中产业地位的变迁和对旅游产业发展阶段进行划分，多从宏观、定性角度来论述城市旅游产业的发展。但是城市旅游产业是一个复杂的产业系统，其发展是在内生和外生影响因素作用下的动态演进过程，城市旅游产业发展及演进特征事实上是微观机制下的宏观现象表现，应将研究重点放在宏观特征表现背后的微观影响因素上，并在此基础上研究城市旅游产业发展和识别城市旅游产业的发展模式。

（二）研究较少考虑城市旅游产业发展影响因素的结构性和内在关联性，现有对城市旅游产业的研究较多围绕产业结构、产业集群、产业融合、产业经济效应中的具体一方面来进行研究，缺乏对这几方面因素的逻辑性和内在关联性的研究。城市旅游产业的发展是在内生和外生影响因素作用下的动态演进过程，其影响因素既包括了产业系统最内层的产业规模、产业结构、产业集群、产业融合等核心因素，也包括了中间层的资源、设施、区位、制度等支持因素，还包括了最外层的城市经济、社会、技术、生态等环境因素。这些影响因素既有内生的，也有外生的，但彼此是关联、相互作用的，不同影响因素在城市旅游产业发展过程中的作用不同、权重不同、结构不同、关联度不同，由此决定了城市旅游产业的不同发展模式和发展路径。

（三）旅游产业研究范畴界定不明确。在现有研究中，尽管学者的研究对象都是旅游产业，但其产业范围实有 3 个维度，第一个维度为“食、住、行、娱、游、购”六要素相关的旅游核心行业如旅行社、旅游饭店、旅游车船公司、旅游商贸服务公司、旅游管理机构等旅游企业，第二个维度为在核心行业基础上加上了与旅游直接相关的交通运输业、邮电通信业、批发与零售业、文化娱乐业、租赁服务业等,第三个维度为大旅游产业即由旅游经济活动拉动的所有直接、间接部门。不同的旅游产业范围界定使得关于旅游产业结构、产业集群和产业效应的研究结果也不尽相同,甚至存在夸大旅游产业发展效应的问题,使得研究结果缺乏一定的科学性和有效性。

二、本书的切入点

以城市旅游产业发展的影响因素为切入点,构建城市旅游产业分析框架,基于该分析框架构建评价指标体系对城市旅游产业进行综合评价,在此基础上识别城市旅游产业发展模式和归纳发展特征和路径。首先,现有的传统旅游产业发展模式理论是套用分析一个国家经济发展模式的逻辑方法来分析旅游产业的发展模式,这种分析方法总结出的发展模式适用于我国所有城市的旅游产业,并没有反映出不同城市旅游产业发展模式的差异化。而在我国不同城市的旅游产业发展特征存在着很大的差别,如果简单地将它们归类于上述的某一种旅游产业发展模式,就忽视了不同城市旅游产业自身的发展特点。这就为本书的研究提供了理论突破点,即城市旅游产业发展模式的研究应当基于城市旅游产业自身特点来进行。通过对城市旅游产业在形成发育和发展演进过程中呈现出的阶段特征分析来探究其背后的影响因素和原因,然后构建城市旅游产业分析框架并选取适当的影响因素指标对其进行综合评价,由此识别城市旅游产业的发展模式和归纳不同发展模式下的发展特征和发展路径,这也是本书的研究核心内容和创新之处。其次,从已有学者对旅游产业发展影响因素的研究分析来看,较多学者集中研究国家层面和省区层面的旅游产业影响因素，对基于城市层面的旅游产业发展影响因素的分析较少。且由于受传统旅游“资源观”“需求驱动观”的影响，其影响因子的选择不够全面，多局限在旅游资源、旅游城市经济发展水平、旅游市场需求等方面，没有全面考虑城市旅游产业发展的系统性，没有基于城市旅游产业的系统结构进行影响因素分析，也没有考虑城市旅游产业发展影响因素的结构性和内在关联性，因而难以概括性地分析出影响城市旅游产业发展和识别城市旅游产业发展模式的关键因素。因此基于城市旅游产业的系统结构，厘清识别城市旅游产业发展的关键影响因素，构建科学、合理的城市旅游产业分析框架，以为下文的城市旅游产业实证评价分析和发展模式识别提供依据，将是本书的突破点之一。

根据城市旅游产业的分析框架，首先选取适当的影响因素指标，注重突出影响因素和指标的系统性、逻辑性和内在关联性，其次在对城市旅游产业评价、发展模式识别和经济效应分析过程中，注重发展时序性与过程性特征。目前对旅游产业发展模式的定量研究相当少，少有的定量研究也是聚焦于某一时点上城市旅游产业发展的静态表现，样本数据多采用截面数据，缺乏对旅游产业发展过程的定量分析，采用时间序列数据的城市旅游产业发展模式研究略显不足。因此本书将基于时间序列数据对城市旅游产业发展影响因素、发展模式和经济效应进行系统、综合研究，以更客观、更科学地识别城市旅游产业发展模式，分析归纳其发展特征和路径以及不同发展模式下旅游产业发展与城市经济增长和产业结构优化之间的长期影响关系。

第三章
城市旅游产业的历史演进和区域差异研究

城市旅游产业发展研究历程分为时间和空间 2 个维度，本章将从时间维度对我国城市旅游产业发展的演进历程进行概括总结，分析城市旅游产业发展的阶段演进特征，并从空间维度对我国城市旅游产业发展的区域差异变化过程做进一步深入分析。

第一节　城市旅游产业的演进历程

我国城市旅游产业的发展过程大致遵循着改革开放的轨迹，随着改革开放不断深化，市场经济体制建立与不断完善，旅游产业发展以城市为依托，获得了最适宜的发展环境，成为国民经济中快速发展的产业之一。所以也可以说我国城市旅游产业的发展是改革开放的产物。因此本书以 1978 年改革开放为研究城市旅游产业演进历程的起始点，在这 40 多年的发展历程中，城市旅游产业也遵循着产业发展演进的一般规律，经历了形成阶段、成长阶段、调整优化阶段后，进入了全面高质量发展阶段。

一、城市旅游产业的形成起步阶段(1978—1992年)

1978年到1992年是我国经济发展的转型期,也是城市旅游业进入产业化发展的起步阶段。在这一阶段城市旅游产业的经济功能获得明确,由“外事接待”转变为“经济创汇”,产业发展基础奠定,并随着入境旅游的发展,产业规模初步形成。

在改革开放之初的1978年10月到1979年的7月短短10个月内邓小平同志连续五次专门讲话提到发展旅游业对国家政治经济和改革开放的积极作用,从旅游业管理、开发和促销等多方面确立了旅游业发展的大政方针,奠定了当时旅游业发展的政策思路,旅游业实现了从“外事接待”向“经济创汇”的经济功能重大转变。同时鉴于当时我国国民经济的总体情况和旅游业基础薄弱的现实,我国确立了“以入境旅游为先导,以赚取外汇为目的”的非常规旅游产业发展战略,即以创汇为旅游业发展目的和政策依据,优先发展入境旅游。

可以说正是我国这一优先发展入境旅游,由国际旅游向国内旅游的推进模式历史性地选择了城市作为旅游产业形成和发展的依托和基地。在较长的时期内,我国旅游产业的发展都是依托北京、上海、广州、深圳、珠海、桂林、杭州、西安、厦门等城市开展(如图3-1所示)。

相较于经济不发达和偏远地区,这些城市凭借其较高的经济发展水平、良好的区位条件和接待设施以及更为丰富的物质基础成为入境旅游业的门户和依托,以城市为主体的旅游接待设施建设、旅游资源开发和旅游服务配套开启和带动了我国旅游业的发展。具体表现有:1979年5月,国务院批准北京、上海、广州、南京4个城市利用

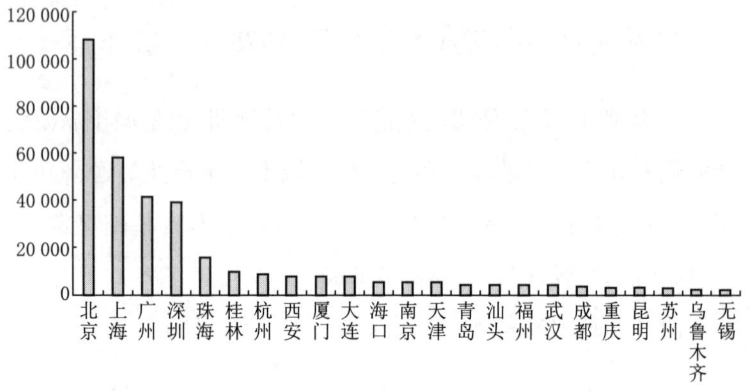

图 3-1　1992 年我国主要城市旅游外汇收入(单位:万美元)

侨资、外资建造 6 座旅游饭店,开启了我国旅游饭店行业的发展,到 1990 年年底,我国旅游涉外饭店达到了 1 987 家,客房数约 30 万间,极大地提高了我国旅游接待能力;北京、上海、西安、桂林、杭州、江苏(苏州、无锡)、南京、广州、海南(海口、三亚等)被列为 7 个重点旅游地区,成为我国重要的国际旅游目的地;到 1988 年公安部公布的我国对外开放城市达 536 个,主要城市旅游入境旅游人数占到了我国入境旅游总人数的 35.82%。

在我国优先发展入境旅游,对国内旅游采取"不提倡、不鼓励、不反对"的这一阶段,城市旅游产业发展以重点旅游地区城市、沿海中心城市和口岸城市为国际旅游目的地和辐射中心,入境旅游几乎是城市旅游业经营的唯一内容,靠入境旅游需求的拉动,城市旅游接待设施获得了较快的建设和发展,旅游产业规模和业绩也相应扩大和提高,为城市旅游产业的发展奠定了一定基础。但国内旅游业的发展存在诸多限制,国民合理的旅游需求没有得到足够的重视,国内旅游收入与国际旅游外汇收入相差悬殊。随着 1986 年国务院将旅游业发展规划首次列入了国家的"七五"国民经济和社会发展计划,旅游业在我国的产业地位得到正式确立，旅游业发展开始了“四大转变”和“五个一起上”，即由主要搞旅游接待转变为旅游资源开发建设与接待并举；由只重入境旅游转变为入境旅游、国内旅游一起抓；由以国家投资旅游设施为主转变为国家、地方、部门、集体、个人“五个一起上”；旅游经营单位由事业单位转变为企业。在该发展背景下，城市入境旅游业保持发展的同时国内旅游业也逐渐起步。

二、城市旅游产业的快速成长阶段(1993—2002年)

进入20世纪90年代以后，随着我国改革开放的不断深入，尤其是在1992年我国正式确立建立社会主义市场经济体制，城市旅游产业发展获得了良好的制度环境。在10年时间里，城市旅游产业脱离了原有计划经济框架，市场经济力量对其作用不断加强，旅游产业市场准入障碍基本扫清，城市旅游产业获得了更大的产业发展空间，进入了快速成长阶段。

首先，旅游产业在城市产业中的地位进一步提升。1992年中央在《关于加快发展第三产业的决定》中，进一步明确了旅游业是第三产业的重点。1993年国务院办公厅批准了《关于发展国内旅游业的意见》，将“搞活市场，正确引导，加强管理，提高质量”作为国内旅游的发展方针。这一宏观加强管理，微观搞活市场的方针使得旅游业开始逐步摆脱计划经济模式向市场化、产业化发展，并保证了城市旅游产业作为独立经济产业的社会地位，为城市旅游产业的迅速发展创造了良好的政策环境。1998年中央经济工作上旅游业同房地产业、信息业一同被确定为国民经济发展新的增长点。各地政府对发展旅游业都表示出鼓励和支持态度，很多城市结合实际情况，将旅游产业作为支柱产业、重点产业或先导产业来发展，特别是在2000年西部大开发战略中，西部旅游资源丰富的城市无一例外地将旅游产业作为了城市重点发展产业，旅游产业对城市经济发展的作用大大增强。

其次，城市旅游产业快速增长，入境旅游业取得较大发展的同时，国内旅游业迅速崛起。城市旅游产业的发展由原有的仅靠国外市场需求拉动转变为了国外、国内市场需求共同拉动。

从入境旅游业来看，如图 3-2 和图 3-3 所示，1993 年到 2002 年期间城市入境旅游人次和国际旅游外汇收入都呈增长趋势，2002 年我国主要城市接待入境旅游者 30 437 679 人次，国际旅游外汇收入为 1 567 739 万美元，分别约为 1993 年的 14 874 079 人次和412 653.75 万美元的 2 倍和 3.8 倍。①

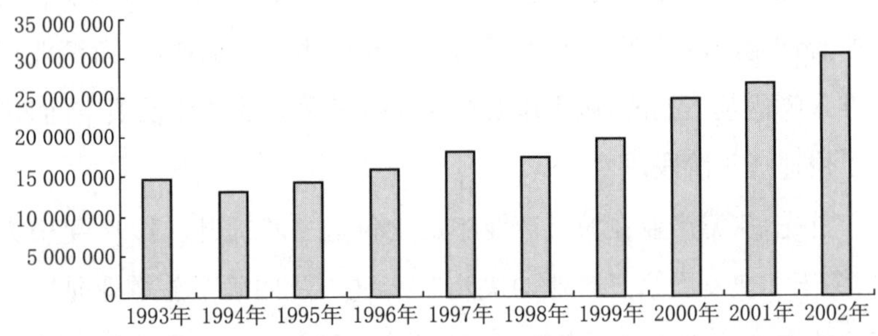

图 3-2 1993—2002 年我国主要城市入境旅游人数增长趋势(单位:人)

---

① 该章节中，本书主要以《中国旅游统计年鉴》中主要城市入境旅游人次和主要城市旅游外汇收入指标来考察城市入境旅游产业的发展。中国旅游统计年鉴中的主要城市为 60 个，其中东部城市 32 个分别为北京、天津、石家庄、秦皇岛、承德、沈阳、大连、上海、南京、无锡、苏州、南通、连云港、杭州、宁波、温州、福州、厦门、泉州、漳州、济南、青岛、烟台、威海、广州、深圳、珠海、汕头、湛江、中山、海口、三亚；中部城市 14 个分别为太原、大同、长春、吉林、延边、哈尔滨、合肥、黄山、南昌、九江、郑州、洛阳、武汉、长沙；西部城市 14 个分别为呼和浩特、南宁、桂林、北海、重庆、成都、贵阳、昆明、拉萨、西安、兰州、西宁、银川、乌鲁木齐。涵盖了 4 个直辖市北京、天津、上海、重庆，15 个副省级城市深圳、杭州、大连、南京、厦门、广州、成都、沈阳、青岛、宁波、西安、哈尔滨、长春、武汉、济南和 41 个地级市。

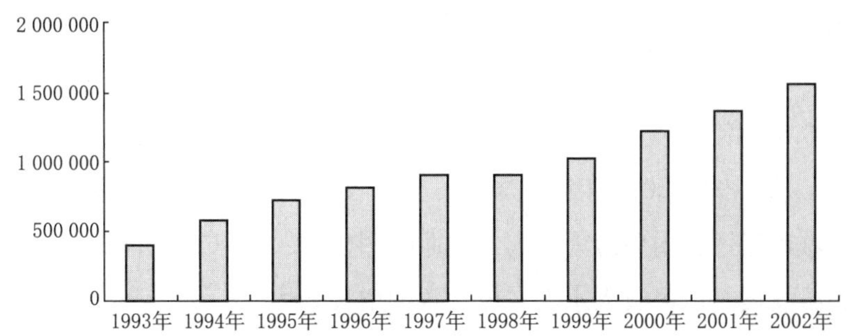

图 3-3　1993—2002 年我国主要城市国际旅游外汇收入增长趋势(单位:万美元)

从国内旅游业来看,随着国家对国内旅游的政策由“不提倡、不鼓励、不反对”转变为“因地制宜、正确引导、稳步发展”的放开,城市国内旅游业也步入高速增长阶段,特别是 1995 年我国开展了创建“中国优秀旅游城市”活动,先后有 339 个城市被命名为中国优秀旅游城市,创优活动促进了城市在旅游功能、旅游环境、旅游开发和旅游管理等方面的改善,极大提高了我国城市旅游产业的整体发展水平。同时 1995 年到 1998 年期间我国又颁布实施了十六项旅游标准,对规范和形成健康的城市旅游产业体系起到了明显促进作用。之后 2000 年我国推行黄金旅游周活动,这一活动极大地推动了国内旅游需求的增长,也促进了以城市为依托的国内旅游发展,北京、承德、哈尔滨、大连、上海、苏州、南京、杭州、青岛、厦门、武汉、张家界、广州、深圳、桂林、三亚、重庆、成都、昆明、西安、敦煌这 21 个城市被列为第一批全国假日旅游重点城市,该年城市国内旅游收入占到了我国国内旅游收入的 70.39%,可以说城市旅游产业在我国旅游产业发展中起着巨大的带动作用。

同时随着人们经济收入的不断提高,城市国内旅游需求也不断增长。1994 年我国城镇居民国内旅游人数为 205 万人次,国内旅游收入为 848.2 亿元，到了 2002 年我国城镇居民国内旅游人数达 385 万人次，国内旅游收入为 2 848.1 亿元，分别增长了 1.88 倍和 3.36 倍。

从 1994—2002 年城市居民可支配收入、城市居民国内旅游收入和城市居民国内旅游人数的走势曲线图（图 3-4）可以看出，城市国内旅游发展与居民收入水平有较一致的增长趋势。

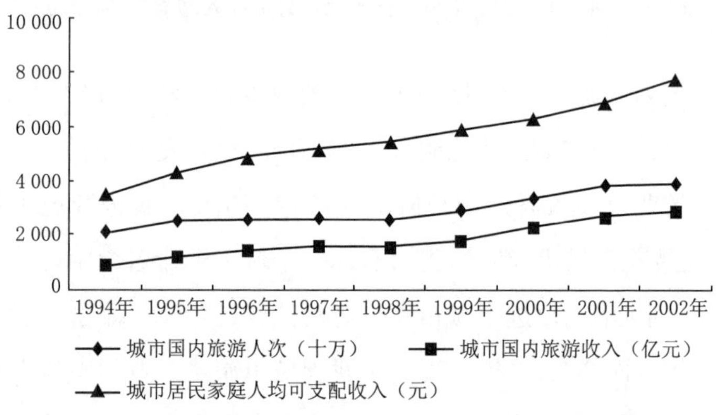

图 3-4 城市居民可支配收入与城市国内旅游发展趋势图

三、城市旅游产业的调整优化阶段(2003—2011 年)

在城市旅游产业高速增长期间，由于国内外旅游市场需求的持续拉动和旅游产业市场化造成的行业门槛不断降低，越来越多的企业纷纷涌入旅游业，使得旅游企业数目增长率远远大于市场需求增长率，这就造成了大量旅游企业的经营效益不佳，生产效率低下。但这一微观层面的问题在当时城市旅游产业宏观发展形势大好的情况下没有获得充分的重视。之后这一城市旅游产业内部积聚的微观问题逐渐凸显，尤其是在经受 2003 年“非典”疫情冲击后，这一问题更明显地暴露出来。

以旅游饭店为例，从 2003 年开始，一些主要旅游城市的旅游饭店利润率都出现了连年的负利润率，如表 3-1 所示。而且随着对国内旅游业的入世保护期满，国内旅游企业面临着国际旅游企业的竞争也更为激烈。如何才能提高旅游产业发展质量以保持持续稳定的增长，国内主要城市纷纷开始了对其旅游产业发展的深刻反思和重新认识。为了城市旅游产业的健康和可持续地发展，从 2003 年后城市旅游产业进入了结构调整和优化阶段，相较于上一阶段量上的高速增长，这一阶段更注重质上的发展。

表 3-1 2003 年—2011 年主要城市旅游饭店利润率 单位：%

城市	2003 年	2004 年	2005 年	2006 年	2007 年	2008 年	2009 年	2010 年	2011 年
天津	−17.07	−6.98	−4.34	0.77	−3.05	−2.89	−6.63	−6.4	−8.56
重庆	−10.52	−7.91	−5.33	−2.5	−2.06	−1.21	−0.47	1.03	2.06
大连	−17.02	−2.02	−6.45	−3.93	4.54	−0.82	−8.33	−14.42	−2.96
长春	−6.2	−3.03	−5.53	−7.82	−8.89	−2.29	−2.39	−7.57	−4.03
哈尔滨	−23.62	−18.96	−19.66	−12.71	−11.53	−3.48	−3.32	2.46	4.81
南京	−6.51	−1.91	−17.28	4.54	3.23	5.8	4.45	4.42	4.99
无锡	−1.97	−4.69	−4.93	−2.29	−3.5	−6.79	−9.36	−3.79	−4.22
苏州	−1.6	10.24	0.53	−1.43	−5.66	−4.6	−6.91	−3.88	−2.83
福州	−10.56	−16.84	−8.74	−2.4	0.79	4.7	4.18	8.73	9.98
武汉	−11.23	−6.89	−1.02	−2.86	−3.93	−2.04	−0.66	5.49	0.7
珠海	−16.63	−3.48	−6.73	−5.79	−2.15	−1.09	0	2.05	0.71
昆明	−21.94	−20.08	−2.41	−2.45	−2.55	−5.44	−5.33	5.03	12.86
桂林	−52.79	−28.67	−12.28	−9.2	4.39	−9.71	−8.4	−5.22	−2.22
西安	1.45	−18.62	−8.56	−7.04	−7.83	1.15	−5.79	−0.57	7.34
成都	−5.24	−7.1	−1.33	−3.39	3.3	−3.75	3.86	3.34	5.43

期间我国政府也采取了一系列调整、优化旅游产业结构的产业政策。2004 年国务院明确提出“优化旅游产业结构，提高旅游产业素质”的指导思想，2005 年提出高水平发展旅游产业，同年国家旅游

局和环保局共同发布了《关于进一步加强旅游生态环境保护工作的通知》,更关注旅游业与生态的关系和旅游业可持续发展,2006 年公布《旅游业国家标准、行业标准编制目录》以更好地实现旅游产业规范化经营。在这一阶段城市旅游产业内部结构向合理化和高度化发展;产业内的大型旅游企业向集团化、多元化发展,小型企业向专业化发展;城市旅游主管部门向区域合作发展,城市与城市之间旅游产业合作发展日益加强,以共同应对激烈的市场竞争。

同时随着城市居民收入水平的不断提高和闲暇时间的不断增加,在该阶段城市出境旅游业也得到了适度发展,逐步成为城市旅游业的第三大旅游形式。城市旅游产业入境旅游、国内旅游和出境旅游三大市场平衡发展架构形成,城市成为旅游目的地和旅游客源地的综合体,城市旅游产业的发展走向了全面优化和调整完善阶段。

四、城市旅游产业的全面高质量发展阶段(2012 年至今)

党的十八大以来,旅游业迎来历史性发展机遇,以习近平同志为核心的党中央站在党和国家事业全局高度谋划和推动旅游发展,引领我国旅游业发展步入快车道,建成全球规模最大的旅游产品供给体系,形成全球最大国内旅游市场,成为国际旅游最大客源国和主要目的地。旅游业从小到大、由弱渐强,日益成为新兴的战略性支柱产业和具有显著时代特征的民生产业、幸福产业,成功走出一条独具特色的中国旅游发展之路。

2018 年 2 月,党的十九届三中全会审议通过《中共中央关于深化党和国家机构改革的决定》,同年 4 月,文化和旅游部正式挂牌,我国旅游业发展迎来重大变革。文旅不断深度融合,围绕“文旅+”及“+文旅”不断创新,在旅游产业发展的各个环节,越来越体现文化内涵。

一方面，通过现代手段将更多文化遗产、文化资源、文化要素转化为深受国内外旅游者所喜爱的旅游产品，有力推动了文化资源的价值转化。2024 年 8 月，山西省文旅厅及文物局等与游戏科学公司合作的“黑神话：悟空”发布，山西 27 处取景地迅速成为各大平台的话题“热榜”，吸引各地游客打卡，仅有 9 万人口的临汾隰县，因隰县小西天的爆火，国庆假期共接待游客超 9.1 万人次。从中可以看出，不同文化、旅游资源通过产品包装、内容创新、业态融合、科技赋能、营销宣传等方式，内在价值被激发出新活力，从而带动当地旅游经济发展。

另一方面通过旅游产业化、市场化手段，丰富文化产品和服务的供给类型和供给方式，让更多文化资源、文化产品发挥作用，促进了旅游业高质量发展。

我国传统文化类景区由 2012 年的 2 064 个增加到 2023 年的 4 000 余个，年均增长 8%。例如浙江杭州市的良渚遗址、四川德阳市的三星堆遗址等景区，成为中华文明溯源的重要参观点；长城、长征、大运河、黄河、长江国家文化公园等，成为中华文化重要标识和传承中华文明的文化长廊；陕西省西安市区的大唐不夜城、长安十二时辰和江苏连云港市花果山景区等有鲜明地方特色的文旅品牌，极大提升了旅游景点的影响力和号召力。各地文旅部门坚持用中华优秀传统文化、革命文化和社会主义先进文化培根铸魂，加快推动文化和旅游深度融合发展，精心打造出更多体现文化内涵、人文精神的特色文化和旅游产品，让旅游业更好服务美好生活、促进经济发展、构筑精神家园、展示中国形象、增进文明互鉴。

2024 年 5 月，习近平总书记对旅游工作作出了重要指示，“发展旅游业是推动高质量发展的重要着力点”“着力完善现代旅游业体系加快建设旅游强国，推动旅游业高质量发展行稳致远”。可以说，全面推进旅游业高质量发展是赋能现代旅游业体系建设、加快中国式现代化进程的应有之义。

在《“十四五”旅游业发展规划》中提出了加快旅游强国建设，以国家级专项规划形式擘画出旅游业发展蓝图。文化和旅游部推出《旅游度假区等级划分》《旅游休闲街区等级划分》《滑雪旅游度假地等级划分》《自驾游目的地等级划分》《自驾车旅居车营地质量等级划分》等国家和行业标准，以标准化引领度假休闲服务品质化；推出《旅游景区质量等级划分》，进一步强化了旅游景区管理和服务水平。

星级酒店及旅游景区结构从传统“金字塔型”转向为以中高端酒店及景区为主体的“橄榄型”趋势加强，我国旅游产业从基础接待服务向高品质服务延伸。2012 年国内中高端酒店市场新开业客房数为 14 705 间，到 2023 年国内中高端酒店市场新开业客房数为 75 774 间，增长了 415.29%。中高端酒店成为增长最快的细分市场，2024 年上半年新开业中高端酒店品牌客房数 39 006 间，占比已超过 2023 年全年的一半。

2024 年 7 月，党的二十届三中全会提出要健全文化和旅游深度融合发展体制机制，通过加快科技创新、促进业态融合、补齐要素短板、坚持绿色发展等多维路径，加快发展新质生产力，推动文旅产业高质量发展。新质生产力具有高科技性、高效能性、高质量性三大特征，新质生产力与旅游业的双向交互，带来了旅游产业发展的系统性变革，赋能旅游业高质量发展。

随着科技革命和产业变革的深入发展，新质生产力呈现数字化和智能化的发展趋势，数字赋能成为旅游产业提质增效的重要抓手。2020 年，《关于深化“互联网＋旅游”推动旅游业高质量发展的意见》

明确提出，优化“互联网＋旅游”营商环境，借助 5G、人工智能等技术革命成果驱动旅游业高质量发展，数字化、智能化带来城市旅游产业的“蝶变”。通过数字技术和旅游业在更大范围、更高层次、更多环节、更广领域的深度融合发展，城市旅游产业形成新技术、新要素、新场景、新业态、新产业结构的新发展格局。如上海发布《上海市打造文旅元宇宙新赛道行动方案（2023—2025 年）》，《风起洛阳》和《消失的法老》成为上海文旅元宇宙 001 号、002 号创新示范项目，将文旅 IP 插上 VR 科技的翅膀，数字技术成为引领未来旅游业发展的核心动能。①江苏南京旅游集团打造中国首部实景 360°全沉浸互动演出《南京喜事》，以“感官沉浸＋入戏沉浸”营造文旅新场景，成为南京新的旅游爆款产品。②

旅游业由传统的单一的线下游览拓展为“线下＋线上”的多形态游览，由传统单一的观光游览、场景化体验延伸为数字技术渗入、个性化定制的沉浸式体验，新质生产力引发的旅游新供给成为旅游业高质量发展的根本驱动力，推动旅游产业真正成为旅游为民、旅游富民的幸福产业。

第二节　城市旅游产业发展的演进特征

一、城市旅游产业总体发展特征

（一）城市入境旅游业和国内旅游业规模上保持增长

从城市旅游产业的快速成长阶段开始，1993 年我国主要城市国

① https://export.shobserver.com/baijiahao/html/662701.html.

② https://news.qq.com/rain/a/20230116A03VPO00.

际旅游外汇收入为46.83亿美元，接待入境旅游人次为1 898.2万人次。到2016年，城市国际旅游外汇收入1 312.54亿美元，名义上是1993年的28倍，年均复合增长率为13.67%；接待入境旅游人次为6 572.52万人次，是1993年的3.46倍，年均复合增长率为4.89%。1994年我国城镇居民国内旅游收入为848.2亿元①，国内旅游人数为205万人次。到2017年我国城镇居民国内旅游收入为37 673.03亿元，名义上是1994年的44.41倍，年均复合增长率17.8%；国内旅游人数达3 677万人次，名义上是1994年的17.93倍，年均复合增长率为13.37%。可见，城市入境旅游业和国内旅游业从成长阶段到高质量发展阶段在总体规模上均保持增长。

（二）旅游业市场格局形成，国内旅游业增速超过入境旅游业

入境旅游业呈加速增长趋势，如表3-2和表3-3所示。1994年入境旅游收入突破50亿美元，自1978年到1994年历时16年，之后每增加50亿美元的时间缩短到了2年。到了2012年入境旅游业迎来蓬勃发展期，仅用两年时间在2014年突破1 000亿美元，之后基本以每年100亿美元的速度递增。2016年，国际旅游外汇收入世界排名从1980年的第34位跃居到全球第2位，并保持至今。

表3-2　1978—2019年入境旅游收入分段发展情况

年份	国际旅游外汇收入（亿美元）	所用时间（年）
1994	≥50	16
1996	≥100	2
2000	≥150	4
2002	≥200	2
2004	≥250	2

① 可查的我国国内旅游收入数据从1994年开始。

续表

年份	国际旅游外汇收入(亿美元)	所用时间(年)
2006	≥300	2
2007	≥400	1
2012	≥500	5
2014	≥1 000	2
2015	≥1 100	1
2016	≥1 200	1
2017	≥1 300	1

表 3-3　1978—2023 年入境旅游人次分段发展情况

年份	接待入境旅游人次(万人次)	所需时间(年)
1984	≥1 000	6
1986	≥2 000	8
1988	≥3 000	2
1993	≥4 000	5
1996	≥5 000	3
.1998	≥6 000	2
1999	≥7 000	1
2000	≥8 000	1
2002	≥9 000	2
2004	≥10 000	2
2005	≥12 000	1
2007	≥13 000	2
2018	≥14 000	11
2023	≥19 000	5

接待入境旅游人次增长速度呈现快速增长到趋于平缓的趋势，入境过夜旅游者人次从最初 1978 年的 180 万人次到 1984 年突破 1 000 万人次用了 6 年时间，到 1988 年每增加 1 000 万人次的时间一下缩短到了 2 年，之后基本以每隔 1～2 年增长 1 000 万人次的速度

保持增长。之后从 2007 年起，受国际金融危机的影响，入境旅游人次增长速度趋于平缓，到 2018 年用 11 年时间增长了 1 000 万人次。2020 年由于受新冠疫情的影响，入境旅游人数骤降为 2 720 万人次，同比减少 81.3%，直到 2023 年我国入境旅游市场明显修复，达到了 1.9 亿人次。

城市国内旅游业增长速度较之入境旅游业发展增速更快，如表 3-4 和表 3-5 所示。1995 年城市国内旅游收入突破 1 000 亿元，用了 1978 年到 1995 年的 17 年，之后每增加 1 000 亿元的时间缩短到了 5 年，从 2006 年起每隔 1 年就增加 1 000 亿元，而且从 7 000 亿元到突破 10 000 亿元只用了 1 年。国内旅游人次增长速度同样很快，从最初历时 16 年，到 2007 年起每增加 5 亿人次所用的时间一下缩短到了 1 年，之后基本以每年增长 5 亿人次的速度保持增长。

表 3-4　1978—2022 年国内旅游收入分段发展情况

年份	国内旅游收入(亿元)	所用时间(年)
1995	≥1 000	17
2000	≥2 000	5
2004	≥3 000	2
2006	≥4 000	1
2007	≥5 000	1
2008	≥6 000	1
2009	≥7 000	1
2010	≥10 000	1
2012	≥20 000	2
2014	≥30 000	2
2017	≥40 000	3
2018	≥50 000	1

表 3-5　1978—2019 年国内旅游人次分段发展情况

年份	国内旅游人次(亿人次)	所用时间(年)
1994	≥5	16
2000	≥7	6
2002	≥8	2
2004	≥10	2
2007	≥15	1
2010	≥20	3
2011	≥25	1
2013	≥30	2
2014	≥35	1
2015	≥40	1
2016	≥45	1
2017	≥50	1
2018	≥55	1
2019	≥60	1

可见国内旅游业的发展速度快于入境旅游业的发展速度，我国旅游业市场格局发生了重要变化，由内需拉动的国内旅游业对旅游产业发展的作用越来越凸显和加强。

(三) 城市旅游产业具有敏感波动性

从主要城市入境旅游人数的发展趋势图(图 3-5)可以看出城市入境旅游业自 20 世纪 90 年代进入成长期后一直保持良好的增长态势，但其中经历了 3 次波动。第 1 次波动为 2003 年，是受到“非典”疫情的影响；第 2 次波动为 2009 年，是受到美国金融危机的影响。第 3 次波动为 2020 年，是受到全球新冠疫情的影响。

可见城市入境旅游业对突发性事件有很强的敏感性，但能很快地从危机中恢复，保持总体的增长态势。

而从城市国内旅游人数发展趋势图 3-6 可以看出，城市国内旅

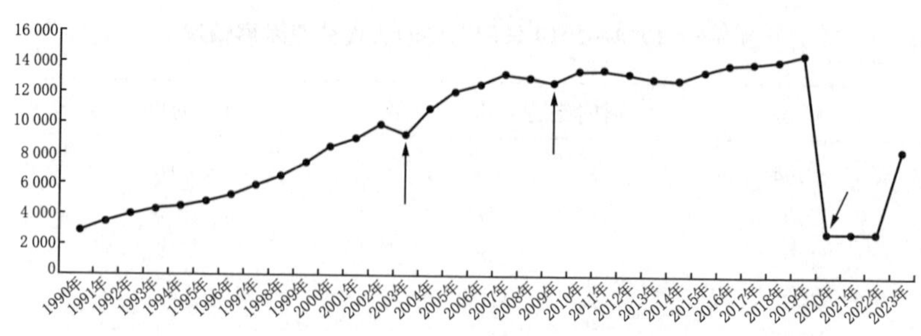

图 3-5　主要城市入境旅游人数变化趋势(单位:万人次)

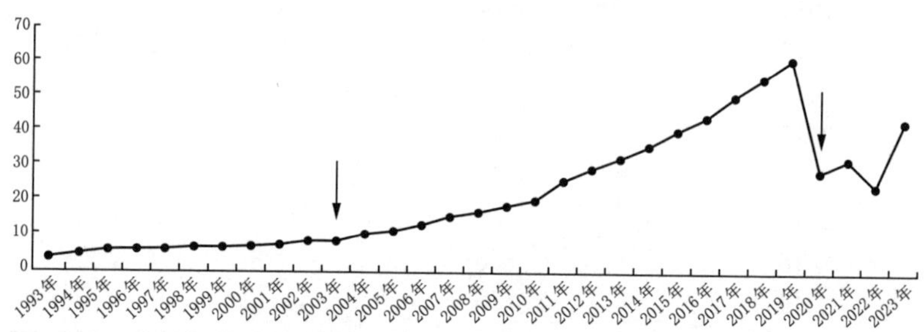

图 3-6　主要城市国内旅游人数变化趋势(单位:亿人次)

游业波动情况与入境旅游业不同的是,只受到 2003 年“非典”疫情和 2020 年新冠疫情的 2 次影响,在 2009 年并没有出现国内旅游人数的下降,可见在国外旅游需求减弱的 2009 年,城市旅游业依靠国内旅游需求的拉动保持了稳定的增长,国内旅游业在减轻城市旅游业受国际事件影响波动性方面有重要的作用。

(四) 城市旅游产业空间分布分散

通过计算 60 个城市的地理集中指数,来分析判断 1999—2017 年间①城市旅游产业在时空分布上的变化。

计算公式如下:

① 由于 2019 年之后的《中国旅游统计年鉴》与《中国文化文物统计年鉴》合并为《中国文化文物和旅游统计年鉴》,不再收录主要城市旅游业相关统计数据。

$$C = 100 \times \sqrt{\sum_{i=1}^{60} \left(\frac{T_i}{T}\right)^2}$$

其中 C 为 60 个城市入境旅游人数的空间集中指数，T_i 为第 i 个城市接待入境旅游人数，T 为 60 个城市入境旅游的总人数。该指数反映了入境旅游者在城市空间上的分布情况，C 值越接近于 100，说明旅游者在城市空间上的分布越集中于几个城市；反之 C 值越小则说明旅游者在城市空间上的分布越分散。

计算所得 60 个城市 1999—2017 年的入境旅游人数空间集中指数值如表 3-6 所示，城市接待入境旅游人数空间集中指数值远小于 100，这说明入境旅游者选择旅游目的地城市没有集中于个别城市，而是均衡选择旅游目的地，既有沿海城市，也有内陆城市；既有传统的资源型旅游城市，也有多元化的现代旅游城市。

表 3-6　60 个城市接待入境旅游人数的空间集中指数变化（1999—2017 年）

年份	C 值	年份	C 值	年份	C 值	年份	C 值	年份	C 值
1999	27.56	2003	27.35	2007	27.98	2011	27.27	2015	27.38
2000	29.13	2004	28.09	2008	27.23	2012	26.57	2016	27.61
2001	28.87	2005	27.28	2009	27.96	2013	28.40	2017	27.15
2002	28.68	2006	28.62	2010	29.21	2014	27.57		

且从该值的散点图 3-7 可知 1999—2017 年该值呈现出分散和波动趋势，从 1999 年小幅上升后，2000 年到 2009 年呈下降趋势，由 29.13 下降至 27.96，在 2010 年反弹上升到 29.22，之后到 2012 年又出现阶段性下降至 26.57，但 2013 年又一次上升，之后维持在 27.5 左右波动。说明处于成长期和结构调整期的城市旅游产业发展空间结构始终较为波动，城市之间的旅游产业发展差异较大，并没有趋于稳定和平衡状态。

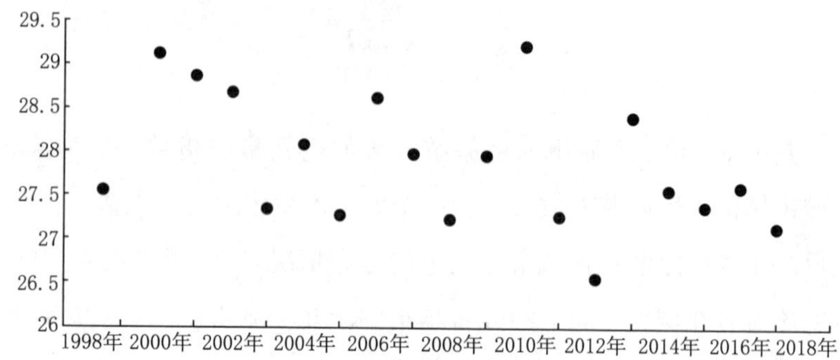

图 3-7　60 个城市接待入境旅游人数的空间集中指数散点分布图

（五）城市旅游产业发展格局的非均衡性与稳定性

从城市旅游产业发展的过程来看，城市旅游产业的发展在规模、总量和效益上并不均衡，且非均衡的状态具有相对的稳定性。北京、上海、深圳、广州在总体城市旅游产业格局中占据了主要份额，2005 年这 4 个城市的旅游外汇收入占到了全部样本城市的 69.56%。如表 3-7 所示，2005 年到 2023 年排名前两位的城市始终是北京、上海，深圳、广州也一直保持在前六位，说明经济发达的现代城市始终是国外游客的首选旅游目的地城市。到了 2023 年这 4 个城市的旅游外汇收入占到了全部样本城市的 47.81%，约占全部样本城市外汇收入总和的一半，尽管比重有所下降，但这 4 个城市的绝对优势地位始终没有根本改变，北京、上海、深圳、广州等城市相对份额的降低是因为随着这些全国性旅游城市体系的形成，这些城市作为旅游产业发展的生长极，其扩散效应和辐射效应不断带动了其他等级旅游城市的发展，尽管其相对份额在降低但绝对量仍在快速倍增，这些城市在旅游外汇收入和接待入境旅游人次的排名上仍处于城市旅游产业的前沿，发展地位很难撼动。

表 3-7　2005—2023 年旅游外汇收入排名前十位的城市

排名	2005 年	2011 年	2015 年	2023 年
1	北京	上海	上海	北京
2	上海	北京	北京	上海
3	广州	广州	广州	重庆
4	深圳	深圳	成都	成都
5	成都	杭州	深圳	广州
6	杭州	天津	重庆	深圳
7	武汉	苏州	天津	杭州
8	南京	厦门	杭州	西安
9	青岛	南京	南京	苏州
10	天津	珠海	武汉	南京

表 3-7 中，跻身旅游外汇收入前十名的城市总共有 15 个，分别为北京、上海、广州、深圳、重庆、成都、珠海、厦门、杭州、天津、西安、武汉、南京、苏州和青岛，从这些城市的等级分布上看，其中直辖市 4 个，副省级市 9 个，地级市 2 个；从城市的区域分布上看，其中东部地区 11 个，西部地区 3 个，中部地区 1 个。这些城市的排名位次变化极差也存在差异，其中北京、上海、广州、深圳、杭州、南京的排名位次变化极差相对较小，而西安、成都、重庆、苏州的排名位次变化极差变化较大。

可见城市旅游产业的格局一方面表现得相对稳定，不易轻易打破，另一方面则说明入境旅游目的地城市由中心城市向非中心城市和西部城市扩展，更多的新兴旅游城市表现出跻身前十的强劲发展潜力和趋势。不同等级城市之间旅游产业发展的不平衡和差距始终存在，但相对差距在不断减小，由最初的单一的经济发达中心城市引领城市旅游产业发展转变为由经济发达中心城市、副省级城市和地级城市共同带动城市旅游产业的发展。

二、城市旅游产业发展的演进特征

（一）城市旅游产业发展格局改变带动城市旅游产业功能转变

从城市旅游产业发展格局由原有的单一发展入境旅游业到国内旅游业、入境旅游业共同繁荣再到如今的入境旅游业、国内旅游业、出境旅游业平衡发展，城市旅游产业的产业功能也随着不断转变。在单一发展入境旅游业阶段，城市旅游产业功能以创汇和扩大对外政治影响为目标，很少涉及旅游产业的经济功能。到了国内旅游业、入境旅游业共同繁荣阶段，城市旅游产业的经济功能不断凸显，旅游产业在城市国民经济发展中的地位和作用不断增强，在城市经济建设、产业结构调整升级、推动相关产业发展、拉动内需和扩大就业等方面起到重要作用。在如今的入境旅游业、国内旅游业、出境旅游业平衡发展阶段，旅游产业在发挥重要经济功能的同时，其社会功能、生态功能也不断加强和完善，对城市产生全方位的影响。出境旅游使城市居民长期压抑的境外旅游需求得到满足，通过走出国门、开拓视野使其素质获得提升，与国外交流得到增强，旅游产业在和谐社会构建，促进人的全面发展方面的社会功能逐渐显现和增强。同时旅游产业的发展促进城市更注重生态环境的改善、基础设施的完善和公共服务体系的健全。因此旅游产业对城市发展的作用不再仅限于有形的经济影响，更多则是对城市社会和谐发展、居民生活质量提高、城市形象完善、城市竞争力提升等方面的无形影响。

（二）城市旅游产业发展融入城市功能和分工

城市旅游产业的发展应与城市的功能和分工相辅相成。对于城市而言，其有什么样的功能和分工，就需要对应配置适合这些功能和分工的产业，产业只有满足了城市的功能和分工需要才能在城市内获得充分的发展,因此城市旅游产业在发展过程中越来越注重融入城市的功能和分工。比如上海在建设国际经济、金融、贸易、航运中心过程中提出大力发展现代服务业,将其作为实现经济新一轮增长和产业结构调整重要支点的背景下,上海旅游产业围绕现代服务产业的发展,一方面继续发挥其对住宿与餐饮业、交通运输业、零售业、娱乐服务业等相关产业的拉动作用;另一方面也很好地处理其与服务业中其他产业如金融业、创意业、通信服务业等产业的关系,不断进行产业融合和产业联动,形成创意旅游、智慧旅游、金融旅游等新型业态,旅游产业成为上海大力发展现代服务业的重要动力。再比如长春、哈尔滨,这些城市原本以工业为主导产业,城市旅游产业的发展水平明显落后于全国平均水平。但在进入 21 世纪后这些老工业城市开始了城市功能转型和产业结构的重构,选择退二进三或退二优三,于是旅游产业找到了与原有第一、二产业的结合点,利用老工业基地优势发展现代工业旅游和农业旅游,成为城市转型的重要手段,旅游产业也获得了较快的发展。因而融入城市功能和分工可为城市旅游产业发展带来更大的产业发展空间和更多可利用的产业发展资源。

(三) 城市旅游产业运行方式转变

随着人们的旅游需求由传统的观光游向现代度假休闲游转变,城市旅游产业的运行方式也由“点线旅游”转变为“板块旅游”。在传统的观光游阶段,城市旅游产业的开发以旅游景区和景点开发为主,旅游景区和景点建设成为了城市的旅游飞地,弱化了城市在旅游服务体系中的作用。城市旅游产业运行以旅行社为核心,由旅行社将不同城市的景区、景点、旅游设施和旅游服务串联在一起,围绕旅行社产品对城市的旅游资源和服务资源进行配置,形成综合的旅游产品。因此旅行社成为城市产业中的龙头产业，城市旅游产业运行离开了它则无法运作。

之后随着人们的旅游需求由观光游向休闲度假游转变，人们的旅行距离开始缩短，多以板块区域内的短途旅游为主。板块内有多个旅游目的地城市，旅游者的旅游活动在空间上以这些旅游目的地城市为中心展开，旅游目的地城市成为旅游活动的依托。旅游者可以不通过旅行社组织，而是通过旅游客源地的旅行代理商和旅游目的地的散客服务体系自行进行旅游活动。因此相对于点线旅游，板块旅游更强调对城市的旅游设施和旅游服务体系的依托。城市旅游产业运行的主体由旅行社转变为各种旅行代理商如机票代理、车票代理、包机代理和散客服务体系如导游服务代理、酒店服务代理、出租车代理等。这时不再单一依赖于旅行社的运作，而更多的是通过城市间的旅游服务体系来连接旅游客源地城市和旅游目的地城市，城市旅游产业运行组织体系也对应产生了重大的调整。

（四）城市旅游产品不断丰富和创新

传统观光旅游产品主要围绕城市所特有的自然风光、历史遗迹、文化传统、民俗风情、建筑艺术等资源开发，但随着旅游者需求多元化和旅游产业的不断优化发展，城市旅游产品不断丰富和创新。首先在类型上，不仅包括观光旅游，还包括了度假旅游、专项旅游、特种旅游等。观光旅游既有传统的自然风景、历史古迹观光，也有城市现代建筑和场馆观光、文化主题公园观光、文化实景演出观光等。度假旅游则包括了度假区旅游、游轮旅游、房车旅游、高尔夫旅游等旅游产品。专项旅游则有农业旅游、工业旅游、生态旅游、红色旅游、医疗旅游、体育旅游、修学旅游等。还有生产性服务旅游产品如会展旅游、商务旅游、奖励旅游等。其次在功能上不断完善，从传统观光到现在的集观光、娱乐、商务、会议、康体等各种功能有机结合，形成了一系列多元化、综合化的旅游产品。再次，在形象上和质量上不断提升，越来越多的城市注重城市整体旅游形象的打造，在旅游者心目中形成良好的知名度和稳定的认同度，同时注重旅游产品质量的提升，不断开发和推出专项旅游精品。

并且随着大数据、云计算、人工智能、AR、VR 等新一代信息技术运用于旅游产业。旅游供给方通过信息采集数据、数据平台预测，可以更精准地捕捉和预测消费者的旅游需求，高效率创新与更新旅游产品，即时响应消费者的需求提供个性化定制、"线下＋线上"多形态的旅游产品。

第三节　城市旅游产业发展的区域差异研究

从城市旅游产业发展的阶段特征分析中可知区域间的城市旅游产业发展存在较大差异与不平衡，因此本节将对城市旅游产业发展的区域差异变化过程做进一步深入分析。

以 2005—2011 年和 2012—2017 年为研究城市旅游产业区域差异变化过程的 2 个时间段，2005—2011 年城市旅游产业发展的区域差异状况可以看作是经历了产业结构调整和优化阶段后的区域差异结果，2012—2017 年城市旅游产业发展的区域差异状况可以看作是经历了城市现代化旅游产业体系构建和高质量发展阶段后的区域差异结果。

仍以中国旅游统计年鉴中的 60 个城市为研究样本，由于城市旅游产业区域差异是城市旅游产业在数量上和质量上发展的结果，因此本书设计综合指标来衡量城市旅游产业发展水平。城市旅游产业发展水平指数 D_i 由旅游产业规模指数 G_i 和旅游产业质量指数 Q_i 构造而成,具体如下

城市旅游产业发展水平指数 $D_i=\sqrt{G_i \times Q_i}$

其中旅游产业规模指数 $G_i=\sqrt{\frac{T_i}{\sum_{i}^{60} T_i}} \times \sqrt{\frac{P_i}{\sum_{i}^{60} P_i}}$

旅游产业质量指数 $Q_i=\sqrt{\frac{T_i}{P_{\text{GDP}, i}}}$

T_i 为各城市旅游外汇收入,P_i 为各城市入境旅游人数,$P_{\text{GDP}, i}$ 为各城市国民生产总值,$i=1, 2\cdots, 60$。

用各城市旅游产业发展水平指数与所有城市旅游产业发展水平指数均值的离差 d_i 来衡量城市间旅游产业发展水平的绝对差异,用各城市旅游产业发展水平指数与所有城市旅游产业发展水平指数均值的比值来衡量城市间旅游产业发展水平的相对差异。具体如下:

$$d_i=D_i-\bar{D}$$

$$g_i=\frac{D_i}{\bar{D}}$$

$$\bar{D}=\frac{\sum_{i}^{60} D_i}{60}$$

其中 D_i 为各城市旅游产业发展水平指数,$\bar{D}$ 为所有城市旅游产业发展水平指数均值。

计算结果分别如表 3-8、表 3-9 和表 3-10 所示,从东、中、西部各城市旅游产业发展水平的离差和比值可以归纳出城市旅游产业的区

域发展情况如下：

表 3-8　东部各城市旅游产业发展水平的离差和比值

城市	2005 年		2011 年		2017 年	
	离差	比值(%)	离差	比值(%)	离差	比值(%)
北京	0.130	473.538	0.091	370.284	0.111	457.777
天津	0.014	139.416	0.022	166.676	0.005	151.171
石家庄	−0.028	20.425	−0.027	19.380	−0.015	9.406
秦皇岛	−0.011	69.086	−0.016	53.196	−0.012	20.893
承德	−0.018	49.461	−0.019	44.258	−0.013	16.551
沈阳	−0.008	76.388	−0.007	78.191	−0.014	71.647
大连	0.012	134.265	0.011	132.773	0.001	98.160
上海	0.125	437.280	0.113	459.895	0.123	648.108
南京	0.025	172.095	0.017	151.144	0.009	57.651
无锡	0.001	102.646	−0.003	90.603	−0.002	38.581
苏州	0.025	172.051	0.022	165.389	0.014	162.888
南通	−0.014	60.850	−0.009	72.974	−0.011	15.216
连云港	−0.022	36.721	−0.020	39.369	−0.014	2.203
杭州	0.040	215.450	0.044	230.368	0.021	221.539
宁波	−0.002	94.703	0.003	108.152	−0.005	88.880
温州	−0.016	53.283	−0.014	59.695	−0.011	52.376
福州	0.001	103.175	0.012	135.607	−0.006	136.111
厦门	0.036	202.909	0.036	208.463	0.007	212.233
泉州	0.013	135.928	0.007	119.625	0.000	127.455
漳州	−0.029	17.585	−0.015	54.450	−0.015	38.552
济南	−0.025	29.146	−0.022	35.676	−0.014	25.147
青岛	0.009	124.867	0.003	110.027	0.002	103.698
烟台	−0.016	55.393	−0.008	75.655	−0.011	56.512
威海	−0.019	44.172	−0.013	62.183	−0.012	33.174
广州	0.113	423.779	0.112	432.659	0.104	719.874
深圳	0.114	387.788	0.097	426.971	0.107	780.326
珠海	0.078	323.191	0.069	304.227	0.029	172.283
汕头	−0.017	52.541	−0.024	27.743	−0.012	13.265
湛江	−0.029	16.229	−0.027	18.426	−0.015	15.561

续表

城市	2005年		2011年		2017年	
	离差	比值(%)	离差	比值(%)	离差	比值(%)
中山	0.008	122.811	−0.007	80.532	−0.003	41.935
海口	−0.019	44.612	−0.024	28.611	−0.014	9.233
三亚	−0.002	94.490	0.008	123.172	−0.012	44.775

表 3-9　中部各城市旅游产业发展水平的离差和比值

城市	2005年		2011年		2017年	
	离差	比值(%)	离差	比值(%)	离差	比值(%)
太原	−0.024	32.502	−0.015	54.906	−0.014	22.203
大同	−0.024	30.199	−0.019	42.638	−0.015	9.824
长春	−0.023	33.392	−0.02	41.679	−0.014	35.469
吉林	−0.03	12.956	−0.029	12.82	−0.016	7.002
延边	−0.015	57.656	−0.011	66.623	−0.013	36.688
哈尔滨	−0.015	57.401	−0.019	42.018	−0.011	16.160
合肥	−0.024	30.858	−0.02	41.958	−0.014	26.219
黄山	−0.005	63.494	−0.002	89.947	−0.009	99.273
南昌	−0.028	18.92	−0.027	18.202	−0.015	13.731
九江	−0.025	27.481	−0.018	45.34	−0.015	48.802
郑州	−0.017	50.143	−0.019	43.816	−0.011	48.275
洛阳	−0.024	29.866	−0.016	53.744	−0.014	62.208
武汉	−0.009	74.288	0.002	94.659	0.007	159.627
长沙	−0.011	67.36	−0.004	89.418	−0.001	94.171

表 3-10　西部各城市旅游产业发展水平的离差和比值

城市	2005年		2011年		2017年	
	离差	比值(%)	离差	比值(%)	离差	比值(%)
南宁	−0.026	25.145	−0.024	27.998	−0.015	30.072
重庆	0.02	157.299	−0.001	163.944	0.003	178.189
北海	−0.03	14.306	−0.027	20.725	−0.016	8.351

续表

城市	2005年		2011年		2017年	
	离差	比值(%)	离差	比值(%)	离差	比值(%)
桂林	−0.003	92.127	0.005	116.131	−0.006	151.078
成都	−0.007	79.072	0.007	67.481	0.001	155.236
贵阳	−0.022	37.335	−0.028	16.896	−0.014	8.552
昆明	0	100.182	−0.005	84.419	−0.004	77.597
拉萨	−0.019	46.148	−0.014	59.596	−0.014	13.523
西安	0.02	158.049	0.004	111.615	0.004	125.051
兰州	−0.028	18.209	−0.032	5.069	−0.015	1.178
西宁	−0.03	15.119	−0.029	12.34	−0.016	2.658
银川	−0.033	4.482	−0.032	5.662	−0.016	2.113
乌鲁木齐	−0.017	50.765	−0.017	49.086	−0.013	30.638
呼和浩特	−0.029	17.175	−0.025	26.696	−0.015	13.043

一、东、中、西部城市旅游产业发展水平差异明显

在城市旅游产业调整阶段2005年到2011年，东部城市以北京、天津、大连、上海、南京、杭州、苏州、福州、厦门、泉州、青岛、广州、深圳、珠海为代表，其离差、比值均为正值，且在2005年和2011年这些城市的比值都大于100%。同一时期中部城市除了武汉，西部城市中除了西安外，其余城市离差都为负值，均低于城市旅游产业平均发展水平，与东部城市呈两极分化。在城市旅游产业高质量发展阶段的2012年到2017年，东部城市北京、天津、大连、上海、南京、苏州、杭州、泉州、青岛、厦门、广州、深圳、珠海离差均高于城市旅游产业平均发展水平且离差和比值都呈正增长，而在中部和西部28个城市中只有武汉、重庆、成都、西安离差高于平均水平且离差和比值呈正增长。可见东部与中、西部城市旅游产业发展水平差异明显，呈局部两极分化态势。

二、东、中、西部城市间的差异呈逐步缩小趋势

在 2005—2011 年调整阶段，如表 3-8、表 3-9 和表 3-10 所示，东部城市 32 个城市中只有 14 个城市离差均值高于平均产业发展水平，且除了天津、上海、杭州、福州、厦门等城市比值出现正增长外，其余 18 个城市都出现了负增长，如北京、南京、泉州的比值分别由 473.538％、172.095％、135.928％下降到了 370.284％、151.144％和 119.625％。而在中部 14 个城市中有 10 个城市出现了离差和比值的正增长，如太原、大同、长春、黄山、洛阳、武汉、长沙的离差和比值都有较大幅度的增长。在西部 14 个城市中有 6 个城市出现了离差和比值的正增长，如重庆、桂林的离差和比值有较大幅度的增长。

而在 2011—2017 年高质量发展阶段，东部 32 个城市中，北京、上海、厦门、泉州、广州、深圳 6 个城市离差和比值呈正增长，占比 18.75％；而中部 14 个城市中武汉、黄山、长沙、九江、郑州、洛阳 6 个城市离差和比值呈明显正增长，占比 42.85％；西部 14 个城市中，重庆、桂林、南宁、西安 4 个城市离差和比值呈正增长，占比 28.57％。

可见尽管东部和中部、西部城市旅游产业发展水平存在局部差距悬殊的形态，但三大区域城市间的相对差距和绝对差距都在逐步缩小，这说明中西部地区的旅游产业发展速度正在加快，随着城市旅游产业结构的调整和优化，旅游产业在城市间的发展格局出现向均衡发展的趋势。

三、多级旅游产业发展中心城市出现

从上述两阶段城市旅游产业发展水平的离差和比值变化过程可以看出，城市间的多级旅游产业发展中心明显出现，以东部地区的上

海、广州、北京、深圳为旅游产业发展的首级增长中心城市，以东部地区的珠海、厦门、杭州、天津、南京、福州、大连、宁波和中部地区的武汉、长沙、黄山以及西部地区的重庆、桂林、成都、西安、昆明为次级增长中心城市，呈现出东部沿海首级增长中心城市带动中、西部次级增长中心城市，各区域次级增长中心城市带动区域内其他城市的发展格局。并从 2017 年各城市旅游产业发展水平指数可以看出东、中、西部城市旅游产业发展水平分别以上海、武汉和重庆最高。

四、城市旅游产业发展区域差异的持续性

从东、中、西部城市旅游产业发展的规模指数和质量指数来看（如表 3-11 所示），除了首级和次级旅游产业发展中心城市指数值较高外，其余中部和西部城市的指标值与其相比还有一定的差距，这说明东部旅游目的地城市的接待能力、旅游产品的丰富度和服务水平目前仍优于中西部地区。中西部地区的旅游产业发展速度正在加快，尽管与东部的差距正在逐渐收窄，但城市旅游产业在区域结构上的差异性仍持续存在。

因此本书接下来的构建城市旅游产业分析框架并在此基础上构建城市旅游产业分层评价指标体系，以对东、中、西部旅游产业发展水平最高的上海、武汉、重庆的旅游产业进行评价，以识别东、中、西部旅游产业增长中心城市的旅游产业发展模式、总结归纳其发展特征和发展路径就具有较大的现实研究价值，这可以充分发挥东、中、西路旅游产业增长中心城市的示范作用，为今后东、中、西部其他具有类似旅游产业发展条件的城市进一步提升城市旅游产业，完善城市旅游产业体系和优化调整旅游产业结构提供发展模式参考和发展路径选择。

表 3-11　2017 年各城市旅游产业发展水平指数

城市	产业规模指数	产业质量指数	综合指数	城市	产业规模指数	产业质量指数	综合指数
上海	0.145 7	0.179 2	0.161 6	石家庄	0.001 2	0.027 3	0.005 7
广州	0.137 9	0.168 7	0.152 5	湛江	0.000 9	0.015 3	0.003 7
深圳	0.123 7	0.153 5	0.137 8	**武汉**	0.021 2	0.356 8	0.087 0
北京	0.112 8	0.159 1	0.134 0	黄山	0.014 7	0.084 3	0.035 2
珠海	0.040 3	0.271 7	0.104 6	长沙	0.012 7	0.091 5	0.034 1
杭州	0.049 8	0.16	0.089 3	延边	0.003 8	0.134 0	0.022 6
厦门	0.024 7	0.197 6	0.069 9	太原	0.004 7	0.086 3	0.020 1
天津	0.032 3	0.105 1	0.058 3	洛阳	0.006 2	0.071 4	0.021 0
苏州	0.033 2	0.098 5	0.057 2	九江	0.002 9	0.071 3	0.014 4
南京	0.021 5	0.114 8	0.049 7	郑州	0.004 3	0.058 1	0.015 8
福州	0.016 7	0.139 6	0.048 3	大同	0.003 8	0.094 6	0.019 0
大连	0.023	0.102 5	0.048 6	哈尔滨	0.004 2	0.071 5	0.017 3
三亚	0.007 2	0.279 3	0.044 8	合肥	0.004 3	0.057 1	0.015 7
泉州	0.015 4	0.106 8	0.040 6	长春	0.003 9	0.061 4	0.015 5
青岛	0.015 7	0.095 3	0.038 7	南昌	0.002 5	0.058 2	0.012 1

续表

城市	产业规模指数	产业质量指数	综合指数	城市	产业规模指数	产业质量指数	综合指数
宁波	0.013 2	0.076 3	0.031 7	吉林	0.000 8	0.034 4	0.005 2
无锡	0.015 3	0.074 2	0.033 7	桂林	0.020 1	0.185 3	0.061 0
中山	0.006 9	0.102 1	0.026 5	南宁	0.001 7	0.039 7	0.008 2
沈阳	0.010 1	0.062 8	0.025 2	北海	0.001 1	0.064 2	0.008 4
烟台	0.010 2	0.073 8	0.027 4	**重庆**	0.021 2	0.089 3	0.043 5
南通	0.008 1	0.083 2	0.026 0	成都	0.010 2	0.077 8	0.028 2
威海	0.006 3	0.093 3	0.024 2	贵阳	0.001 2	0.062 5	0.008 7
温州	0.007 7	0.071 3	0.023 4	昆明	0.010 1	0.091 3	0.030 4
漳州	0.004 1	0.082 1	0.018 3	拉萨	0.002 7	0.193 6	0.022 9
秦皇岛	0.003 9	0.087 9	0.018 5	西安	0.015 3	0.115 8	0.042 1
承德	0.002 4	0.076 9	0.013 6	兰州	0.000 4	0.023 1	0.003 0
连云港	0.001 9	0.068 4	0.011 4	西宁	0.000 3	0.038 4	0.003 4
济南	0.004 1	0.045 1	0.013 6	银川	0.000 3	0.031 2	0.003 1
海口	0.002 3	0.072 6	0.012 9	乌鲁木齐	0.004 3	0.086 2	0.019 3
汕头	0.001 8	0.045 2	0.009 0	呼和浩特	0.002 5	0.067 3	0.013 0

第四章
城市旅游产业的 GIU 指标体系及评价方法

本章将以城市旅游产业发展的影响因素为切入点，在借鉴现有城市旅游产业发展相关理论和文献研究基础上，结合城市旅游产业发展的特性，系统地归纳、分析城市旅游产业发展的影响因素及其相互关系，并构建城市旅游产业 GIU 分析框架，然后基于该分析框架构建城市旅游产业 GIU 评价指标体系。

第一节　城市旅游产业发展的影响因素及 GIU 分析框架

城市旅游产业是一个复杂的产业系统，其发展是在产业系统内生和外生影响因素作用下的动态演进过程。既受到城市经济、技术、社会文化和生态环境等外部宏观因素的影响，也离不开城市在区位、资源、基础设施、政策管理上对产业发展的支持，在产业内部更是受到生产要素、产业规模、产业结构、市场绩效等因素的影响，这些影响因素相互联系、相互影响，共同作用于城市旅游产业，决定其发展方向、特征和结构。城市旅游产业发展模式作为旅游产业在城市特定环境下发展的总体方式，体现了城市旅游产业的发展方向和发展特征，正是对城市旅游产业在微观影响因素作用下宏观表现的高度概括，因此研究城市旅游产业更应该关注城市旅游产业发展宏观特征表现下的微观影响因素。本书将以城市旅游产业发展的影响因素为切入点，在借鉴现有城市旅游产业影响因素相关文献研究基础上，结合城市旅游产业发展的特性，系统地分析影响城市旅游产业发展和识别城市旅游产业发展模式的关键因素，通过对影响因素及其相互关系的分析构建城市旅游产业分析框架，为下文城市旅游产业评价和发展模式识别打下理论基础。

一、城市旅游产业发展的影响因素分析

尽管国内专门针对城市旅游产业发展模式开展研究的文献不多，且多从定性角度来描述和判断。但已有不少文献对城市旅游产业发展的影响因素进行了研究。如李海瑞①从上海都市旅游的旅游资源和旅游产品角度探讨了上海都市旅游发展模式。保继刚②认为旅游产品是城市旅游产业发展的驱动性因素，围绕珠海市的休闲度假、会展、观光、商务等旅游产品展开珠海旅游产业发展模式研究。彭华③认为城市旅游发展受旅游资源、城市经济、旅游需求 3 个主导因素和城市环境与基础设施 2 个辅助因素影响，并提出了城市旅游发展的 4 个动力模型即资源驱动型、经济驱动型、需求推动型和综合

① 李海瑞.都市旅游与上海模式：应上海“都市旅游国际研讨会”之邀而作[J].旅游学刊，1996(1)：20—23，78.

② 保继刚，朱竑，刘晓冰.珠海市旅游发展模式及驱动机制研究[J].特区探索，1998(5)：19—21.

③ 彭华.旅游发展驱动机制及动力模型探析[J].旅游学刊，1999(6)：39—44.

都市型。魏小安①认为城市旅游业的发展受吸引系统、服务系统、交通系统、形象系统、质量系统和支持系统 6 个系统的共同影响。郭舒②认为城市旅游的空间结构、旅游者行为和旅游业行为三方面要素分别决定了城市旅游发展的空间格局、市场方向和产品开发重点，并提出以此为城市旅游发展模式的判断依据。陆林等③认为旅游资源禀赋、产业结构因素、区位因素和基础设施是造成区域旅游经济差异的主要影响因素。袁虹等④用灰色关联分析法测算了国内旅游人数与城镇居民人均可支配收入、农村人均纯收入、恩格尔系数和交通环境等指标的灰色关联系数，得出交通环境是影响国内旅游业发展的重要因素。梁艺华等⑤将旅游业发展的影响因子分为资源因子和需求因子两方面，进一步又将资源因子细分为人力资源、物质资源、交通资源、信息资源、资金资源和环境资源 6 个方面，需求因子细分为人均 GDP、人均储蓄存款余额和居民人均消费支出 3 个方面，并运用灰色关联分析法对上述因子进行了测度，得出信息资源、环境资源、人均 GDP、人均储蓄存款余额和居民人均消费支出对旅游业发展有重要影响。徐红罡和田美蓉⑥认为旅游产品、旅游设施、服务人员是城市旅游发展的直接加速器，旅游产业集群、城市商业网络、区域联动和旅游行业管理是城市旅游产业发展的联动加速器。林洪岱⑦认

---

① 魏小安.旅游城市与城市旅游：以另一种眼光看城市.旅游学刊.2001(6)：8—12.

② 郭舒.城市旅游发展模式的研究框架[J].北京第二外国语学院学报，2002(4)：16—19.

③ 陆林，余凤龙.中国旅游经济差异的空间特征分析[J].经济地理，2005(3)：406—410.

④ 袁虹，吴丽.中国旅游业发展灰色关联动态分析[J].云南地理环境研究，2006(1)：43—47.

⑤ 梁艺桦，杨新军，马晓龙.旅游业发展影响因子灰色关联分析[J].人文地理，2006(2)：37—40，44.

⑥ 徐红罡，田美蓉.城市旅游的增长机制研究[J].中山大学学报(自然科学版)，2006(3)：95—99.

⑦ 林洪岱.我国沿海城市旅游产业发展制约分析[N].中国旅游报，2006-08-18006.

为城市旅游业发展受到城市产业结构、旅游体制、旅游人才、旅游企业实力、核心吸引物和交通配套设施等因素的影响和制约。任涵和苗长虹①认为入境旅游业发展主要受到经济发展水平、区位条件、优惠政策、旅游资源和惯性因素的影响，并通过构建定量模型分析得出入境旅游业经历了区位因素驱动、政策因素驱动并向经济因素驱动转变的发展过程。董鸿安②分析了政治法律环境、经济环境因素、技术环境因素、社会文化环境因素 4 个旅游产业外部环境因素对宁波市旅游产业发展的影响。王兆峰③以张家界为实证对象，分析了旅游交通发展对旅游产业发展的影响。杨勇④从制度、旅游业宽度、产品线扩展 3 个因素分析解读上海旅游产业的发展逻辑与路径，认为上海旅游产业的发展以制度变迁为基础，以旅游产业宽度和产品线扩展为推动机制性结构，且这 3 个因素的变化形成了上海旅游产业不同阶段的发展模式。方法林⑤从城市旅游发展环境、城市旅游发展要素、城市旅游发展业绩和城市旅游发展潜力 4 个方面对长三角地区 16 个旅游城市展开评价。徐春红⑥认为影响宁波旅游产业发展的首要因子是地区对外开放程度和经济水平，接待设施建设和信息化技术运用是其未来需要着力拓展提升的关键要素，而交通建设、生

① 任瀚，苗长虹.中国入境旅游业时空变异机制的定量分析[J].人文地理，2007(3)：56—59.

② 董鸿安.基于 PEST 框架的宁波旅游产业发展研究[J].特区经济，2007(9)：53—54.

③ 王兆峰.旅游交通对旅游产业发展影响的实证分析：以张家界为例[J].财经理论与实践，2009(4)：112—116.

④ 杨勇.上海旅游产业化进程的发展路径和综合评价研究：一个基于经验分析的逻辑框架[J].北京第二外国语学院学报，2012(1)：40—48.

⑤ 方法林，尹立杰，张郴.城市旅游综合竞争力评价模型建构与实证研究：以长三角地区 16 个城市为例[J].地域研究与开发，2013(1)：92—97.

⑥ 徐春红.基于灰色系统理论的城市旅游产业经济发展实证研究：以宁波市为例[J].旅游研究，2014(1)：82—87.

态环保及人才培养方面则需创新求变。马才巍①认为城市旅游竞争力是由各个既独立又联系驱动发展因素聚合而成，其中对旅游竞争力具有决定性作用的指标是基础设施竞争力、经济实力竞争力和旅游环境竞争力。赵紫燕②从硬件环境、经营实力、发展潜力、旅游吸引力对15个副省级城市以及4个直辖市城市旅游产业发展指数进行测评，得出北京、杭州和上海旅游产业发展指数位居前三是主要得益于三市在硬件环境、经营实力和旅游吸引力3个方面的表现突出。徐春红等③采用信息熵权法确定指标权重，从业绩、资源、支撑3个竞争力层面构建"区域旅游产业竞争力评价指标体系"对大湾区旅游产业发展水平进行综合测度。王慧④基于文旅融合背景以沈阳市为例，从旅游产品服务、效率、效益3个角度对城市优质旅游有效供给能力进行了评价。刘凤⑤认为数字赋能城市旅游绩效的有效机制为文化赋能、景区赋能和生态赋能机制，通过测评得出中部和西部地区以文化赋能和景区赋能为主，生态赋能的作用在东部和西部地区更为突出的结论。

二、城市旅游产业 GIU 分析框架的依据

从上述对城市旅游产业发展影响因素的文献回顾可以看出，相

---

① 马才巍，Norman Au.中国一线城市旅游竞争力实证及空间分异[J].东南学术，2016(5)：155—162.

② 赵紫燕.北京、杭州、上海、厦门、成都位居前五 19个副省级及以上城市旅游产业发展指数测评排名[J].国家治理，2017(44)：2—14.

③ 徐春红，丁镭.环杭州湾大湾区旅游业发展水平测度及创新融合发展研究[J].西安电子科技大学学报(社会科学版)，2019(3)：15—24.

④ 王慧.文旅融合背景下城市优质旅游有效供给能力评价：以沈阳市为例[J].社会科学家，2021(1)：38—46.

⑤ 刘凤.数字赋能提升城市旅游绩效机制初探[J].云南大学学报(社会科学版)，2024(3)：120—134.

关研究从多个角度和层次对城市旅游产业发展的动力和影响因素进行了分析，综合起来看既有考虑城市旅游产业发展的内在因素，包括旅游资源、旅游吸引物、旅游生产要素、旅游企业、旅游产品、旅游产业集群、旅游产业结构等因素，也有涉及旅游产业发展的外部环境，如经济、区位、制度、文化、技术、生态环境等诸多因素和条件。但是现有研究并没有全面考虑城市旅游产业发展的系统性与复杂性，没有基于城市旅游产业的系统结构进行影响因素分析，没有考虑城市旅游产业发展影响因素的结构性和内在关联性，也就难以概括性地分离出影响城市旅游产业发展和识别城市旅游产业发展模式的关键因素。对于城市旅游产业发展模式的判断较多停留在定性分析上，很少有学者通过定量研究来判断、识别城市旅游产业的发展模式。

鉴于此，需要在借鉴上述文献研究基础上，结合城市旅游产业发展的特性，系统地分析影响城市旅游产业发展和识别城市旅游产业发展模式的关键因素及其相互关系，厘清构建城市旅游产业分析框架的来源依据，以为下文城市旅游产业评价指标体系构建提供依据。

本书从城市层面展开旅游产业发展研究，将旅游产业视为一个复合的产业系统。依据系统论原理任何一个系统都具备3个要素：即系统的输入与输出、系统的组成要素和系统的环境。那么对于城市旅游产业系统，其发展以城市为依托，因此城市旅游产业的输入是城市的要素供应者，包括劳动力、资金、技术、旅游资源和城市政策制度供给，输出则为旅游产品和服务以及其对城市经济、社会、生态的影响。城市旅游产业系统的组成要素为旅游产业内部微观构成要素，包括旅游产业规模、产业结构、旅游产品、市场绩效等旅游产业内部发展的来源性要素。城市旅游产业系统的环境则是城市提供给旅游产业的发展环境，包括城市的区位与交通条件、基础设施和配套设施、经济与技术发展水平等外部环境因素。又考虑到城市的劳动力、资金、技术、旅游资源作为旅游产业的生产要素投入可归集为旅游产业内部发展因素，由此本书认为城市旅游产业发展主要受到三方面因素影响，即城市政府政策的导向、产业内在的发展和外部环境的支持。

因此基于城市旅游产业的系统结构和影响因素分析，为避免先前研究文献的不足，本书将城市旅游产业视作为一个复杂多层次的系统，其发展是在产业系统内生和外生影响因素作用下的动态演进过程，将城市旅游产业发展关键影响因素分为 3 个层面，分别为政府政策层面（level of governmental policy）、产业发展层面（level of tourism Industry）和城市环境层面（level of urban environment）。

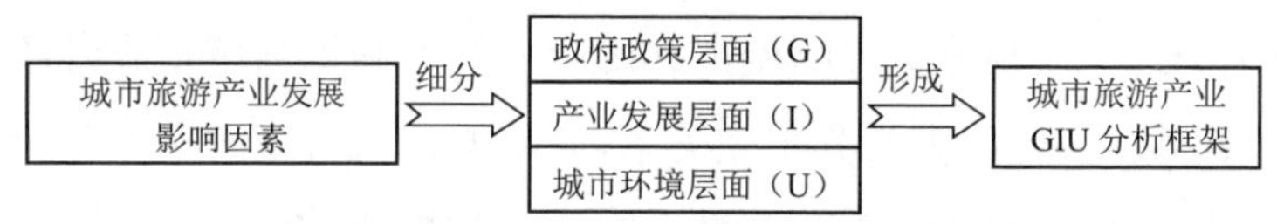

图 4-1　城市旅游产业 GIU 分析框架构建思路

首先，城市政府政策层面（G）既包括城市政府和旅游管理部门在旅游产业发展过程中制定和实施的方针政策、法律法规、规章制度和办法措施，也包括了政府制定的其他政策如经济政策、投资政策、环境保护政策等。政府政策层面的构成要素是城市政府和旅游产业主管部门为旅游产业发展所创造的制度环境，是促进旅游产业快速、稳定、可持续发展的制度保障，同时也是造成不同城市旅游产业发展存在差异的重要原因。

城市旅游产业发展模式作为城市旅游产业发展的总体方式，从本质上体现出一个城市在旅游产业发展过程中的战略总体思想和发展规划，因此在一个城市旅游产业发展过程中，城市政府和旅游管理当局对旅游产业发展战略上规划、管理和促进有不容忽视的保障和促进作用，其制定和实施的相关旅游产业政策所释放出的能量是影响城市间旅游产业发展水平差异程度的重要因素。

从我国旅游产业发展总体来看，从20世纪90年代到21世纪初，我国旅游产业在形成初期取得了高速增长，这离不开这一阶段我国政府所实施的一系列促进旅游产业发展的方针和政策，如表4-1所示。这一阶段中央政府采取一系列政策主要作用体现在：第一，旅游产业的产业地位确立，逐步发展为国民经济新的增长点，进一步强调了旅游产业在我国经济发展中的产业地位和重要作用。第二，颁布实施十六项旅游标准，对旅游产业的标准化起到了明显带动作用。第三，提出了“大力发展入境游、积极发展国内游、适度发展出境游”的总体方针，打破了以入境旅游为主的单一发展格局，形成入境游、国内游、出境游三大旅游市场体系。

表4-1　1995年到2003年我国旅游产业相关政策

时间	发布单位	政策内容	影　响
1995	党的十四届五中全会	旅游业成为重要的新兴产业	提高对旅游业的重视度
1997	国务院	颁布《中国公民自费出国旅游管理暂行办法》	进一步规范出境游市场
1995—1998	国家旅游局	旅游标准化建设和制定法规	促使旅游业发展规范化
1998	国务院	中央经济工作会议将旅游业作为国民经济新的增长点	明确旅游的经济产业地位
2000	国务院办公厅	提出黄金周，组建假日旅游的部际协调机制	形成假日经济

续表

时间	发布单位	政策内容	影　　响
2001	国务院	《关于进一步加强旅游业发展的通知》	提出旅游强国的建设目标，强调国内旅游的重要性
2002	旅游工作会议	提出加快西部地区旅游业发展步伐	整合各方资源和优势形成发展合力
2002	国务院	《中国公民出国旅游管理办法》	规范公民出国旅游活动，保障出国旅游者和出国旅游经营者的合法权益
2002	国家旅游局	全国农业旅游示范点、工业旅游示范点检查标准（试行）	进一步丰富和优化旅游产品结构，促进产业融合发展
2003	国家旅游局、商务部	《设立外商控股、外商独资旅行社暂行规定》	允许外资按规定在国内设立旅行社，国内旅游竞争走向国际化

根据原中华人民共和国国家旅游局网政务公开内容整理 www.cnta.gov.cn

之后，在中国旅游产业高速发展 10 多年后，旅游产业内部积聚的问题逐渐凸显，影响了旅游产业的进一步健康发展。尤其是“非典”疫情冲击之后，这些问题更明显地暴露出来，为了解决这些问题以提升旅游产业素质，实现由旅游大国向旅游强国迈进的历史性跨越，我国政府又采取了一系列调整、优化旅游产业结构的产业政策（如表 4-2 所示），由此我国旅游产业进入调整发展阶段。

表 4-2　2004 年到 2010 年我国旅游产业相关政策

时间	发布单位	政策内容	影　　响
2004	国务院	明确提出“优化旅游产业结构，提高旅游产业素质”指导思想	对恢复和振兴中国旅游产业起重要作用

续表

时间	发布单位	政策内容	影　响
2005	国务院	吴仪副总理强调：高水平发展旅游产业培育经济增长新亮点	再次提升旅游产业地位
2005	国家旅游局、国家环保局	《关于进一步加强旅游生态环境保护工作的通知》	推动旅游业可持续发展
2006	国家旅游局、公安部、国台办	公布《大陆居民赴台湾地区旅游管理办法》	赴台旅游启动
2006	全国人大	颁布《中华人民共和国护照法》	进一步放开公民出境旅游
2006	国家旅游局	公布《旅游业国家标准、行业标准编制目录》	实现产业规范化运营
2009	国务院	实施《旅行社条例》	进一步强化旅行社规范运营
2010	国家旅游局	《旅游投诉处理办法》	进一步维护旅游者和旅游经营者合法权益
2010	国家旅游局、商务部	公布《中外合资经营旅行社试点经营出境旅游业务监管暂行办法》	加快旅游业对外开放，引进国际先进的旅行社经营模式，促进我国旅行社业的转型升级

根据原中华人民共和国国家文旅局网政务公开内容整理 www.cnta.gov.cn

这一阶段政府所采取的一系列政策主要作用体现在：第一，在突出旅游业的产业地位基础上更强调旅游业的增长潜力。第二，进一步完善旅游市场架构，形成“以国内旅游为基础、以入境旅游为主导、以出境旅游为补充”的三大旅游市场并重的发展格局，国内旅游在旅游产业发展中的地位和作用获得提升，国内的旅游人数与收入都在波动中得到较大幅度的增长。第三，从旅游基础设施建设入手，加大旅游业的支持力度，加大财政性资金和人力的投入力度，形成大旅游、大市场发展格局。第四，合理引导出境旅游市场健康发展，出境游人数稳步增长。

2012 年之后，以习近平同志为核心的党中央站在党和国家事业全局高度谋划和推动旅游发展，引领我国旅游业发展进入高质量发展阶段。

表 4-3　2012 年至今我国旅游产业相关政策

时间	发布单位	政策内容	影　响
2012	国务院	《关于金融支持旅游业加快发展的若干意见》	加强和改进旅游业金融服务，鼓励社会资本支持和参与旅游业发展，全力推动旅游产业投资发展。
2013	国务院	《国民旅游休闲纲要（2013—2020年）》	落实带薪休假制度；大力推进国民旅游休闲基础设施建设；落实国家关于中小企业、小微企业的扶持政策。
2013	全国人大	《中华人民共和国旅游法》	保障旅游者和旅游经营者的合法权益，规范旅游市场秩序；保护和合理利用旅游资源；促进旅游业持续健康发展。
2014	国务院	《关于促进旅游业改革发展的若干意见》	政府扶持旅游消费将带薪年休假制度落实情况纳入各地政府议事日程；编制全国生态旅游发展规划；由政府引导，推动设立旅游产业基金。扩大旅游购物消费。
2015	国务院	《关于进一步促进旅游投资和消费的若干意见》	实施旅游基础设施提升计划，改善旅游消费环境；实施旅游投资促进计划，新辟旅游消费市场，推动"互联网＋旅游"；提升特色旅游商品、积极发展老年旅游、支持研学旅行发展、积极发展中医药健康旅游等；加大政府支持力度、落实差别化旅游业用地用海用岛政策、拓展旅游企业融资渠道。

续表

时间	发布单位	政策内容	影　　响
2018	中共中央	《中共中央关于深化党和国家机构改革的决定》	文化和旅游部正式挂牌，我国旅游业发展迎来重大变革。
2023	文化和旅游部	《国内旅游提升计划（2023—2025年）》	丰富优质旅游供给，优化旅游产品结构，着力推动研学、银发、冰雪、海洋、邮轮、探险、观星、避暑避寒、城市漫步等旅游新产品；实施文旅产业赋能城市更新行动，打造优质旅游目的地；推进“旅游＋”和“＋旅游”，促进旅游与文化、体育、农业、交通、商业、工业、航天等领域深度融合；改善旅游消费体验，推进平台载体建设，加强标准制定实施；深化重点领域改革，支持旅行社、星级饭店拓展经营范围等。
2024	国家移民管理局	《中国 240 小时过境免签政策》	允许跨区域通行，即过境免签的外国人可以在 24 个省（区、市）允许停留活动区域内跨省域旅行。
2025	国务院	《关于进一步培育新增长点繁荣文化和旅游消费的若干措施》	发挥文化赋能、旅游带动作用，深化“文旅＋百业”、“百业＋文旅”，提升产品供给能力，丰富消费业态和场景，更好满足人民群众多样化、多层次、多方面的精神文化需求，增强人民群众文化获得感、幸福感，着力把文化旅游业培育成为支柱产业。

从城市旅游产业的发展演变过程可知城市旅游产业的发展伴随着诸多旅游相关制度的演变与创新，城市旅游产业政策是各城市政府在国家总体旅游产业政策指导下结合城市自身旅游产业发展情况制定的，不仅是城市旅游产业发展战略的体现，也是城市政府管理和促进旅游产业发展的重要措施和手段，是造成城市间旅游产业发展

差异的重要原因。此外城市政府制定的经济政策、投资政策、环境保护政策也是城市旅游产业发展的重要制度保障，决定了城市旅游产业发展是否具有适宜的经济环境、投资环境和生态环境。

其次，产业发展层面(I)包括了影响城市旅游产业在量上和质上发展的内部诸多因素，这些内在因素决定了城市旅游产业发展的实力和竞争力，受旅游产业生产要素、产业规模、产业结构、产业集群、经济效益等因素影响和制约。该层面要素构成城市旅游产业发展的内在核心，生产要素、产业规模、产业结构与产业集群为旅游产业供给要素，决定了生产要素配置效率、产业结构效益和旅游产业发展水平，旅游产业经济效益则体现了旅游产业发展的市场绩效，其高低将通过反向回馈对城市旅游产业发展产生重要影响。

再者，城市环境层面(U)是指城市为旅游产业发展所提供的宏观和微观环境，是城市为旅游产业发展所创造的产业发展空间和所提供的产业发展要素和资源，包括对旅游产业发展和运作起到基础支持和保障作用的城市区位和交通条件、基础设施建设、生产要素成本等因素和对旅游产业发展起到推动促进作用的城市经济发展水平、城市产业结构、旅游相关产业发展水平等因素，这些要素构成了不同城市旅游产业发展的比较优势和发展潜力。

(一) 政府政策层面(G)构成要素

政府政策层面构成要素主要包括以下方面：

1. 旅游产业政策

城市旅游产业发展与城市旅游产业政策有着密切关系，城市政府对于旅游产业的制度安排、制度框架、制度结构和制度走向将对旅游产业的定位和发展格局产生重要的影响。政府的旅游产业政策不仅是城市旅游产业发展战略的体现，也是城市促进旅游产业发展的重要手段和措施。城市旅游产业的发展过程是伴随着许多旅游产业政策的演变和创新的，尤其是改革开放以来的快速增长，明显地与产业制度变迁密切相关。城市旅游产业政策对旅游产业发展起到积极的作用，确保了旅游产业体系在城市经济发展中的稳定、顺畅运行，也为城市旅游产业调整产业结构、促进产业升级创造了良好的制度保障。

2. 区域合作

在城市旅游产业的形成初期阶段，旅游产业运行方式为“点线旅游”方式，旅游产业运行以旅行社的经济活动为核心，在这个阶段城市与城市之间、地区与地区之间的旅游合作以旅行社之间的合作为主，旅行社是旅游产业运行主体和配置主体。到了城市旅游产业的转型升级阶段，旅游产业运行方式转变为“板块旅游”方式，旅游产业运行以客源地城市的旅行代理商和目的地城市的散客服务中心为核心，由旅行代理商和散客服务中心将不同旅游目的地城市的相关旅游服务进行有效配置，在这种运行方式下，以城市政府为主导的区域旅游合作成为实现这种旅游关系的必然①。旅游合作由旅游产业的企业主导向由城市政府和企业主导转变，城市与城市之间的旅游产业发展有了本质上的提升。区域旅游合作改善了城市之间的交通运输状况，使得旅游者与目的地城市的可达性更为通畅、便利，也发挥了城市间旅游资源的集中优势，改善了城市之间旅游产业结构趋同、产品雷同、恶性竞争激烈的局面，促进了城市旅游产业的升级。如长三角旅游城市合作、泛珠江三角洲旅游城市合作、华中旅游圈城市合作等都极大地促进了合作区域内城市旅游产业的发展，进一步发挥

① 张辉.中国旅游产业发展模式及运行方式研究[M].北京：中国旅游出版社.2003：68—73.

了合作城市的联动效应、协同效应和互补效应，提升了区域旅游产业竞争力。

3. 其他政策

城市旅游产业的发展不仅需要旅游产业政策的支持，也需要政府其他相关政策的支持和保障。比如旅游产业的发展需要稳定有序的市场环境，合理、有效配置在旅游产业内部各行业之间生产要素和城市资源，离不开政府经济政策的支持；旅游产业的发展壮大离不开资金的投入，需要拥有良好的投资环境，投资主体的多元、投资渠道的畅通和投资结构的合理都离不开政府投资政策的支持；旅游产业的发展依托城市良好的生态环境，注重旅游与环境、资源的协调发展，并致力于生态环境和旅游资源的保护，需要政府加强对城市环境的保护和治理，离不开政府环境保护政策的支持等。

(二) 产业发展层面(I)构成要素

产业发展层面构成要素主要包括以下方面：

1. 产业生产要素

旅游产业生产要素包括旅游资源禀赋、人力资源、资金资源和技术资源四方面：

(1) 旅游资源

城市旅游资源是存在于城市内，能吸引旅游者，具有一定市场价值，并可为旅游开发者和经营者所利用的旅游吸引物的总和。旅游资源是城市发展旅游产业最根本也是最重要的物质基础。在旅游产业形成阶段，城市拥有得天独厚、禀赋充裕的旅游资源是这个城市发展旅游产业的绝对优势，也是提升旅游产业吸引力和竞争力的重要物质保障。而在旅游产业成长阶段，城市应充分挖掘其所具有的比较优势和特色旅游资源，不仅包括狭义上的自然风景、人文景观等专门旅游资源，还包括了这个城市所特有的现代设施、场馆、服务、城市形象和美誉度等社会旅游资源。也就是说凡城市中具有旅游开发价值的一切可为旅游产业所利用的、并可产生经济效益、社会效益、环境效益的各种现象和事物都可视为城市旅游产业发展的现实资源和潜在资源。城市旅游资源的再次开发和升级将对城市旅游产业的发展起到重要的促进和升级作用。

(2) 人力资源

旅游产业的服务性质决定了人力资源即专门的旅游人才是决定城市旅游产业素质的重要因素，它属于专门生产要素，较难获得，是最易形成比较优势的生产要素。城市旅游人才的职业素养、服务质量和管理水平关系到城市旅游产业未来的可持续发展，因此人力资源还应包括旅游人才培养和素质提升。

(3) 资金资源

旅游产业的发展从产生、成长到成熟的各个阶段每个环节都需要资金的投入，资金资源是旅游产业重要的绝对优势资源之一，城市旅游产业中旅游资源的开发、旅游设施的建设、旅游人才的培养都需要雄厚的资金作为后盾，尤其对于中西部城市，积累足够的旅游产业发展资金能为其进一步发展和升级旅游产业提供良好的资金保障。

(4) 技术资源

从生产角度来讲，技术进步如物联网、大数据、智能交通等可以降低旅游产业生产成本，优化旅游管理，提高产业生产率水平，增加产能，是城市旅游产业集约式发展的要素，也是提升旅游产品供给质量和效率的关键要素；从需求角度来讲，技术的创新如VR/AR技术、大数据和AI等可激发人们多样化的旅游需求，推动旅游产业差别化生产和营销以满足市场的多样化需求。

2. 产业规模

旅游产业规模既包括了旅游产业的产出规模，也包括了各旅游行业的经营规模。根据规模经济理论，一个产业产出规模的扩大会形成规模经济，有利于企业之间在资源、市场、信息、管理等方面的共享，大规模生产也使得产业分工越来越专业化，企业生产率不断提高，产品单位生产成本不断下降。对于城市而言，甚至本身并不具备某些先天旅游资源禀赋优势的城市而言，可以通过旅游企业在产业内的专业化分工，生产不同的旅游产品或服务或提供不同环节上的旅游产品或服务，经过长期积累形成城市整体旅游产业发展的外部规模经济，进一步形成城市旅游企业的内部规模经济，促进城市旅游产业的规模集中，最终形成该城市的旅游产业发展优势。

3. 产业结构

旅游产业是综合型产业，是一个由与旅游活动直接和间接相关的行业、部门共同构成的综合产业。旅游产业结构既包括了旅游产业在城市国民经济中的产业地位和比重，也包括了旅游产业内部各行业之间的比例关系。在城市旅游产业发展过程中保持旅游产业结构的合理化和高度化对旅游产业的持续稳定发展至关重要。旅游产业结构的合理化既包括旅游产业与城市其他经济产业间的协调发展，也包括了旅游产业内各行业之间的协调发展。外部协调可以使得旅游产业的总体发展水平与城市国民经济的其他产业发展相适应，与国民经济总体产业结构演化进程相适应、协调。内部协调可以使旅游产业内部各行业之间形成有序的主、次排列和轻、重层次，生产要素在各行业之间的投入比例合理，产业内各行业的发展速度和规模与旅游市场的需求和消费结构相适应，各行业相互配合、相互服务、相互促进，最终使整个旅游产业的综合实力获得提高。旅游产业结构的高度化是旅游产业结构不断向技术密集化、产出高附加值化的方向发展。科技进步在旅游产业发展中的作用显著提高，在旅游产业总产出中，住宿、餐饮、交通等基本层次行业产出比重下降，游览、娱乐、购物等需求收入弹性高、附加值高的高层次行业产出比重不断上升，由此带动旅游产业整体产出迅速增加，产业经济效益不断提高。

4. 产业集群

由于旅游产业自身特殊的产业性质和生产、消费同步性的特点，在旅游产业优化发展过程中出现了产业集群现象，形成了由旅游企业、旅游相关企业、支撑机构和服务机构等组成的集群组织。这一旅游产业集群组织依托城市的资源和设施、植根于城市的经济、社会、文化、制度环境，凭借产业链条上的高度专业化分工与协作、核心产业与辅助产业部门的密切联系，形成城市旅游产业发展的竞争优势，主要体现在这几方面：第一，城市旅游产业集群内的旅游企业、相关企业组织由于空间上的集聚、资源上的共享、专业化服务和设施的统一配套，取得了成本优势。第二，城市旅游产业集群内的企业组织通过不断强化旅游产品在价格、质量、层次、个性化上的特征来优化产品结构，有利于形成富有城市特色的、个性化的旅游产品和服务。第三，提高城市旅游产业创新能力。一方面集群给内部企业形成独特的竞争环境，促进其创新保持优势，另一方面形成了集群内企业集体学习的创新机制，有助于不同企业相互交流、吸取经验，改进旅游产品和服务。第四，城市旅游产业集群内的企业以市场为导向自主经营，同时城市旅游主管部门、行业协会给予宏观上的管理和服务支持，优化了旅游产业组织。第五，大量的旅游产品、旅游资源在城市地域上整合集中，既有利于共同打造城市主体旅游品牌，也有利于推出各自独具特色的配套品牌,形成城市旅游品牌系列。

(三) 城市环境层面(U)构成要素

城市环境层面构成要素主要包括以下方面:

1. 区位条件

一个城市的区位条件决定了这个城市旅游资源的相对价值、市场规模和旅游产业发展前景。旅游产业是使旅游者发生空间位移的产业,因此城市的空间距离和交通条件就成为该城市旅游产业的生长点,一个城市的区际交通网络是否便捷、可进入性是否良好,将直接影响其吸引客源的范围,进而影响到该城市旅游产业的空间竞争能力。同时从产业经济学的观点来看,区位条件还是影响生产要素流动成本的重要因素,良好的区位条件可以减少旅游产业发展所需生产要素的流动成本,提高旅游产业的竞争优势。

2. 基础设施

基础设施既是城市硬件建设的主要内容之一,也是支持城市旅游产业发展的基础条件。城市基础设施是由城市居民和旅游者共同使用,包括市政公用工程设施和公共生活服务设施。城市基础设施中的道路与交通运输、邮电、通讯服务设施为城市旅游产业的形成和发展提供了必要的物质条件。旅游产业越发达,对基础设施的要求就越高,完善的基础设施对加快旅游产业发展有很大的推动作用。

3. 旅游关联产业发展与产业融合

在城市对旅游产业的支撑因素中很重要的因素就是城市中与旅游产业发展间接相关的关联产业,包括属于第一产业的为旅游产业提供物质支撑的农业、林业、畜牧业和渔业的相关行业和部门,属于第二产业的制造业和建筑业的相关行业和部门,属于第三产业的邮政业、文化艺术业、体育与娱乐业、金融业、教育业、居民服务业等行业和部门。这些分属于第一、二、三产业的相关行业和部门为城市旅游产业的发展提供了强大的产业支撑和物质保障。同时在城市旅游产业快速成长的过程中，因为旅游产业与上述相关行业的高度相关性，出现了产业融合的现象，发展出了许多新型业态。产业融合为城市旅游产业在质上的发展注入了新活力和新内容，促进了城市旅游产业的结构优化、产品升级和技术创新，成为城市旅游产业发展升级的重要条件和途径。因此城市第三产业发展水平决定了旅游产业在城市经济发展中的产业发展环境和保障，在产业结构高度化发展、第三产业占城市经济比重较大的城市中旅游产业发展的关联产业如社会服务业、邮电通信业、文化业、体育与娱乐业、科学研究和综合技术服务业等产业发展水平相对较高，旅游产业就可获得更多的产业支持和保障。

4. 城市规模经济与要素成本

集聚经济和规模经济是城市经济发展的重要特征，而城市化的进程又是带动人口、资本和物质等生产力要素向城市积聚和扩散的过程，因此城市化水平越高，城市作为人口和经济活动要素的综合集聚体其集聚形成的规模经济效应和要素成本优势就越大，为旅游产业发展形成了外部经济，并推动旅游产业内部规模扩张和结构升级。

5. 城市科技发展水平

城市旅游产业的发展离不开城市科技发展的支持，城市科技发展水平的高低将决定城市旅游产业科技含量的高低。科技创新数字赋能对城市旅游产业的发展具有强大的促进作用，旅游电子商务、综合型的旅游信息平台和服务平台、智慧旅游等一系列旅游服务和产品需要城市为其提供科学技术平台和技术支持，这在相当程度上影响了一个城市旅游市场的营销方式和运营模式。

三、城市旅游产业 GIU 框架结构

基于上文对城市旅游产业发展影响因素的分析，本书将城市旅游产业分为 3 个层面，并分析了每个层面的构成要素，由此形成本书研究城市旅游产业的 GIU 分析框架，如图 4-2 和图 4-3 所示。

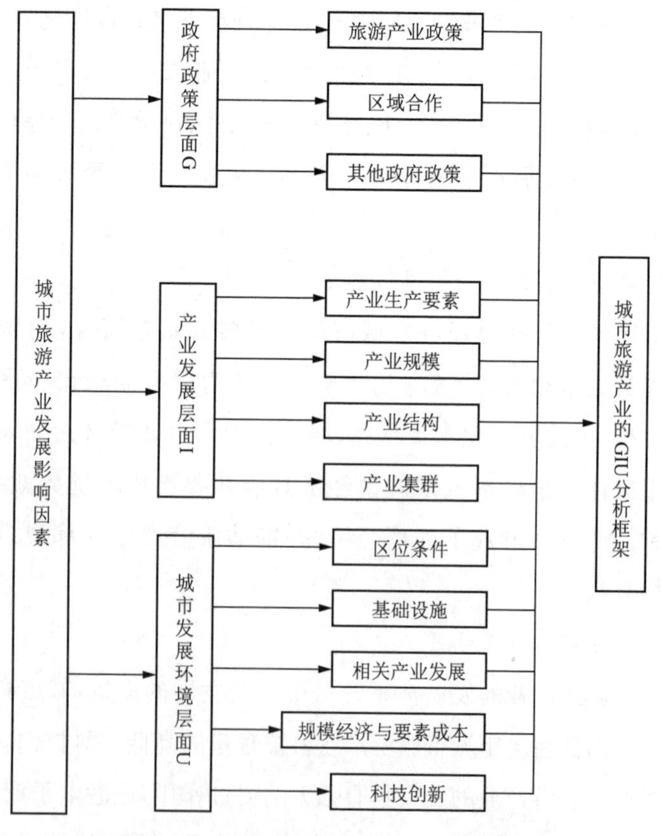

图 4-2　城市旅游产业的 GIU 分析框架

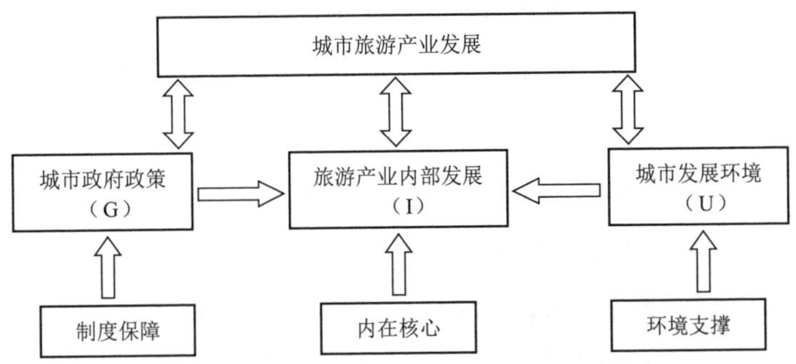

图 4-3　城市旅游产业 GIU 框架系统结构图

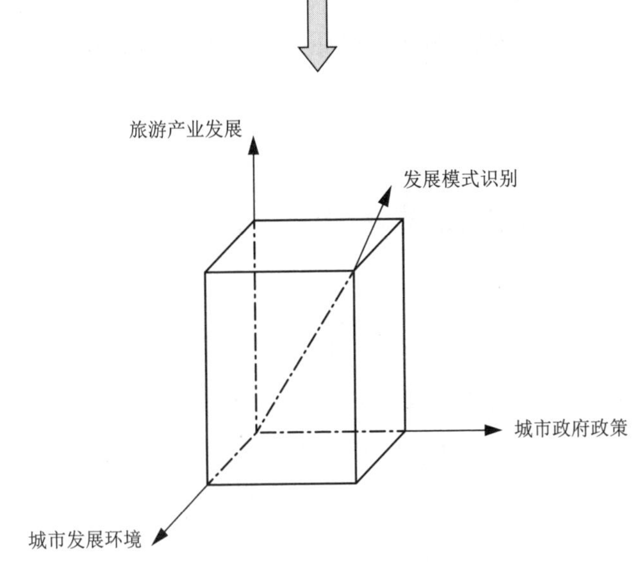

图 4-4　城市旅游产业发展模式 GIU 识别框架

其中政府政策层面(G)是城市旅游产业发展的制度保障，决定了城市旅游产业的发展方向；产业发展层面(I)是城市旅游产业发展的内在核心，决定城市旅游产业发展水平、要素配置效率、产业结构和市场绩效；城市环境层面(U)是城市旅游产业发展的环境支撑，决定了不同城市旅游产业发展的比较优势和发展潜力。这 3 个层面要素相互联系、相互促进、相互影响，共同作用于城市旅游产业并决定其发展方向、特征和结构。

城市旅游产业发展模式作为旅游产业在城市特定环境下发展的总体方式，体现了城市旅游产业的发展方向和发展特征，其实质就是对城市旅游产业在微观因素影响下宏观表现的高度概括。因此城市旅游产业 GIU 分析框架内的构成要素也是城市旅游产业发展模式的关键识别要素，基于影响因素的城市旅游产业 GIU 分析框架进一步形成了城市旅游产业发展模式的 GIU 识别框架（如图 4-4），从政府政策、旅游产业发展、城市发展环境 3 个维度来识别城市旅游产业发展模式。

第二节　城市旅游产业的 GIU 评价指标体系

一、构建原则与思路

上述影响要素在城市旅游产业发展过程中的影响程度需通过对相关统计数据的计算来说明、体现，在此定量分析基础上对城市旅游产业的评价和城市旅游产业发展模式的判断、识别才更具有说服力。然而由于我国旅游业管理的条块分割、多头管理，使目前旅游统计的权威性、统一性和公信力比较欠缺，难以达到深入研究的要求。同时，由于城市旅游产业自身的系统性、复杂性和动态性等特性，要对城市旅游产业进行测度和客观评价，需要在选取指标时遵循以下原则：

首先，科学性与可操作性相结合。指标选取时应遵循科学性原则，力求所选指标能客观反映不同因素在不同发展阶段对城市旅游产业发展的影响，同时注重选取指标的可操作性和可定量化，能够用定量评价来研究不同城市之间由于构成要素的影响作用度不同所反映出的城市之间旅游产业发展模式上的差异和特征，为城市旅游产业发展模式的判断、识别提供科学性的参考。因此，要求选取的指标是可量化的，既包括将城市旅游产业发展影响因素中的定量指标直接量化，也包括将城市旅游产业发展影响因素中的定性指标间接赋值量化，以目前现实官方统计数据为基础，要易于获取和易于计算分析。因此，本书选取的测度指标要求能客观真实地反映各因素在不同城市旅游产业发展过程中的作用和影响，而且应是样本城市之间具有可量化性的普适性指标。

其次，全面性与代表性相结合。本书选取的指标作为衡量不同因素对城市旅游产业发展影响程度的依据，应尽量全面地体现 3 个层面上各因素对城市旅游产业发展的作用程度和特征，但是无法面面俱到地构建一个指标体系将所有的相关指标都包含在内。因此在具体指标选取上应在全面性的基础上注重代表性，选择那些最能反映因素影响度的指标，同时注重 GIU 框架下的 3 个层面指标的独立性和层面之间指标的关联性。

再次，系统性与层次性相结合。本书首先运用系统论方法将城市旅游产业发展的影响因素细分为 GIU 框架下的 3 个不同层面，这 3 个层面构成要素组成了 3 个子系统彼此相互作用、相互影响，最终决定城市旅游产业的发展水平和发展方面。然后对这 3 个子系统逐层进行分解，为各个目标层面确定出具体的测度指标，形成一套具有层次结构的城市旅游产业评价指标体系。

二、测度指标选取与体系构建

本书的指标选取以官方统计口径下的指标为主，就是可直接从统计资料中获得的一手数据或者通过简单的线性、非线性计算可得的二手数据，对于统计口径下没有直接体现的个别对城市旅游产业发展有重要影响的因素所对应的指标，则根据相关指标予以一定形式的转化或替代。总之在指标的选取过程中通过有关数据处理方法确保指标在口径、单位、计算方法和时间上的一致性及相关指标之间的可比性。

（一）政府政策层面的指标选取

政府政策层面包括政府的旅游产业政策、政府主导的区域合作和其他经济政策、投资政策、环保政策等，涉及城市政府管理机构的政策制定、管理和具体实施，较多侧重于定性指标，因此为了确保研究指标的可获得性和可操作性，本书将其转化为相关的定量指标。用城市政府和旅游主管部门出台旅游产业政策级别与数目来衡量城市政府旅游产业政策实施情况；用城市旅游收入占城市 GDP 比重衡量旅游产业城市政府对旅游产业的定位及政府旅游产业政策的绩效；用高等学校在校生数来衡量政府对旅游人力资源储备和培养；用城市非公有制经济比重衡量城市市场经济自由程度；用第三产业与第二产业产值比衡量政府对大力发展第三产业、促进城市产业升级的政策力度；用城市实际吸引外资指标来衡量城市投资政策所创造的旅游产业投资环境；用城市人均绿地面积来衡量城市环境保护政策对旅游业生态环境打造的政策支撑力度和实施力度。由此政策层面评价指标如表 4-4 所示：

表 4-4　政府政策层面评价指标

系统层	目标层	评价指标
政府政策层面评价指标	政府旅游产业政策	政府旅游产业政策级别与数目综合指标； 城市旅游收入占城市 GDP 比重； 高等学校在校生数
	政府经济政策	非公有制经济比重； 第三产业与第二产业产值比
	政府投资政策	实际吸引外资额
	政府环保政策	人均绿地面积

注：采用赋值法计算各城市政府出台旅游产业政策级别与数目综合指标，计算公式为$P_i = \sum_{i=1}^{5} a_i w_i$，其中 a_i 为政府制定的旅游产业的发展方针政策、法律法规、规章制度、办法措施数目，w_i 为对于级别产业政策的权重赋值，方针政策、法律法规、规章制度和办法措施依次为 4 分、3 分、2 分和 1 分。

利用外资额单位为亿美元，采用各年美元兑人民币的汇价均值换算成人民币。

其余指标均直接引自《中国统计年鉴》(2008—2018)、《中国旅游统计年鉴》(2008—2018)、《中国旅游统计年鉴(副本)》(2008—2017)、《中国城市年鉴》(2008—2018)、各城市统计年鉴及国家文化和旅游部官方网站或以年鉴数据为基础经过相关计算得到。

(二) 产业发展层面的指标选取

旅游产业发展层面影响因素包括旅游产业生产要素、产业规模、产业结构和产业集群，评价指标如表 4-5 所示。

1. 产业生产要素包括了旅游资源禀赋、人力资源、资金资源和技术资源。城市旅游资源既包括了城市现有的旅游资源，也包括了城市潜在的旅游资源。潜在的旅游资源是城市在其更广阔的资源基础上去寻找可为旅游产业开发、利用、创造价值、支撑旅游业可持续发展的物质基础，包括城市的文化资源、艺术资源等。鉴于数据的可获取性，现有的旅游资源禀赋本书选取各城市拥有的 A 级—5A 级旅

表 4-5　产业发展层面评价指标

系统层	目标层	评价指标
产业发展层面评价指标	产业生产要素	旅游资源禀赋； 艺术馆、文化馆、公共图书馆总数； 旅游核心产业从业人员数； 旅游核心产业固定资产； 旅游企业劳动生产率
	产业规模	城市国际和国内旅游总收入
	产业集群	旅游核心产业企业集中度
	产业结构	旅游核心产业营业收入占城市旅游总收入比重

注：由于各城市相关数据在统计口径上缺乏一定的统一性以及部分数据不可获得各城市旅游产业总收入本书用统一口径下各城市的旅游外汇收入代替。

城市旅游资源禀赋计算公式为$R_i = \sum_{i=1}^{5} X_i W_i$，其中 R_i 为城市旅游资源禀赋综合得分，X_i 为城市拥有的第 i 级旅游景区的数目，W_i 为 A 级景区到 5A 级景区的权重赋值，A 级景区到 5A 级景区的赋分值分别为 1 分到 5 分。

旅游核心产业旅游企业集中度为城市旅游核心产业企业数与全国旅游核心产业内业的企业总数的比值，包括旅行社和星级饭店。

其余指标均直接引自《中国统计年鉴》(2008—2018)、《中国旅游统计年鉴》(2008—2018)、《中国旅游统计年鉴(副本)》(2008—2017)、《中国城市年鉴》(2008—2018)、各城市统计年鉴及国家文旅局官方网站公布的统计数据或线性计算年鉴数据得到。

游景区数，该指标既能考察城市拥有旅游资源的丰度，也能体现城市旅游资源的品位度和质量。潜在的旅游资源禀赋由于在现有统计口径下没有直接体现，本书主要通过城市文化艺术设施发展情况考察，城市的文化艺术设施的完善有助于构建城市良好的旅游氛围，也是城市旅游产业发展的潜在资源，促进城市旅游产业发展的延伸和升级。本书选取城市拥有的艺术馆、文化馆、公共图书馆总数为指标来衡量城市的文化、艺术的发展状况水平。人力资源本书选取旅游核心产业企业的就业人数为指标。资金资源以旅游核心产业固定资产存量为指标。技术资源从生产角度来说提高了旅游产业的生产率水平，所以本书用旅游企业劳动生产率为指标。

2. 产业规模的影响因素衡量涉及产业的收入规模，本书用城市国际旅游外汇收入与国内旅游收入的总和即城市旅游业总收入指标来衡量。

3. 产业集群的影响因素衡量涉及旅游产业的产业集中度，本书以旅游核心产业旅游企业集中度为指标。

4. 产业结构的影响因素衡量涉及旅游产业内各行业的构成比重的变化，本书选用旅游核心产业旅游企业营业收入与城市旅游总收入的比值表示。

(三) 城市发展环境层面的指标选取

城市发展环境层面影响因素包括城市区位条件、基础设施、相关产业发展、科技创新等，评价指标如表 4-6 所示。

1. 城市区位条件与基础设施，本书选取衡量城市铁路、公路、民航旅客周转能力的综合指数、基础设施投资额、人均城市道路面积、邮电业务总量、城市公共服务支出占财政支出的比值等指标来衡量城市区位交通条件、信息通畅度、基础设施建设情况。

2. 相关产业发展，本书选取城市第三产业产业占 GRP 比重指标来衡量。

3. 城市规模经济与要素成本，本书选取城市 GRP 衡量城市总体经济发展水平，选取非农人口比重衡量城市化水平，通过在岗职工平均工资指标高低衡量城市生产要素成本优势大小。

4. 科技创新，本书选取城市专利授权数来衡量。

综上所述，基于城市旅游产业发展 GIU 分析框架，本书构建城市旅游产业 GIU 评价指标体系，如表 4-7 所示。

表 4-6 城市环境层面评价指标

系统层	目标层	评价指标
城市发展环境层面评价指标	区位条件与基础设施	民航、铁路、公路旅客周转能力综合指标； 人均城市道路面积； 城市基础设施投资额； 邮电业务总量； 公共服务支出占地方财政支出比重
	相关产业发展	城市第三产业产值占 GRP 比重
	城市规模经济与要素成本	城市 GRP； 非农人口比重； 在岗职工平均工资
	科技创新	城市专利授权数

注：民航、铁路、公路旅客周转能力综合指标计算公式 $T_i = \sum_{i=1}^{3} X_i W_i$，其中 T_i 为城市民航、铁路、公路旅客周转能力综合得分，X_i 分别为民航、铁路、公路的旅客周转量，W_i 为权重赋值，民航、铁路、公路分别对应 3、2、1 分。

其余指标均直接引自《中国统计年鉴》(2008—2018)、《中国旅游统计年鉴》(2008—2018)、《中国旅游统计年鉴(副本)》(2008—2017)、《中国城市年鉴》(2008—2018)、各城市统计年鉴及国家文旅局官方网站或以年鉴数据为基础经过相关计算得到。

表 4-7 城市旅游产业 GIU 评价指标体系

系统层	目标层	评价指标	指标	量纲
政府政策层面评价指标	政府旅游产业政策	政府旅游产业政策级别与数目指标	X_1	分
		城市旅游收入占城市 GRP 比重	X_2	%
		高等学校在校生数	X_3	人
	政府经济政策	非公有制经济比重	X_4	%
		第三产业与第二产业产值比	X_5	无量纲
	政府投资政策	实际吸引外资额	X_6	亿美元
	政府环保政策	人均绿地面积	X_7	平方米

续表

系统层	目标层	评价指标	指标	量纲
产业发展层面评价指标	产业生产要素	旅游资源禀赋	X_8	分
		艺术馆、文化馆、公共图书馆总数	X_9	家
		旅游核心产业从业人员数	X_{10}	人
		旅游核心产业固定资产	X_{11}	万元
		旅游企业全员劳动生产率	X_{12}	万元/人
	产业规模	城市旅游总收入	X_{13}	万元
	产业集群	旅游核心产业旅游企业集中度	X_{14}	%
	产业结构	旅游核心产业营业收入占城市旅游总收入比重	X_{15}	%
城市发展环境层面评价指标	区位条件与基础设施	民航、铁路、公路旅客周转能力综合指标	X_{16}	分
		人均城市道路面积	X_{17}	平方米
		城市基础设施投资额	X_{18}	亿元
		邮电业务总量	X_{19}	万元
		公共服务支出占地方财政支出比重	X_{20}	%
	相关产业发展	城市第三产业占 GDP 比重	X_{21}	%
	城市规模经济与要素成本	城市 GDP	X_{22}	亿元
		在岗职工平均工资	X_{23}	元
		非农人口比重	X_{24}	%
	科技创新	城市专利授权数	X_{25}	个

第三节　城市旅游产业的评价方法

一、样本城市选取与数据来源

本书将选取上海、武汉、重庆为样本城市，基于上文构建的城市旅游产业 GIU 评价指标体系，对这 3 个东、中、西部样本城市旅游产业做出综合评价，然后根据综合评价所揭示的关键影响因子及其相关程度与特征，来识别东、中、西部城市旅游产业的发展模式和归纳总结其发展特征和路径。之所以选择这 3 个城市作为城市旅游产业评价和发展模式识别的样本城市，首先是出于对第三章第二节城市旅游产业的区域发展结构分析所得结论的考虑。在该章节中本书通过计算分析，得出目前东、中、西部城市旅游产业发展水平差异明显，在东、中、西部分别以上海、武汉、重庆 3 个城市的旅游产业发展水平值最高（见表 3-11），且其与区域内其他城市的旅游产业发展水平值的相对差距较大，说明这 3 个城市的旅游产业发展水平在东、中、西部区域处于领先地位，因而具有典型性和先进性。其次从城市旅游产业发展等级上来看，在目前城市旅游产业的东部首级增长中心城市带动中部、西部次级增长中心城市的发展格局中，上海为东部沿海城市首级增长中心城市群中的龙头城市，武汉和重庆分别为中、西部次级增长中心城市的领头城市，研究这 3 个城市的旅游产业发展模式可为区域内其他城市旅游产业发展发挥重要的示范作用。第三，由于我国东、中、西区域划分主要依据区域经济的发展水平，也就是说区域内城市的旅游产业发展的经济条件相类似，因此本书在评价这 3 个城市旅游产业的基础上识别其发展模式，归纳、总结其发展特点和发展路径，可为区域内其他具有类似产业发展条件的城市发展和提升旅游产业提供发展模式参考和发展路径选择。

本书基于城市旅游产业 GIU 框架下的评价指标对城市旅游产业影响因素进行定量化分析，为保证本书评价结果具有权威性、客观性和时效性，评价指标所采用的指标原始数据均直接通过《中国统计年鉴》（2008—2018）、《中国旅游统计年鉴》（2008—2018）、《中国旅游统计年鉴(副本)》(2008—2017)、《中国城市年鉴》(2008—2018)、各样本城市统计年鉴(2008—2018)及国家文旅局官方网站公布的统计数据等资料收集或线性计算年鉴原始数据取得。城市旅游产业评价注重产业发展的过程性和时序性，因此本书采用时间序列数据，选取各指标 2007 年到 2017 年数据进行定量分析，以更全面和直观地反映旅游产业发展影响因素的演变过程来客观判断、识别城市旅游产业发展模式。由于原始数据存在量纲和数量级上的差异，不同的量纲和数量级数据不便于比较，因此在对指标数据进行定量分析前，先利用 SPSS 23.0 软件对指标数据进行标准化处理。标准化数据处理包括对数据进行同趋化处理和无量纲化处理，由于指标中在岗职工平均工资考察的是城市生产要素的成本，在本书中为逆指标，因此先对其进行取倒数逆化处理，其余指标皆为同趋化指标。接下来对所有数据进行无量纲化处理，使得各指标值都处于同一个数量级上，从而数据之间具有可比性。如无特别说明，本书取用的无量纲化公式为 $X_i'=\dfrac{X_i-\bar{X}}{\sigma}$，其中 $\bar{X}$ 为 X_i 的平均值，σ 为 X_i 的标准差。经过上述标准化处理后原始数据均为无量纲化指标数据。

二、评价方法

本书将影响城市旅游产业发展的因素通过分属 GIU 3 个特定层面的 25 个指标来反映，这 3 个层面的影响要素是相互影响、相互促进、共同作用于城市旅游产业的发展过程，因而要揭示旅游产业发展影响因素之间的动态关联特征与程度，需要选择合适的分析方法来测度这些指标值的相关程度和对城市旅游产业发展的影响程度。本书选用因子分析方法，该方法从研究变量内部相关关系出发，是通过把众多不相互独立而是存在相关关系的指标归结为少数几个综合性因子来反映原有指标主要信息的一种多变量统计分析方法，其基本原理是在多变量系统中，将多个很难解释但彼此相关的观测变量进行分类，将相关性较高即相互关系较为紧密的因子分在同一类中，每一类变量就代表了一个基本结构即公共因子，公共因子具有概念化意义且彼此独立性大，从而将所研究的问题中原有观测的众多变量转化为用最少个数的综合性公共因子的线性函数与特殊因子之和来描述。因子分析可通过下面模型来表示：

$$\begin{cases} x_1 = a_{11}F_1 + a_{12}F_2 + \cdots + a_{1m}F_m + a_1\varepsilon_1 \\ x_2 = a_{21}F_1 + a_{22}F_2 + \cdots + a_{2m}F_m + a_2\varepsilon_2 \\ \cdots \\ x_n = a_{n1}F_1 + a_{n2}F_2 + \cdots + a_{nm}F_m + a_n\varepsilon_n \end{cases}$$

其中 x_1、$x_2 \cdots x_n$ 为原有经过标准化后的 n 个变量，其均值为 0，标准差为 1；

F_1、$F_2 \cdots F_m$ 为 m 个公共因子变量，一般而言 $m < n$，用矩阵形式表示即为：

$$X = AF + a\varepsilon$$

F 为公共因子或因子变量，A 为因子载荷矩阵，a_{ij} 为第 i 个原始变量在第 j 个因子变量上的载荷，ε 为残差，是原始变量不能被因子变量所解释的部分。

因子分析方法的基本计算步骤如下：

第一步，确定原始数据是否合适使用因子分析方法，分别对各年份影响城市旅游产业发展的影响因素进行因子分析合适性检验，检验标准主要有 KMO(Kaiser-Meyer-Olkin)统计量和巴特利特球形检验统计量。KMO 为取样适当性统计量，当 KMO 值越大表示变量间的共同因素越多，就越适合进行因素分析。根据凯泽（Kaiser）的观点，如果 KMO＜0.5 则不适合开展因子分析，当 KMO＞0.5 则粗略适合开展，当 KMO＞0.7 则相当适合开展因子分析。巴特利特（Bartlett）球形检验统计量用以检验相关系数矩阵是否适宜进行因子分析，显著性水平0.05 时原假设为相关矩阵无共同因素存在，不适宜开展因子分析。

第二步，构造公共因子变量，从相关矩阵或协方差矩阵中提取主成分，主成分为原始变量的线性组合，让主成分保持最大的方差以保持原始变量最多的信息，主成分分析使用相关系数矩阵进行分析，提取主成分后各主成分方差最大，且相互独立、彼此正交。在对原始数据标准化基础上，求出标准化数据的相关矩阵 $\boldsymbol{R}$ 以及 $\boldsymbol{R}$ 的特征值和特征向量，根据方差贡献率确定特征根的个数 m 和相应的特征向量 u，以建立初始因子载荷矩阵。

第三步，使用方差极大法（Varimax 法）旋转初始因子载荷矩阵，使因子变量更具解释性。在第二步中提取的主成分往往同时在多个原始变量上有较大的载荷，使得某个因子变量的含义非常模糊，通过旋转可使得因子变量含义更清晰，消除个别因子载荷很大或很小的情况，使得因子分析结果更为理想，通过旋转可得到比较理想的因子载荷矩阵 $\boldsymbol{A}$。

第四步，计算因子变量得分。在确定因子变量后，每一原始数据在不同因子上的载荷就是因子得分，与原始变量的得分相对应，可在此基础上做进一步分析。

鉴于本书的城市旅游产业 GIU 评价指标体系包含了 25 个观测指标，属于多指标综合评价体系，确定指标的权重就尤为关键。因子分析法的最大优势在于各综合因子的权重不是主观赋值而是根据各自的方差贡献率大小来确定的,所用的权数属于信息量权数,是伴随数学变换过程而生成,并随着样本集合的变化而变化,可以客观地反映出样本间的现实关系。而且因子分析法基于数据分析得到指标之间的内在结构关系,能够有效地剔除不相关指标的影响,使得评价结果较为客观合理。

因此本书将运用上述因子分析法对东、中、西部旅游产业发展水平最高的上海、武汉、重庆 3 个增长中心城市的旅游产业进行了定量分层评价,通过分层评价所揭示出的旅游产业关键影响因子及其相关程度与特征对东、中、西部城市旅游产业发展模式进行判断、识别,并在识别过程中结合 3 个城市旅游产业现实发展的深度剖析,对不同发展模式下旅游产业的发展特征和发展路径进行归纳、总结。

第五章 东部城市旅游产业发展模式与经济效应研究——以上海为例

本书在接下来的第五章、第六章、第七章中将基于上文城市旅游产业 GIU 评价指标体系，分别对东、中、西旅游产业发展水平最高的上海、武汉和重庆 3 个增长中心城市的旅游产业进行分层评价与分析。主要运用因子分析方法对样本城市旅游产业发展的影响因素进行因子分析，提取出重要公共因子以分析和揭示影响因素之间的动态相关特征与程度，以此判断和识别东、中、西城市的旅游产业发展模式，并在识别过程中结合 3 个城市旅游产业现实发展的深度剖析，对不同发展模式下旅游产业的发展特征和发展路径进行归纳、总结。进一步运用两部门经济模型和 VAR 向量自回归模型，分别对 3 个样本城市旅游产业的经济增长效应和产业结构优化效应进行评价，以为后续比较城市旅游产业发展模式，提出东、中、西部旅游产业发展对策建议打下基础。

第一节　上海旅游产业的分层评价

一、政府政策层面因子分析

首先运用 SPSS 23.0 软件对城市旅游产业发展模式的政府政策层面(G)所包含的 7 个指标原始数据进行因子分析，得出 KMO 为 0.738，大于 0.5(如表 5-1 所示)，说明适合做因子分析。巴特利特球形检验统计量的概率为 0，小于显著性水平 0.05，因而拒绝原假设，也说明适合做因子分析。

表 5-1　KMO 和巴特利特球形检验

Kaiser-Meyer-Olkin 抽样适度测定值		0.738
巴特利特球度检验	近卡方值	78.786
	自由度	22
	显著水平	0

表 5-2 显示的是提取公共因子前后各变量的共同度，该指标是衡量提取出的公共因子相对重要程度的指标，如表中第一行给出了变量 X_1 的共同度为 0.942，说明提取的公共因素对变量 X_1 的方差做出了 94.2%的贡献，从该表可以得知原始数据约有 91.91%信息被提取出来。

从总方差解释表 5-3 可以看出提取出的公共因子的特征值和累计贡献率，根据特征值大于 1 的提取主成分条件选取 2 个主成分，从表 5-4 可知其中第一个主成分的特征根为 3.819，第二个主成分的特征根为 2.578，前两个主成分的累计贡献率达 92%，较好地解释了原

表 5-2　变量共同度

指　　标	变量	初始公因子方差	提取后公因子方差
政府旅游产业政策级别与数目指标	X_1	1	0.942
城市旅游收入占城市 GDP 比重	X_2	1	0.83
高等学校在校生数	X_3	1	0.89
非公有制经济比重	X_4	1	0.974
第三产业与第二产业产值比	X_5	1	0.982
实际吸引外资额	X_6	1	0.943
人均绿地面积	X_7	1	0.886

表 5-3　总方差解释

主成分	初始特征根			提取载荷平方和			旋转载荷平方和		
	合计	方差贡献率(%)	累计方差贡献率(%)	合计	方差贡献率(%)	累计方差贡献率(%)	合计	方差贡献率(%)	累计方差贡献率(%)
1	5.452	77.871	77.871	5.452	77.871	77.871	3.819	56.446	56.446
2	1.048	15.108	91.878	1.048	15.108	91.878	2.578	35.564	92.010
3	0.256	3.588	95.419						
4	0.178	2.462	98.139						
5	0.092	1.413	99.412						
6	0.038	0.541	99.868						
7	0.012	0.139	100						

表 5-4　主成分特征根及方差贡献率

主成分	旋转前			旋转后		
	特征根	方差贡献率(%)	累计方差贡献率(%)	特征根	方差贡献率(%)	累计方差贡献率(%)
F_1	5.452	77.871	77.871	3.819	56.446	56.446
F_2	1.048	15.108	92.979	2.578	35.564	92.010

始数据信息，其反映的原始指标信息是有效的。

然后根据旋转后的载荷矩阵对主成分进行解释以确定公共因子。如果指标在某一因子上的载荷值大于0.5，或在某一因子上的载荷值为其在其他因子载荷值的两倍及以上，就可将这个指标归入该因子。因子与原始指标之间的相关程度可以通过方差最大正交旋转后的因子载荷矩阵得知（如表5-5所示），载荷值越高说明原始指标与该因子的相关程度越高，包含该指标的信息量就越多。

表5-5　旋转后的因子载荷矩阵

指　　标	变量	主成分	
		1	2
政府旅游产业政策级别与数目指标	X_1	<u>0.702</u>	0.653
城市旅游收入占城市GDP比重	X_2	<u>0.874</u>	−0.169
高等学校在校生数	X_3	0.517	<u>0.694</u>
非公有制经济比重	X_4	0.081	<u>0.923</u>
第三产业与第二产业产值比	X_5	<u>0.791</u>	0.612
实际吸引外资额	X_6	<u>0.924</u>	0.316
人均绿地面积	X_7	<u>0.931</u>	0.212

注：带下划线的数值为各指标在2个主成分因子上的最大因子载荷。

从旋转后的因子载荷矩阵可以看出，公因子F_1在政府旅游产业政策级别与数目指标（X_1）、城市旅游收入占城市GDP比重（X_2）、第三产业与第二产业产值比（X_5）、实际吸引外资额（X_6）、人均绿地面积上（X_7）这5个指标上的载荷最大，约超过70%，该因子主要反映了上海市政府对促进旅游产业发展和壮大的重要产业政策的支持和城市对第三产业及旅游产业的重视，以及为旅游产业发展创造良好投资环境和生态环境的制度支持，因此将F_1定义为旅游产业促进政策因子。

公因子 F_2 在高等学校在校生数(X_3)和非公经济比重(X_4)这 2 个指标上的载荷最大，该因子主要反映了政府对旅游产业发展的保障作用，其中高等学校在校生数指标体现了政府对未来高端旅游人才的培养和储备，是政府对旅游人才供给的保障；非公经济比重指标反映了政府在旅游产业发展中充分发挥市场机制作用的政策保障，包括旅游要素的市场配置、旅游经营主体的多元化、旅游资本市场的放开、旅游市场经营的绩效等等，因此将 F_2 定义为旅游产业保障政策因子。

因此在政府政策层面中共提取出 2 个公因子，F_1 为旅游产业促进政策因子，F_2 为旅游产业保障政策因子(见表 5-6)。

表 5-6　上海政府政策层面的公共因子提取表

<table>
<tr><th></th><th>公共因子</th><th>变量</th><th>有较高载荷的原始指标</th></tr>
<tr><td rowspan="7">A_1
城市政府
政策层面</td><td rowspan="5">F_1
旅游产业促
进政策因子</td><td>X_1</td><td>政府旅游产业政策级别与数目指标</td></tr>
<tr><td>X_2</td><td>城市旅游收入占城市 GDP 比重</td></tr>
<tr><td>X_5</td><td>第三产业与第二产业产值比</td></tr>
<tr><td>X_6</td><td>实际吸引外资额</td></tr>
<tr><td>X_7</td><td>人均绿地面积</td></tr>
<tr><td rowspan="2">F_2
旅游产业保
障政策因子</td><td>X_3</td><td>高等学校在校生数</td></tr>
<tr><td>X_4</td><td>非公经济比重</td></tr>
</table>

然后根据下表公共因子得分系数矩阵，计算 2 个公共因子的得分，公式为：

$$F_i = b_{i1}X_1 + b_{i2}X_2 + \cdots + b_{ij}X_j$$

其中 F_i 为第 i 个公共因子的得分，b_{ij} 为第 j 个指标在第 i 个公

共因子的载荷，X_j 为经过标准化的变量值，$t=2007$，2008…2017，则有

$$F_{1t}=0.069X_{1t}-0.338X_{2t}-0.059X_{3t}-0.326X_{4t}+0.153X_{5t}+0.297X_{6t}+0.352X_{7t}$$

$$F_{2t}=0.214X_{1t}+0.209X_{2t}+0.372X_{3t}+0.648X_{4t}+0.121X_{5t}-0.123X_{6t}-0.196X_{7t}$$

表 5-7　公共因子得分系数矩阵

指　　标	变量	主成分	
		F_1	F_2
政府旅游产业政策级别与数目指标	X_1	0.069	0.214
城市旅游收入占城市 GDP 比重	X_2	−0.338	0.209
高等学校在校生数	X_3	−0.059	0.372
非公有制经济比重	X_4	−0.326	0.648
第三产业与第二产业产值比	X_5	0.153	0.121
实际吸引外资额	X_6	0.297	−0.123
人均绿地面积	X_7	0.352	−0.196

进一步对结果进行信度检验分析，利用 SPSS 23.0 中信度分析功能对上述总体样本进行信度检验，结果克隆巴赫系数（Cornbach's alpha）为 0.781，表明样本具有较高的总体信度，符合本书研究要求，所选样本具有有效性。

最后以各公共因子的方法贡献率为权重，计算 2007—2017 年上海城市旅游产业政府政策层面因子得分 A_1，计算公式如下：

$$A_{1t}=56.446F_{1t}+35.564F_{2t}$$

计算结果如表 5-8 所示：

表 5-8　上海旅游产业政府政策 A_1 及主成分得分

年份	A_1	F_1	F_2
2007	−68.714 0	−0.138 5	−1.712 3
2008	−88.293 2	−0.882 3	−1.082 3
2009	−47.170 6	−0.282 3	−0.878 3
2010	−46.063 7	−0.695 6	−0.191 2
2011	−11.970 1	−1.253 1	1.652 3
2012	15.999 1	−0.603 8	1.408 2
2013	27.240 4	0.212 3	0.429
2014	30.316 1	0.576 9	−0.063 2
2015	97.184 5	1.514 5	0.328 9
2016	125.858 1	1.987 2	0.384 9
2017	128.515 5	1.993 2	0.450 1

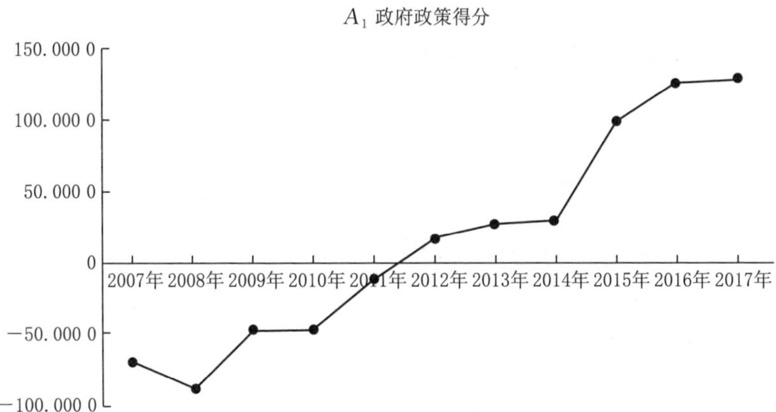

图 5-1　城市政府政策层面得分趋势图

可以看出上海从 2013 年起其城市政府政策层面得分开始大幅提高，政策因素在城市旅游产业发展中的作用明显增强，说明从 2011 年即“十二五”之后上海政府及旅游主管部门加大了对城市旅游产业发展和升级政策的实施力度和效度，形成了对旅游产业发展的有效制度保障和支持。并从主成分因子分析可知，在政府政策层面的2个主成分中，“旅游产业促进政策”因子贡献率为56.446%，对城市旅游产业发展影响力较大，主要是城市政府和旅游主管部门采取了一系列刺激旅游需求和调整优化旅游产业结构的政策措施，其作用从2015年起越来越凸显，该年颁布的《关于加快上海旅游业发展，建设世界著名旅游城市的意见》极大地促进了城市旅游产业的发展和升级。“旅游产业保障政策”因子贡献率为35.564%，其中非公经济比重载荷很高，说明上海市政府强调在旅游要素的市场配置性、市场经营主体的多元性、资本市场的放开性、市场经营的效率性等方面充分发挥了市场在旅游产业发展中的主导作用，保障了市场机制在上海旅游产业发展中的有效运作。

二、产业发展层面因子分析

首先运用SPSS 23.0软件对城市旅游产业发展模式的旅游产业发展层面(I)所包含的8个指标原始数据进行因子分析，得出KMO为0.723，大于0.5(如表5-9所示)，说明适合做因子分析。巴特利特球形检验统计量的概率为0，小于显著性水平0.05，因而拒绝原假设，也说明适合做因子分析。

表5-9　KMO和巴特利特球度检验

Kaiser-Meyer-Olkin 抽样适度测定值		0.723
巴特利特球度检验	近卡方值	102.982
	自由度	28
	显著水平	0

表5-10显示的是提取公共因子前后各变量的共同度，该指标是

衡量提取出的公共因子相对重要程度的指标，比如表中第一行给出了变量 X_1 的共同度为 0.976，说明提取的公共因素对变量 X_1 的方差做出了 97.6%的贡献，从该表可以得知原始数据约有 89.85%信息被提取出来。

表 5-10　变量共同度

指　　标	变量	初始公因子方差	提取后公因子方差
旅游资源禀赋	X_8	1	0.976
艺术馆数、文化馆数、公共图书馆数	X_9	1	0.837
旅游核心产业从业人员数	X_{10}	1	0.928
旅游核心产业固定资产	X_{11}	1	0.914
旅游企业全员劳动生产率	X_{12}	1	0.958
城市旅游总收入	X_{13}	1	0.907
旅游核心产业旅游企业集中度	X_{14}	1	0.978
旅游核心产业营业收入占城市旅游总收入比重	X_{15}	1	0.568

从表 5-11 可以看出提取出的公共因子的特征值和累计贡献率，根据特征值大于 1 的提取主成分条件选取 2 个主成分，其中第一个主成分的特征根为 4.942，第二个主成分的特征根为 2.384，前两个主成分的累计贡献率达 89.852%>85%，较好地解释了原始数据信息，其反映的原始指标信息是有效的。

表 5-11　主成分特征根及方差贡献率

主成分	旅转前			旋转后		
	特征根	方差贡献率(%)	累计方差贡献率(%)	特征根	方差贡献率(%)	累计方差贡献率(%)
F_1	5.783	73.383	73.383	4.942	61.568	61.568
F_2	1.316	16.128	89.511	2.384	28.284	89.852

然后根据旋转后的载荷矩阵对主成分进行解释以确定公共因子。因子与原始指标之间的相关程度可以通过方差最大正交旋转后的因子载荷矩阵得知(如表 5-12 所示),载荷值越高说明原始指标与该因子的相关程度越高,包含该指标的信息量就越多。

表 5-12　旋转后的因子载荷矩阵

指　　标	变量	主成分	
		1	2
旅游资源禀赋	X_8	0.829	0.531
艺术馆数、文化馆数、公共图书馆数	X_9	0.798	0.445
旅游核心产业从业人员数	X_{10}	0.014	0.979
旅游核心产业固定资产	X_{11}	0.832	0.456
旅游企业全员劳动生产率	X_{12}	0.994	0.053
城市旅游总收入	X_{13}	0.903	0.342
旅游核心产业旅游企业集中度	X_{14}	0.678	0.915
旅游核心产业营业收入占城市旅游总收入比重	X_{15}	0.824	−0.072

注:带下划线的数值为各指标在 2 个主成分因子上的最大因子载荷。

从旋转后的因子载荷矩阵可以看出,公因子 F_1 在旅游资源禀赋(X_8)、艺术馆数、文化馆数、公共图书馆数(X_9)、旅游核心产业固定资产(X_{11})、旅游企业全员劳动生产率(X_{12})、城市旅游总收入(X_{13})、旅游核心产业营业收入占城市旅游总收入比重(X_{15})这 6 个指标上的载荷最大,均超过 70%,该因子主要反映了上海旅游产业发展生产要素的投入和产业产出,因此将公因子 F_1 定义为旅游产业投入与产出因子。

公因子 F_2 在旅游核心产业从业人员数(X_{10})和旅游核心产业旅游企业集中度(X_{14})这 2 个指标上的载荷最大,该因子主要反映了旅游核心产业的规模和集中度，将 F_2 定义为旅游核心产业发展因子。

因此在旅游产业发展层面中共提取出 2 个公因子，F_1 为旅游产业投入与产出因子，F_2 为旅游核心产业发展因子，见表 5-13。

表 5-13　上海旅游产业发展层面的公共因子提取表

<table>
<tr><th></th><th>公共因子</th><th>变量</th><th>有较高载荷的原始指标</th></tr>
<tr><td rowspan="8">A_2
旅游产业
发展层面</td><td rowspan="6">F_1
旅游产业投
入与产出因子</td><td>X_8</td><td>旅游资源禀赋</td></tr>
<tr><td>X_9</td><td>艺术馆数、文化馆数、公共图书馆数</td></tr>
<tr><td>X_{11}</td><td>旅游核心产业固定资产</td></tr>
<tr><td>X_{12}</td><td>旅游企业全员劳动生产率</td></tr>
<tr><td>X_{13}</td><td>城市旅游总收入</td></tr>
<tr><td>X_{15}</td><td>旅游核心产业营业收入占城市旅游总收入比重</td></tr>
<tr><td rowspan="2">F_2
旅游核心产
业发展因子</td><td>X_{10}</td><td>旅游核心产业从业人员数</td></tr>
<tr><td>X_{14}</td><td>旅游核心产业旅游企业集中度</td></tr>
</table>

然后根据公共因子得分系数矩阵（表 5-14），计算 2 个公共因子的得分，公式为：$F_i = b_{i1}X_1 + b_{i2}X_2 + \cdots + b_{ij}X_j$

表 5-14　公共因子得分系数矩阵

指　　标	变量	主成分	
		F_1	F_2
旅游资源禀赋	X_8	0.227	0.126
艺术馆数、文化馆数、公共图书馆数	X_9	0.145	0.063
旅游核心产业从业人员数	X_{10}	−0.211	0.638
旅游核心产业固定资产	X_{11}	0.152	0.082
旅游企业全员劳动生产率	X_{12}	0.314	−0.221

续表

指　　标	变量	主成分	
		F_1	F_2
城市旅游总收入	X_{13}	0.201	−0.014
旅游核心产业旅游企业集中度	X_{14}	−0.028	−0.125
旅游核心产业营收占城市旅游总收入比重	X_{15}	0.276	−0.157

其中 F_i 为第 i 个公共因子的得分，b_{ij} 为第 j 个指标在第 i 个公共因子的载荷，X_j 为经过标准化的变量值，$t=2007, 2008, \cdots, 2017$，则有

$$F_{1t}=0.227X_{8t}+0.145X_{9t}-0.211X_{10t}+0.152X_{11t}+0.314X_{12t}+0.201X_{13t}-0.028X_{14t}+0.276X_{15t}$$

$$F_{2t}=0.126X_{8t}+0.063X_{9t}+0.638X_{10t}+0.082X_{11t}-0.021X_{12t}-0.014X_{13t}-0.125X_{14t}-0.157X_{15t}$$

进一步对该结果进行信度检验分析，利用 SPSS 23.0 中 Reliability Analysis 功能对上述总体样本进行信度检验，结果克隆巴赫 α 系数为 0.812，表明样本具有较高的总体信度，符合本书研究要求，所选样本具有有效性。

最后以各公共因子的方法贡献率为权重，计算 2007—2017 年上海城市旅游产业的发展层面因子得分 A_2，计算公式如下：

$$A_{2t}=61.568F_{1t}+28.284F_{2t}$$

计算结果如表 5-15 所示：

从上海旅游产业发展得分趋势图（图 5-2）可以看出上海从 2013 年起该得分开始大幅提高，从主成分因子分析可知，将产业发展层面

表 5-15 上海旅游产业发展 A_2 及主成分得分

年份	A_2	F_1	F_2
2007	−115.142	−0.871 8	−2.173 2
2008	−84.387	−1.278 2	−0.201 2
2009	−79.488	−1.450 1	0.346 2
2010	−25.028	−0.368 2	−0.083 4
2011	−5.590	−0.316 5	0.491 3
2012	−1.765	−0.199 2	0.371 2
2013	56.120	0.580 2	0.721 2
2014	60.296	0.423 2	1.210 6
2015	57.977	0.358 2	1.270 1
2016	93.827	0.980 4	1.183 2
2017	157.732	1.951 7	1.328 3

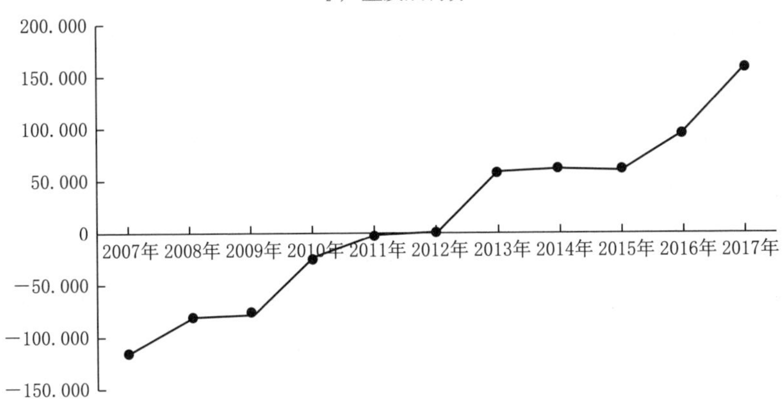

图 5-2 产业发展得分趋势图

分为了 2 个主成分，分别为“旅游产业投入与产出”因子贡献率为 61.568%，“旅游核心产业发展”因子贡献率为 28.284%，说明上海旅游产业发展是以旅游核心产业为主导的，同时产业的投入-产出效益对产业发展影响较大。“旅游产业投入与产出”因子在 2013 年之前得分始终为负值，说明之前上海旅游产业的投入产出效应并不明显，营业收入增长速度小于生产要素投入的增长速度，从 2013 年起该因子得分值不断增大，旅游产业投入产出效应增大由此带动了旅游产业发展，这里面旅游企业全员劳动生产率载荷最大，说明这里既有生产要素数量上的增长更是在质量上的增长，旅游产业的升级优化带动了上海旅游产业的增长。“旅游核心产业发展”因子在核心产业旅游企业营业收入占比和行业集中度上载荷较高，且呈上升趋势，说明核心产业的行业集聚度及其集聚效应对上海旅游产业发展的影响较大，呈现产业集群化发展态势。

三、城市发展环境层面因子分析

首先运用 SPSS 23.0 软件对城市旅游产业发展模式的城市环境层面(U)所包含的 10 个指标原始数据进行因子分析，得出 KMO 为 0.657，大于 0.5(如表 5-16 所示)，说明适合做因子分析。巴特利特球形检验统计量的概率为 0，小于显著性水平 0.05，因而拒绝原假设，也说明适合做因子分析。

表 5-16　KMO 和巴特利特球度检验

Kaiser-Meyer-Olkin 抽样适度测定值		0.657
巴特利特球度检验	近卡方值	222.624
	自由度	41
	显著水平	0

表 5-17 显示的是提取公共因子前后各变量的共同度，该指标是衡量提取出的公共因子相对重要程度的指标。比如表中第一行给出了变量 X_1 的共同度为 0.931，说明提取的公共因素对变量 X_1 的方差做出了 93.1%的贡献，从该表可以得知原始数据约有 92%信息被

提取出来。

表 5-17　变量共同度

指　　标	变量	初始公因子方差	提取后公因子方差
民航、铁路、公路旅客周转能力综合指标	X_{16}	1.000	0.931
人均城市道路面积	X_{17}	1.000	0.978
城市基础设施投资额	X_{18}	1.000	0.792
邮电业务总量	X_{19}	1.000	0.982
公共服务支出占地方财政支出比重	X_{20}	1.000	0.914
城市第三产业占 GDP 比重	X_{21}	1.000	0.826
城市 GDP	X_{22}	1.000	0.991
在岗职工平均工资	X_{23}	1.000	0.956
非农人口比重	X_{24}	1.000	0.978
城市专利授权数	X_{25}	1.000	0.968

从总方差解释表(表 5-18)可以看出提取出的公共因子的特征值和累计贡献率,根据特征值大于 1 的提取主成分条件选取 2 个主成分,其中第一个主成分的特征根为 6.298,第二个主成分的特征根为 2.912,前两个主成分的累计贡献率达 93.052%,较好地解释了原始数据信息,其反映的原始指标信息是有效的。

表 5-18　总方差解释

主成分	旋转前			旋转后		
	特征根	方差贡献率(%)	累计方差贡献率(%)	特征根	方差贡献率(%)	累计方差贡献率(%)
F_1	7.858	78.581	78.581	6.394	63.940	63.940
F_2	1.342	13.451	92.032	2.911	29.112	93.052

然后根据旋转后的载荷矩阵对主成分进行解释以确定公共因

子，从旋转后的因子载荷矩阵（表 5-19）可以看出，公因子 F_1 在民航、铁路、公路旅客周转能力综合指标（X_{16}）、人均城市道路面积（X_{17}）、邮电业务总量（X_{19}）、城市第三产业占 GDP 比重（X_{21}）、城市 GDP（X_{22}）、在岗职工平均工资（X_{23}）、非农人口比重（X_{24}）和城市专利授权数（X_{25}）这 8 个指标上的载荷最大，均超过 70%以上，该因子主要反映了城市环境中有利于上海旅游产业发展的区位交通条件、旅游相关产业发展水平、城市规模经济和城市科技水平，因此将公因子 F_1 定义为产业发展环境因子。

表 5-19　旋转后的因子载荷矩阵

指　　标	变量	主成分	
		1	2
民航、铁路、公路旅客周转能力综合指标	X_{16}	0.918	0.481
人均城市道路面积	X_{17}	0.926	0.384
城市基础设施投资额	X_{18}	0.516	0.823
邮电业务总量	X_{19}	0.798	0.382
公共服务支出占地方财政支出比重	X_{20}	−0.019	0.938
城市第三产业占 GDP 比重	X_{21}	0.921	−0.102
城市 GDP	X_{22}	0.918	0.376
在岗职工平均工资	X_{23}	−0.413	−0.561
非农人口比重	X_{24}	0.735	0.521
城市专利授权数	X_{25}	0.968	0.132

注：带下划线的数值为各指标在 2 个主成分因子上的最大因子载荷。

公因子 F_2 在城市基础设施投资额（X_{18}）、公共服务支出占地方财政支出比重（X_{20}）这 2 个指标上的载荷最大，该因子主要反映了城市在旅游产业形成和发展所必要的基础软、硬件上的财政投入和管理投入，体现了城市的现代程度和社会进步，同时也代表着一个城市塑造其良好城市(旅游)形象的投入,因此将公共因子 F_2 定义为城市形象因子。

因此在城市发展环境层面中共提取出 2 个公因子,F_1 为旅游产业发展环境因子,F_2 为城市形象因子,见表 5-20。

表 5-20　上海城市发展环境层面的公共因子提取表

	公共因子	变量	有较高载荷的原始指标
A_3 城市环境层面	F_1 产业发展环境因子	X_{16}	民航、铁路、公路旅客周转能力综合指标
		X_{17}	人均城市道路面积
		X_{19}	邮电业务总量
		X_{21}	城市第三产业占 GDP 比重
		X_{22}	城市 GDP
		X_{23}	在岗职工平均工资
		X_{24}	非农人口比重
		X_{25}	城市专利授权数
	F_2 城市形象因子	X_{18}	城市基础设施投资额
		X_{20}	公共服务支出占地方财政支出比重

然后根据公共因子得分系数矩阵(表 5-21),计算 2 个公共因子得分,公式为:

表 5-21　公共因子得分系数矩阵

指　　标	变量	主成分	
		F_1	F_2
民航、铁路、公路旅客周转能力综合指标	X_{16}	0.151	−0.014
人均城市道路面积	X_{17}	0.153	−0.018
城市基础设施投资额	X_{18}	−0.055	0.299

续表

指　　标	变量	主成分	
		F_1	F_2
邮电业务总量	X_{19}	0.06	0.14
公共服务支出占地方财政支出比重	X_{20}	−0.273	0.584
城市第三产业占 GDP 比重	X_{21}	0.284	−0.317
城市 GDP	X_{22}	0.158	−0.027
在岗职工平均工资	X_{23}	−0.075	−0.118
非农人口比重	X_{24}	0.027	0.198
城市专利授权数	X_{25}	0.234	−0.175

$$F_i=b_{i1}X_1+b_{i2}X_2+\cdots+b_{ij}X_j$$

其中 F_i 为第 i 个公共因子的得分，b_{ij} 为第 j 个指标在第 i 个公共因子的载荷，X_j 为经过标准化的变量值，$t=2007$，2008，…，2017，则有

$$F_{1t}=0.151X_{16t}+0.153X_{17t}-0.055X_{18t}+0.06X_{19t}-0.273X_{20t}+0.284X_{21t}+0.158X_{22t}-0.075X_{23t}+0.027X_{24t}+0.234X_{25t}$$

$$F_{2t}=-0.014X_{16t}-0.018X_{17t}+0.299X_{18t}+0.14X_{19t}+0.584X_{20t}-0.317X_{21t}-0.027X_{22t}-0.118X_{23t}+0.198X_{24t}-0.175X_{25t}$$

进一步利用 SPSS 23.0 中信度分析功能对上述总体样本进行信度检验，结果克隆巴赫系数为 0.885，表明样本具有较高的总体信度，符合本书研究要求，所选样本具有有效性。

最后以各公共因子的方法贡献率为权重，计算 2007—2017 年上海旅游产业城市发展环境层面因子得分 A_3，计算公式如下：

$$A_{3t}=63.94F_{1t}+29.112F_{2t}$$

计算结果如表 5-22 所示：

表 5-22　上海旅游产业城市发展环境层面因子 A_3 及主成分得分

年份	A_3	F_1	F_2
2007	−93.868 3	−0.776 1	−1.519 8
2008	−83.713 7	−0.756 7	−1.213 6
2009	−76.175 7	−0.793 2	−0.874 5
2010	−35.783 4	−0.513 2	−0.102 0
2011	−10.140 2	−0.061 2	−0.213 9
2012	19.737 8	0.231 2	0.170 2
2013	45.050 9	0.425 8	0.612 3
2014	26.869 3	−0.263 5	1.501 7
2015	51.165 1	0.086 2	1.568 2
2016	84.760 9	0.961 3	0.800 2
2017	86.233 7	1.582 6	−0.513 8

从城市发展环境得分趋势图(图 5-3)可以看出上海城市发展环境得分始终保持增长趋势，并在 2010 年起开始大幅提高，从主成分因子分析可知，将城市环境层面分为了 2 个主成分，分别为“旅游产业发展环境”因子，其因子贡献率为 63.94%，“城市形象”因子，其贡

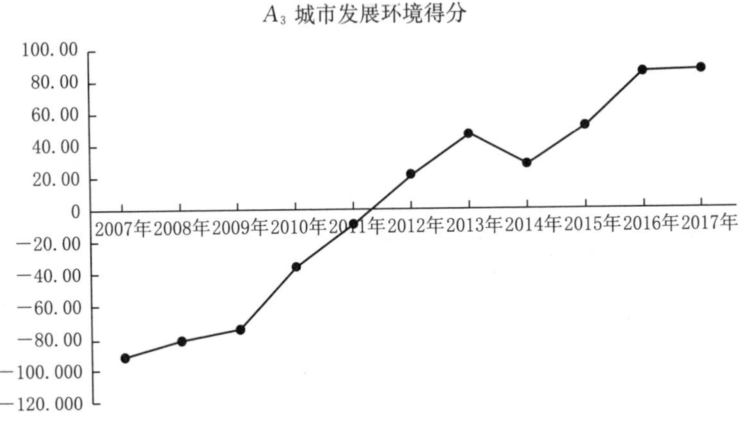

图 5-3　城市发展环境得分趋势图

献率为29.112%,说明上海旅游产业发展依托城市的产业发展环境,其中城市第三产业中相关产业的发展、区位交通条件和科技水平载荷很高,说明上海在举办世博会之际大力发展现代服务业、改善交通条件和促进城市高新技术研发都为旅游产业发展提供了良好的发展空间和条件。同时城市形象的打造、优化,发达的城市基础设施、先进的城市公共管理和服务环境都为旅游产业的进一步发展提供了有利的环境支撑。

第二节　东部城市旅游产业发展模式的识别

上文基于城市旅游产业发展的 GIU 评价指标体系,运用因子分析法分别计算得到上海旅游产业的城市政府政策因子(A_1)得分、产业发展因子(A_2)得分和城市产业发展环境(A_3)因子得分,其变化趋势如图 5-4 所示。

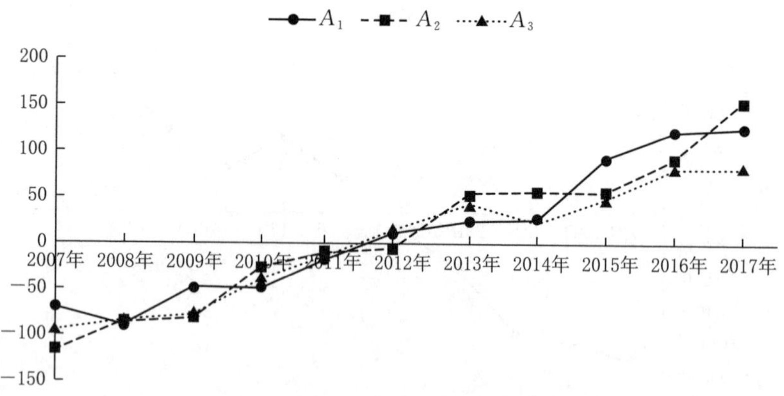

图 5-4　上海旅游产业发展各公共因子得分趋势图

3 个层面因子得分都呈上升趋势，进一步探讨这 3 个层面因子得分与上海旅游产业发展的关联程度，分别对 A_1、A_2、A_3 和旅游核心产业收入进行标准化处理，以旅游核心产业收入（T）为因变量①，以城市政府政策因子（A_1）、产业发展因子（A_2）、城市产业发展环境（A_3）为自变量，进行多元线性回归，得到回归方程：

$$T=0.278\,2A_1+0.619\,8A_2+0.102\,2A_3-1.22E^{-06}$$

$$t=(1.213\,2)\quad(2.294\,1)\quad(2.423\,7)$$

$$R^2=0.958\,1\qquad D\text{-}W=1.840\,2$$

比较 A_1、A_2、A_3 自变量前的系数可知各因子对上海旅游产业发展的影响程度依次为产业发展因子 A_2 最大，城市政府政策 A_1 次之，最后为城市产业发展环境因子 A_3，因而将以上海为代表的东部城市旅游产业发展模式称之为“产业驱动，政策支持型”模式。

接下来本书将结合上海旅游产业的现实发展过程，结合因子分析法所揭示的 GIU 3 个层面重要公共因子及公共因子载荷来进一步识别、剖析上海旅游产业的“产业驱动，政策支持型”发展模式，并分析、归纳在该模式下上海旅游产业的发展特征和发展路径。

一、市场主导为先的产业驱动，政策支持型模式

在上述因子分析过程中上海城市政府政策层面（G）被分为了 2 个主成分，主成分贡献率较高的为“旅游产业促进政策”因子，贡献率稍小的为“旅游产业保障政策”因子，如表 5-23 所示。

---

① 由于本书旅游产业发展层面的评价指标多为旅游核心产业的相关指标，所以为了更好地解释 GIU 3 个层面因子对旅游产业发展的影响程度，本书选用旅游核心产业收入为因变量。

表 5-23　上海市政府政策层面公共因子提取表

上海	公共因子	变量	较高载荷的指标排序	载荷
A_1 城市政府政策层面	F_1 促进政策因子	X_7	人均绿地面积	0.931
		X_6	实际吸引外资额	0.924
		X_2	城市旅游收入占城市 GDP 比重	0.874
		X_5	第三产业与第二产业产值比	0.791
		X_1	政府旅游产业政策级别与数目指标	0.702
	F_2 保障政策因子	X_4	非公经济比重	0.923
		X_3	高等学校在校生数	0.694

首先分析“旅游产业保障政策”因子，其由非公经济比重和高等学校在校生数构成，其中非公经济比重载荷很高，说明对上海旅游产业发展起到保障作用的首要制度因素是上海的市场经济制度，其次为上海的人才制度。

制度经济学认为经济增长的根本原因在于制度变迁，有效的制度是经济增长的保证，其先于经济增长并决定经济增长。在 20 世纪 90 年代初尤其是 1992 年后，上海人均 GDP 开始快速增长，此时上海入境旅游业也获得了同步发展(如图 5-5 和 5-6 所示)。

可见 1992 年起上海以建立和完善市场经济体制为主的相关经济政策为上海旅游产业发展提供了良好的制度保障，形成了有利于上海旅游产业发展的适宜经济环境。在 1992 年之前尽管随着改革开放的深入，上海旅游业由“外交事业”向“经济产业”转型，确立了产业地位，但是总体来说并没有摆脱计划经济体制的烙印，存在管理体

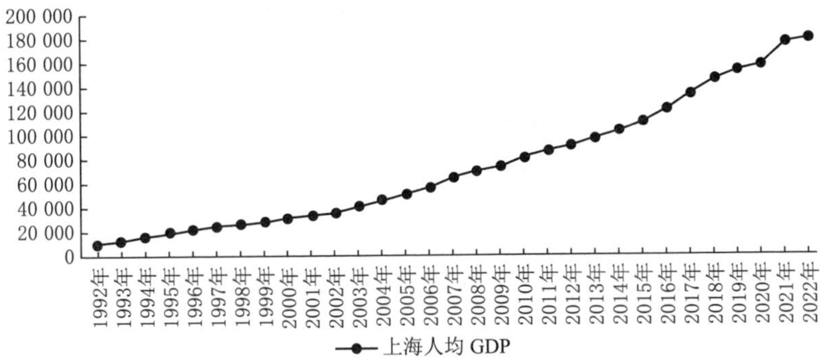

图 5-5　上海历年人均生产总值(单位:元)

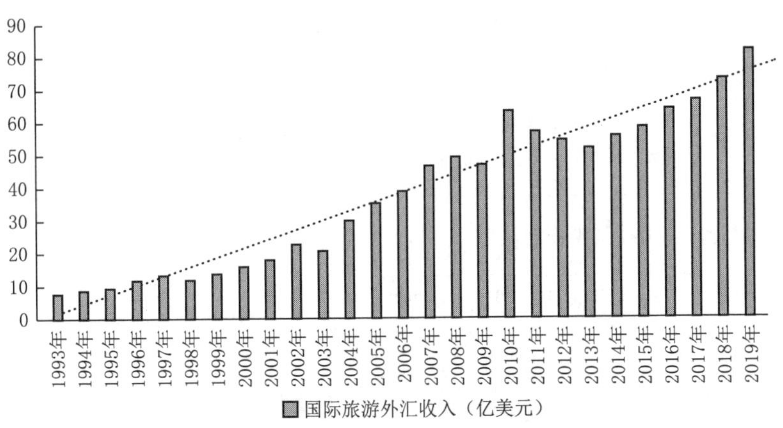

图 5-6　上海入境旅游业外汇收入(单位:亿美元)

数据来源:《上海统计年鉴》(1993—2023)及上海市统计局网站 https://tjj.sh.gov.cn/tjnj/。

制条块分割、旅游要素分散关联度低、经营方式单一、发展资金不足、产业效益较低的问题。但随着 1992 年我国特色社会主义市场经济体制的建立,在"政府主导、企业主体、市场运作、政企分开"的原则下,上海市政府和旅游管理部门出台了一系列推动旅游产业市场化的政策制度,如表 5-24 所示:

表 5-24　上海旅游产业市场化相关制度变迁

时间	文件或会议	内　　容
1992 年	邓小平南方谈话及十四大《加快改革开放和现代化建设步伐，夺取有中国特色社会主义事业的更大胜利》*	进入建立社会主义市场经济体制的改革开放新阶段
1992 年	中共中央国务院关于加快第三产业的决定*	旅游业成为加快第三产业发展的重点之一
1993 年	国家旅游局（现名为“中华人民共和国文化和旅游部”）《关于积极发展国内旅游的意见》*	国内旅游业正式被纳入国民经济和社会发展计划
1996 年	上海国民经济与社会发展“九五”规划	旅游业成为第三产业重点发展行业之一
1997 年	中共市委书记黄菊在上海市旅游两委组建会议上的讲话	确定“都市型旅游”发展定位，形成“政府管理—行业自律—企业自主管理”新格局
1998 年	中央经济工作会议*	旅游业被确定为国民经济新的增长点之一
2001 年	上海国民经济与社会发展“十五”规划	加快发展都市型旅游业
2001 年	上海市人民政府关于进一步加快本市旅游业发展的通知	加大对旅游业支持力度
2003 年	上海旅游业发展三年行动计划（2003—2005）	“以资源为依托、产品为基础、市场为导向、效益为中心”的指导方针
2005 年	上海市政府关于加速发展现代服务业若干政策意见	降低旅游业准入门槛，鼓励支持各类资本进入旅游文化服务
2006 年	上海国民经济与社会发展“十一五”规划	重点发展文化及相关产业，积极发展会展旅游产业，推动会展旅游业与相关产业的融合发展
2006 年	上海旅游业发展“十一五”规划	加强旅游产业体系建设，全面提升旅游产业素质，完善旅游产业功能

续表

时间	文件或会议	内　　容
2009年	国务院关于加快发展旅游业的意见*	旅游业成为国民经济的战略性支柱产业和人民群众更加满意的现代服务业的新定位
2011年	上海市政府关于加快上海旅游业发展建设世界著名旅游城市的意见	旅游产业发展与城市的共同发展
2011年	上海国民经济与社会发展"十二五"规划	成为大力发展的重点服务业之一，并定位为国际都市旅游目的地和会展中心城市
2015年	关于促进上海旅游业改革发展的若干意见	提出通过改革创新推动旅游业发展，优化产业结构，提升服务质量
2016年	上海市旅游业改革发展"十三五"规划	强调提升服务质量和国际化水平
2017年	上海市智慧旅游发展行动计划	提升旅游服务质量，优化游客体验
2018年	修订上海市旅游条例	规范旅游市场秩序，保障游客和经营者权益，促进旅游业健康发展
2019年	上海市旅游服务质量提升行动计划	提升旅游服务质量，优化游客体验
2021年	上海市旅游业发展"十四五"规划	明确了"十四五"期间旅游业的发展目标、重点任务和保障措施，提出建设世界著名旅游城市

备注：带*的为国家层面推动旅游产业市场化的相关政策制度，由于具有提纲挈领作用，因此将其归入表中。

上述政策制度为上海旅游产业市场经济框架体系的形成提供了根本性的制度保障，基本扫除了上海旅游市场的准入障碍，促进了旅游产业内多种所有制形式共同发展，市场规则日益完善，产业素质和发展效益不断提升。首先旅游生产要素获得了市场有效配置，一方面打破了计划经济体制障碍和条块分割，使得更多的旅游资源和要素进入市场，有利于旅游要素的自由流动、自由组合，提升了城市旅游生产要素的产出效应；另一方面根据市场供需关系变化情况，实现旅游产需衔接，旅游产业面向旅游市场进行生产经营，使得旅游产业结构、产品结构和多变的旅游需求结构保持一致，加强了城市不同旅游要素之间的市场关联度以生产满足消费需求的综合旅游产品，促进了城市旅游资源和要素的优化组合配置。其次旅游市场经营主体呈现多元化，旅游产业准入门槛降低，各类资本可以依法投资旅游产业。在这过程中上海原有的国有旅游企业经过改制重组形成了一批具有竞争力的大型旅游企业集团如锦江国际集团、上航集团、申迪集团、上海中旅集团等，同时外资和民营资本纷纷进入市场参与旅游产业发展，如携程集团、同程艺龙、春秋集团、驴妈妈旅游网、复兴旅游文化集团等不同所有制旅游企业间开展自由竞争，优胜劣汰，强者生存，在市场竞争中形成了大型旅游企业集团化、中型旅游企业专业化、小型旅游企业网络化的竞争格局，提升了上海旅游产业的整体竞争力。而且拓宽了旅游产业的融资渠道，吸纳大量非公有资本参与旅游产业发展，扩大了产业资本运作空间，解决了发展资金不足的问题。再者，市场经济的自由竞争、自负盈亏，提高了旅游企业的经营效率，旅游企业以“经济效益最大化”为生产目标，克服了原有计划经济体制下旅游企业生产效率低下的问题。综上所述，以市场经济体制为主的经济制度为上海旅游产业发展提供了良好的制度保障，形成了有利于上海旅游产业发展的经济环境。最后，市场经济制度放宽了上海旅游产业发展的制度约束和限制，旅游产业在市场机制作用下逐渐向国民经济中其他不同行业扩展，实现了旅游产业与其他行业的产业融合，形成商务旅游、会展旅游、文化旅游、农业旅游、工业旅游、科技旅游等新兴旅游业态，带动了城市商业、文化、农业、工业、科教等相关产业的发展，进一步完善了城市旅游产业体系，提升了城市旅游产业发展内涵。

上海旅游产业保障公共因子中的另一个因子为“高等学校在校生数”，体现了政府对旅游人才的培养和储备。旅游产业的服务性质决定了人力资源即专门的旅游人才是决定城市旅游产业素质的重要因素，也是最易形成旅游产业比较优势的生产要素。一个城市旅游人才的职业素养水平、服务质量和管理水平将关系到城市旅游产业未来的发展和升级，因此重视旅游产业人才培养，建立健全城市旅游人才培养机制就显得尤为重要。上海于 1995 年建立上海市旅游人才培训中心重点培养旅游高级人才，于 2008 年发布了《关于进一步加强上海市旅游行业教育培训工作的若干意见》提出“科教兴旅、人才强旅”战略；于 2011 年发布《上海市旅游教育培训“十二五”规划》围绕“十二五”期间上海旅游产业的发展目标和要求来全面开展旅游专门人才的教育培养，为上海建设世界著名旅游城市提供人力和智力支撑；于 2015 年发布《关于加快上海旅游人才队伍建设的实施意见》提出通过多种措施加快旅游人才队伍建设；于 2018 年发布《上海市旅游人才发展规划》加强旅游人才培养和引进，提升从业人员素质。这些人才培养制度的建立和健全为上海旅游人才教育、培养、交流提供了制度保障，从数量上和质量上保障了上海旅游产业的进一步发展所需的专业人才支持和储备。

其次，分析上海旅游产业的促进政策因子，其载荷较高的依次为人均绿地面积、实际吸引外资额和城市旅游收入占城市 GDP 比重。人均绿地面积指标体现了上海市政府环境保护政策对旅游产业发展的促进。上海原本就是一个人口密度高、流动人群大的特大型城市，发展城市旅游产业又为其带来了大规模的旅游人流，这对上海的生态环境是一个巨大的考验，上海的生态环境是否能承受庞大的旅游人口流动、是否能与旅游产业协调发展，决定了上海旅游产业发展的可持续性和未来的发展空间。因此上海市政府着眼于长远，十分重视对城市生态环境的建设和保护，出台了各类与旅游产业发展息息相关的环境保护政策，如表 5-25 所示，这些生态环境保护政策和措施使得城市生态环境建设适度超前于旅游产业发展，为城市旅游产业发展提供了良好的产业发展空间。这些政策法规促进了城市旅游产业在发展过程中注重对城市自然景观资源、历史文化资源、现代社会旅游资源的适度开发和合理利用，推动城市旅游产业发展成为符合资源节约型、环境友好型发展要求，对城市生态文明建设有正向推

表 5-25　与旅游产业发展相关的环保政策法规

时　间	政策法规
1997 年	上海市金山三岛海洋生态自然保护区管理办法
1998 年	上海市苏州河环境综合整治管理办法
2003 年	上海市崇明东滩鸟类自然保护区管理办法
2003 年	上海市九段沙湿地自然保护区管理办法
2003 年	上海市饮食服务业环境污染防治管理办法
2005 年	上海市环境保护条例
2005 年	上海市长江口中华鲟自然保护区管理办法
2009 年	上海市建设工程文明施工管理规定
2011 年	上海国际旅游度假区管理办法
2018 年	关于推进上海旅游业可持续发展的指导意见
2020 年	上海市绿色旅游发展上海市绿色旅游发展行动计划

资料来源：根据上海市环保局网站 www.sepb.gov.cn 相关资料整理所得。

进作用的现代服务产业。

实际吸引外资额体现了上海市政府投资政策对旅游产业发展的促进，上海经济发展水平较高，市场开放度较高，良好的投资环境和优惠的投资政策使得上海旅游产业对外具有很强的旅游投资吸引力，形成了政府投资为引导，社会投资为主体，外资为重要成分的多元投资市场格局。并且上海由于自身经济优势强、旅游产业成熟，因而所吸引的旅游投资主要用于促进城市旅游产业的优化升级，投资领域主要集中于两方面，一为现代化旅游景观开发、建设，如由美国华特迪士尼公司与上海申迪集团共同投资建设上海迪士尼度假区、由民营资本大连海昌集团共同投资建设的全球最大极地海洋文化主题乐园浦东极地海洋馆、由外资和民营资本共同参与的世博园区后续开发等高层次、高水平的现代旅游景观、景点，二为高水平旅游服务设施的开发和建设，截至 2023 年 12 月上海有星级饭店 220 家，著名国际酒店集团如洲际、万豪、雅高、喜达屋等都在上海投资建设旗下各品牌、各档次的酒店。外资的进入既为上海旅游产业的发展带来了雄厚的资金，也带来了先进的管理理念、优良的服务和技术，其良好的外部效应极大地推动了上海旅游产业整体的发展，同时也促进了国有旅游企业在与民营、外资旅游企业的激烈竞争中不断变革、创新，形成了一批具有竞争实力的大型国有企业集团。这些企业集团不仅在国内市场占据重要地位，还通过国际化战略积极拓展全球市场，推动上海成为全球旅游业的中心之一。

城市旅游收入占城市 GDP 比重体现了城市对旅游产业地位的重视度，在上海市政府加快形成以现代服务业为主产业体系，推进城市产业结构战略性调整的过程中，旅游产业作为上海现代服务业的支柱产业之一得到了重点发展，旅游产业在城市经济发展中的地位的不断提升,更好地促进了上海旅游产业的发展。

综上所述,上海市政府对城市旅游产业发展的保障政策强调充分发挥市场在旅游产业发展中的主导作用,制定了一系列推动旅游产业市场化的经济政策、投资政策和产业政策,并通过人才培养政策、生态保护政策进一步促进旅游产业优化升级和产业素质提升,形成了以市场主导为先的产业驱动,政策支持型发展模式。

二、技术为核心要素的产业驱动,政策支持型模式

通过上文分析知道,上海旅游产业发展层面因子(I)对城市旅游产业发展影响最大,分为 2 个主成分(如表 5-26 所示),第一主成分公共因子为旅游产业投入-产出因子,第二主成分公共因子为旅游核心产业发展因子,说明上海旅游产业内部发展主要受到产业投入产出影响和由旅游六要素行业构成的旅游核心产业的影响。

表 5-26 上海旅游产业发展层面公共因子提取表

<table>
<tr><th>上海</th><th>公共因子</th><th>变量</th><th>有较高载荷的原始指标</th><th>载荷</th></tr>
<tr><td rowspan="8">A_2
旅游产业发展层面</td><td rowspan="6">F_1
旅游产业投入与产出因子</td><td>X_{12}</td><td>旅游企业全员劳动生产率</td><td>0.994</td></tr>
<tr><td>X_{13}</td><td>城市旅游总收入</td><td>0.903</td></tr>
<tr><td>X_{11}</td><td>旅游核心产业固定资产</td><td>0.832</td></tr>
<tr><td>X_8</td><td>旅游资源禀赋</td><td>0.829</td></tr>
<tr><td>X_9</td><td>艺术馆数、文化馆数、公共图书馆数</td><td>0.789</td></tr>
<tr><td>X_{15}</td><td>旅游核心产业营业收入占城市旅游总收入比重</td><td>0.824</td></tr>
<tr><td rowspan="2">F_2
旅游核心产业发展因子</td><td>X_{10}</td><td>旅游核心产业从业人员数</td><td>0.979</td></tr>
<tr><td>X_{14}</td><td>旅游核心产业企业集中度</td><td>0.915</td></tr>
</table>

从上表可以看出，在旅游产业投入-产出因子中投入部分包括了旅游产业全员劳动生产率、旅游核心产业固定资产、旅游资源禀赋和艺术馆、文化馆、公共图书馆总数，这些指标代表了旅游产业的技术、资本、现实旅游资源和潜在旅游资源等投入要素，说明上海旅游产业的发展是依托多种生产要素投入综合驱动的。其中旅游产业全员劳动生产率载荷最高，旅游核心产业固定资产、旅游资源禀赋和艺术馆、文化馆、公共图书馆总数载荷接近，说明在生产要素中发挥作用最大的是技术要素，其次为资本和旅游资源。上海旅游产业发展成为现代服务业中的重点产业之一，技术进步与创新是核心驱动要素，促进了上海旅游产业从传统的劳动密集型产业向技术、知识密集型产业转型升级。

首先技术进步与创新直接改变了旅游产业要素的投入产出比例，提高了产业劳动生产率，促进了产业集约化生产。其次技术进步推动了上海旅游产品的开发创新，将旅游产品与现代声、光、电、通讯、网络技术完美结合，充分满足了现代旅游者的体验需求。再者人工智能新技术带来了全新的旅游经营模式和旅游服务方式，比如互联网技术在旅游业的应用开创了便捷的旅游电子商务营销模式，云技术和物联网技术在旅游业的应用开创了智慧旅游模式，改变了传统旅游公共信息服务方式、管理方式和营销方式。旅游者借助便携的终端上网设备就可感知旅游目的地的旅游资源、交通、餐饮、酒店各方面综合的旅游信息。VR 技术帮助游客在预订前“沉浸式”体验目的地、酒店或景点，帮助他们做出更明智的决策，并为旅游者提供个性化的旅游路线设计和提前的虚拟体验。可见技术要素成为上海旅游产业发展和转型的核心动力，提高了上海旅游产业的投入产出效率和经济效益，促进了产业优化升级。

资本要素则是上海旅游产业发展的优势资源，旅游资源的开发、旅游服务设施的建设完善、旅游人才的培养都需要充足的资金作为发展后盾，而上海凭借其深厚的经济实力在旅游产业发展上资金投入规模大。一方面上海市各级政府运用财政资金加大对旅游产业发展的支持，市政府建立上海市旅游发展专项资金，列入年度财政预算，每年用于促进旅游产业发展、城市形象宣传、旅游公益设施建设和组织重大旅游活动。另一方面旅游产业内资金规模大，使得旅游开发投资规模大、方向多元，城市现代景观与高水平接待服务设施开发、建设不断完善，很好地推动了旅游产业的规模化发展。

旅游资源是一个旅游产业发展的根基，其深度和广度将决定一个城市旅游业对旅游者的吸引力，其优良程度将形成旅游产品的比较优势，推动旅游产业的增长。上海旅游资源非常丰富，涵盖了历史、文化、现代都市风貌和自然景观等多个方面。人文资源在旅游资源中占有绝对优势，同中、西部城市相比，上海自然资源的规模和数量相对较小，但人文旅游资源集中，且独具都市旅游特色。这一特点决定了上海旅游资源的再生性功能强，都市旅游资源的核心吸引力和价值就在于都市本身，因此上海可以不断挖掘和整合城市资源，不断将能对旅游者产生都市旅游吸引力的潜在资源开发转化为现实旅游资源，使得旅游产业的旅游产品供给不断丰富和多元化、复合化，为城市旅游产业发展注入持续的动力。

在旅游产业投入-产出因子中产出部分，包括城市旅游总收入和旅游核心产业营业收入占比，其中城市旅游总收入载荷较高，这说明产出效应中既包括总量效应也包括结构效应，其中总量效应更被注重。根据规模经济理论，一个产业产出规模的扩大会形成规模经济，有利于企业之间在资源、市场、信息、管理等方面的共享和生产成本的降低，因此上海旅游产业的产出规模的扩大为旅游产业发展带来了外部规模经济，也进一步促进了产业内旅游企业的内部规模经济。旅游核心产业营业收入占比指标的载荷较之总量指标要小，但旅游产出的结构效应也应当引起足够的重视。因为随着旅游消费需求的多元化，传统旅游核心产业已不能满足多元化的旅游需求，越来越多的相关产业进入了旅游产业体系，旅游产业发展成为产业关联性强的综合性产业，其旅游总收入不仅仅来自旅游核心产业内旅游企业如星级饭店、旅行社、旅游景区、旅游车船公司等传统六要素企业，更来自旅游直接相关产业的收入，因此旅游产出的结构效应代表着城市旅游产业的多元化发展程度和对相关产业发展的带动水平。

旅游产业投入-产出因子对旅游产业发展的主成分贡献率达到了 61.98%，说明上海旅游产业的投入产出以及投入产出效率对旅游产业发展有着关键影响。该公共因子得分变化趋势如图 5-7 所示。在 2007 年到 2009 年期间呈现下降趋势，之后逐步上升，尤其是在 2012 年后开始较大幅度的上升。

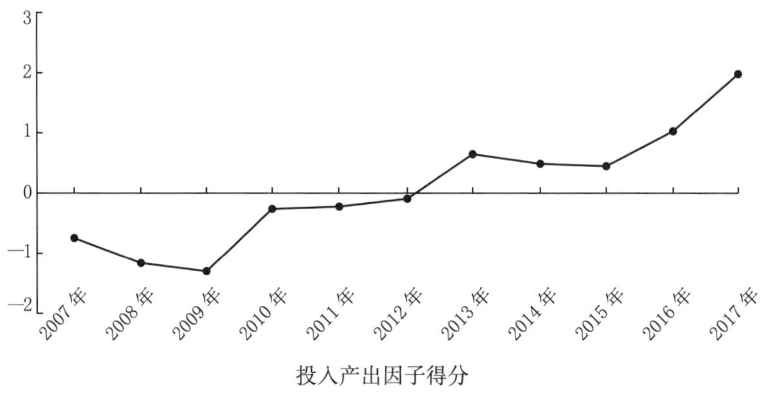

图 5-7　旅游产业投入-产出因子得分趋势图

在本书第三章的城市旅游产业演进发展历程分析中可知，在2003年前城市旅游产业处于规模快速增长的阶段。在该阶段初期上海由于原有的经济基础好，社会基础设施较完善，具有了良好的旅游产业发展基础，无需在旅游开发、基础设施建设上投入过多，对旅游产业的投入为较单纯的经营性投入，因此旅游业投入小、见效快，产出效益高。上海依托其在人力、物力、财力上各种优势对城市旅游产业发展投入大规模的生产要素，取得了规模经济效应，企业规模报酬递增，投入产出效益较好。但之后随着生产要素的不断投入，旅游产业内对要素的有效利用能力和经营能力下降，要素边际产出下降，尤其是旅游企业中的星级饭店的营业收入和利润率不断下降，企业生产进入到规模报酬递减阶段，投入产出效益下降(如图 5-8 所示)，也就是 2010 年前该公共因子得分不断下降的原因。

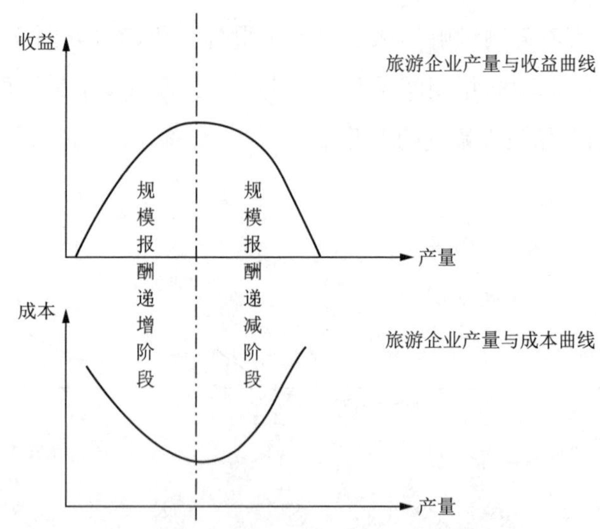

图 5-8　旅游企业产量与收益、产量与成本曲线

由此上海城市旅游产业进入了调结构、优化产业素质的阶段，在该阶段上海发挥其在科学技术、信息通信等方面的科技优势，通过技术进步与创新提高旅游投入要素的利用率，提高旅游企业经营管理效率，并不断调整产业结构，加强核心产业企业的关联，并与其他产业不断融合，形成多元化旅游业态和旅游产品，规模经济和范围经济使得要素边际产出上升，旅游产业投入产出效率再次上升，并推动了产业升级和进步。

2012 年之后，上海旅游业发展进入高质量发展阶段，旅游产业从规模扩张转向质量提升，注重文旅融合、创新驱动、国际化发展以及可持续发展。上海在"十三五"期间明确提出要建设世界著名旅游城市，推动旅游业高质量发展。上海积极推动文化与旅游的深度融合，通过挖掘历史文化资源、打造文化 IP，提升旅游的文化内涵。例如通过外滩历史建筑群、豫园、石库门等历史文化景点，结合现代艺术展览、节庆活动等，打造独特的文旅体验。上海迪士尼乐园作为中国大陆首个迪士尼主题乐园，自 2016 年开园以来，成为上海旅游的重要引擎，带动了周边酒店、餐饮、交通等相关产业的发展。并依托每年举办的众多国际性展会（如进博会、车展）和赛事（如 F1 中国大奖赛、网球大师赛），吸引了大量商务和休闲游客。上海自贸区的建设也为旅游业带来了更多开放政策，例如放宽外资旅行社准入、推动邮轮旅游发展等。

旅游核心产业发展因子成为独立的公共因子，说明旅游核心产业对上海旅游产业发展的主导作用非常明显，并且其由旅游核心产业从业人员数和旅游核心产业旅游企业集中度构成，说明人力资本和旅游行业聚集对旅游核心产业发展影响较大。上海多层次的旅游业态如科技旅游、生态旅游、文化旅游、商务旅游、会展旅游等，其发展必须有足够的人力和智力支撑，因此专业化的旅游人力资源对促进上海旅游产业发展起到重要支持作用。上海旅游企业集聚度指标值较高，说明产业集聚是上海旅游产业发展的重要影响因子。旅游产业集群是指聚集在一定地域空间的旅游吸引物、旅游企业和旅游相关企业和部门为了共同目标建立紧密联系，协同工作提高其产业竞争力，它强调集群内旅游企业和部门之间的相互关联、相互影响。目前上海旅游产业已形成由“食、住、行、游、购、娱”旅游核心产业构成核心层，由交通运输业、住宿餐饮业、娱乐服务业、零售业、邮电通信业、信息服务业、会展业、文化艺术业、体育业等直接相关产业构成紧密层，由农业、林业、畜牧业、渔业、食品制造业、饮料业、建筑业、教育业等间接相关产业构成辅助层的产业集群。旅游产业集群为上海旅游产业的发展带来了集群效应、规模效应和范围效应。从产业集群内的行业关联关系来看，不仅旅游核心产业内部各旅游企业紧密联系，共同协作，旅游核心产业还与城市现代服务业相关行业和第一、二产业的相关行业紧密联系，相互融合，带动了城市现代服务业和第一、二产业的发展，由此在城市经济系统中形成了完善的城市旅游产业体系，进一步优化了城市产业结构，促进了城市经济增长。

综上所述上海旅游产业内部发展层面更强调在知识经济时代旅游产业由传统资源密集型、劳动密集型产业向现代技术密集型产业的转型升级，在旅游产业发展中充分发挥技术要素的核心驱动作用，通过技术进步与创新提高旅游投入要素的利用率，提高旅游企业经营管理效率，在技术上促进旅游产业与相关产业的融合发展。同时以城市发达的现代服务业为依托，发挥旅游核心产业主导作用，形成以旅游核心产业为核心层、旅游密切相关产业为紧密层，旅游间接相关产业为辅助层的城市旅游产业集群，既加强核心产业企业间的关联，又推动旅游产业与城市其他产业间的融合，形成多元化旅游业态和旅游产品，充分发挥产业规模经济和范围经济效应以提升旅游产业投入产出效率，促进旅游产业结构优化升级。

三、依托城市现代服务业的产业驱动，政策支持型模式

在上述因子分析过程中，上海城市产业发展环境层面（U）被分为了 2 个主成分（如表 5-27 所示），第一主成分公共因子为产业发展环境因子，第二主成分公共因子为城市形象因子，说明上海旅游产业发展受到城市科技、经济、交通等外部环境的影响，同时城市形象的塑造对其发展有很大的促进作用。

表 5-27　上海城市发展环境层面公共因子提取表

上海	公共因子	变量	有较高载荷的原始指标	载荷
A_3 城市层面	F_1 产业发展环境因子	X_{25}	城市专利授权数	0.968
		X_{21}	城市第三产业占 GDP 比重	0.921
		X_{22}	城市 GDP	0.918
		X_{17}	人均城市道路面积	0.926
		X_{16}	民航、铁路、公路旅客周转能力综合指标	0.918
		X_{23}	在岗职工平均工资	−0.413
		X_{19}	邮电业务总量	0.798
		X_{24}	非农人口比重	0.735
	F_2 城市形象因子	X_{20}	公共服务支出占地方财政支出比重	0.938
		X_{18}	城市基础设施投资额	0.823

第一主成分公共因子中城市专利授权数、城市第三产业占 GDP 比重、城市 GDP、人均道路面积、旅客周转率等指标载荷较高，说明上海旅游产业发展的外部环境中城市科技发展、第三产业发展、经济发展水平和城市的区位交通条件对旅游产业发展影响较大。从供给方面来说，城市的科技创新发展提高了整个城市的劳动生产效率，促进集约化生产，形成外部经济，降低了城市内包括旅游产业在内的各产业发展的经营成本和交易成本，同时带动了旅游产业的科技创新，为旅游产业与相关产业融合提供了技术支持，改变了旅游产业的营销模式、服务方式和管理方式，提升了城市旅游产业的服务附加值，形成新的产业竞争优势；从需求上来说科技创新不断创造出各种多样化旅游需求，使得旅游市场需求不断扩大和丰富，旺盛的市场需求很好地推动了旅游产业的发展。城市第三产业发展和城市 GDP 指标代表着城市的经济发展水平和第三产业发展水平对上海旅游产业的重要影响。上海大力发展现代服务业，形成以服务经济为主的产业结构，目前上海服务业呈现出现代化与集聚化特点，这两个特点对上海旅游产业发展起到了联动加速的作用。一方面上海以金融、航运物流、现代商贸、信息服务、文化创意、会展旅游为重点现代服务业，同时发展高技术服务、医疗保健、教育培训等新型现代服务业，金融、航运、物流、商贸业的发展为旅游产业发展提供了很好的金融、交通和商贸环境，大大优化了“食、住、行、游、购、娱”等旅游核心产业企业的旅游服务水平和质量，提升了旅游产业功能，同时文化、创意、会展、科技、医疗保健、教育等现代服务业发展，与旅游产业积极融合，促进了文化旅游、创意旅游、会展商务旅游、科技旅游、医疗旅游、教育旅游等旅游新业态的产生，扩展了上海旅游产品线，健全了上海现代旅游产业体系。另一方面上海现代服务业的集聚化，大大发挥了集聚效应对旅游产业发展的积极作用。目前上海已建成了20个的现代服务业集聚区①，产业功能涵盖了商务、高科技产业服务、创意产业服务、金融贸易、会展、文化、休闲旅游各个方面，旅游产业的发展既可以在休闲旅游集聚区进行专业集中发展，也可以通过与生态商务、高科技、文化创意、金融、贸易、会展等其他旅游相关产业集聚区的融合进行联动发展，在城市空间上形成旅游产业与各类服务业集聚区的多级联动发展。因而上海现代服务业的发展大大提升了上海旅游产业的服务能级和产业素质，进一步发展了旅游产业的集聚功能和效应。人均道路面积、旅客周转率等指标反映了上海旅游产业对城市交通优势和区位条件的依托，上海交通区位条件优越，位于我国南北海上运输通道和长江东西运输通道的T字形交汇点，是我国国际、国内海运和内河航运的黄金交通枢纽，也是我国对外开放发展国际商贸的重要口岸城市。水陆交通四通八达，拥有众多高速公路、国道、铁路干线、内河高等级航道，市内交通便捷，轨道、公交设施完善。并拥有浦东和虹桥两大国际机场以及洋山深水港，航空运输和邮轮运输通达。先进的交通网络使得上海旅游可进入条件优越，城市旅游产业的空间竞争能力很强，发展成为我国重要的旅游目的地和旅游集散中心。

第二主成分公共因子由公共服务支出占地方财政支出比重和城

---

① 上海已建成20个现代服务业聚集区，分别为赵巷商业商务区、宝山钢铁物流商务区、北外滩航运服务区、五角场科教商务区、大连路创意产业服务区、漕河泾高科技产业服务区、长风生态商务区、南桥中小企业总部商务区、外滩陆家嘴金融贸易区、张江高科技创意文化和信息服务集聚区、世博花木国际会展集聚区、徐家汇知识文化综合商务区、闸北不夜城现代交通商务区、松江休闲旅游区、嘉定国际汽车城服务集聚区、七宝生态商务区、人民广场现代商务区、淮海中路时尚商务区、南京西路专业服务商务区、虹桥涉外商务区。

市基础设施投资额指标构成,反映了上海在旅游产业形成和发展所必要的基础软、硬件上的财政投入和管理投入,体现了城市的现代程度和社会进步,代表着一个城市塑造其良好城市形象的投入。城市形象是一个城市的名片,是一个城市给旅游者的整体形象,是一个城市作为一个旅游目的地的吸引力,是影响城市旅游产业发展的重要因素,一个优美、独具城市特色的城市形象将对国内外旅游者形成强大的吸引力,起到宣传和促进城市旅游产业发展的作用。上海在公共服务和城市基础设施上的投入提升了城市公共服务水平、改善优化了城市基础服务设施,塑造了城市让生活更美好的形象,而这就是城市旅游产业发展的软环境。并且城市形象的更新将形成对旅游消费者持久的吸引力,如上海的国际大都市现象,使得上海历来以都市旅游为旅游产品开发的主题,观都市景观、享都市风情、购都市商品大大刺激了上海旅游业中"游、购、娱"的高弹性消费,为上海旅游业带来了可观的旅游收入。上海于 2010 年成功举行了世博会,世博会的主题"城市让生活更美好"让世人看到了城市在经济、科技、文化、生活上带给大家的改变,于是美好城市的都市形象让上海旅游业更注重于体验旅游的开发,体验上海城市的魅力和进步,在原有都市旅游的基础上融入了文化旅游、科技旅游、商务旅游、现代农工业旅游、教育旅游等多元化的旅游产品,进一步扩大了旅游市场需求,为上海旅游产业注入了新活力,因此城市形象对于将城市整体作为一个旅游目的地来发展旅游产业的城市而言有着重要的意义和作用。

上海作为中国最具国际化的城市之一,不仅是经济、金融、贸易、航运中心和科创中心,也是国内外游客向往的旅游目的地。近年来,上海通过多方面的努力,成功塑造了国际化、现代化、创新化、文化多元的城市旅游形象。注重将历史文化与现代文化相结合,形成了独特的旅游吸引力,如外滩历史建筑群、豫园与城隍庙、石库门建筑成为上海历史文化与现代都市风貌交融的象征。注重现代文化的创新与融合,通过发展文化创意产业,将历史建筑与现代艺术相结合。例如,田子坊将老式弄堂改造成艺术街区、将旧厂房改造为M50创意园成为上海现代艺术的聚集地等。通过举办中国国际进口博览会(进博会)、F1中国大奖赛、上海国际电影节、上海时装周、上海双年展等国际展会与赛事,提升上海的国际形象与国际影响力。

可见上海旅游产业发展环境中的高度发达的现代服务业和良好的城市形象是上海城市旅游产业发展环境中的比较优势,对上海旅游产业发展起到了重要的促进作用。

综上所述,上海旅游产业发展遵循了在以市场主导为先的政策支持下旅游产业不断市场化,通过技术核心要素驱动旅游产业由传统劳动密集型产业向技术、知识密集型产业转型升级,以城市发达、集聚的现代服务业为依托,形成以旅游核心产业为主导核心层、旅游密切相关产业为紧密层,旅游间接相关产业为辅助层的完善产业体系,并与城市科技、经济、生态发展环境协调发展,不断优化升级的发展路径(如图5-9所示)。

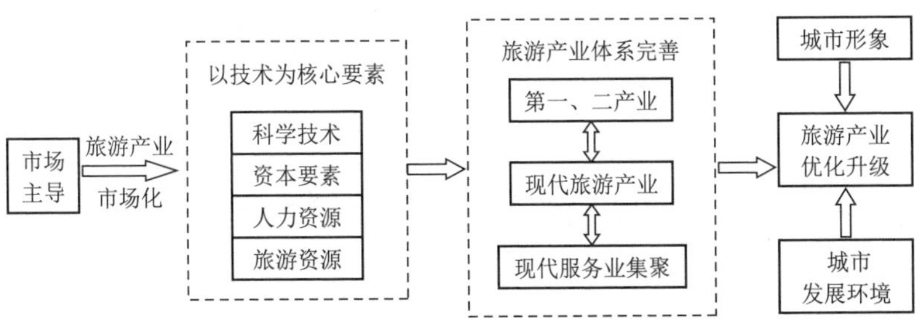

图5-9 东部城市旅游产业发展路径

由此本书得出以上海为代表的东部城市旅游产业发展模式以市场主导为先,技术为核心生产要素,依托城市现代服务业的"产业驱动,政策支持型"模式(如图 5-10 所示)。

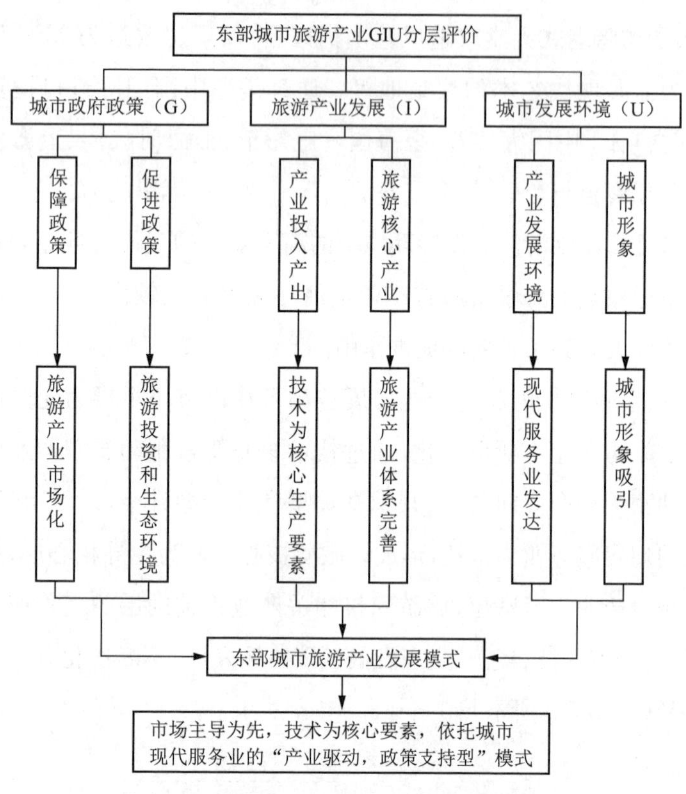

图 5-10 东部城市旅游产业发展模式识别图

第三节 东部城市旅游经济效应研究

通过上述对东部城市旅游产业发展模式的识别,结合样本城市旅游产业的现实发展过程分析得知，东部城市旅游产业发展以科技为核心驱动要素，依托城市发达且集聚的现代服务业不断丰富、完善旅游产业体系，旅游产业与现代服务业相关产业和第一、二产业不断融合，带动相关产业的增长和发展，因此城市旅游产业的发展将促进城市经济增长，带动城市非旅游产业部门产出增加，并发挥产业关联效应带动城市现代服务业进一步发展，促进城市产业结构升级优化。因此本节首先提出关于城市旅游产业经济效应的3个假设，遵循提出假设，建立模型，经验数据验证的研究路径，来实证分析在东部城市旅游产业发展模式下的旅游经济效应。

假设1：城市旅游产业发展促进城市经济的增长。

假设2：城市旅游部门产出增长将带动城市非旅游部门产出增长

假设3：城市旅游产业发展促进城市产业结构升级优化。

一、经济增长效应研究——基于两部门经济模型

从城市旅游产业发展与城市经济增长两者关系的经验数据来看，分别对上海2001年到2019年的城市旅游收入和城市GDP时间数据序列取对数后进行比较，发现上海的城市旅游收入和城市GDP的时间数据序列呈现相似的走势（如图5-11所示），两者间可能存在较高的相关性。那么城市旅游产业的发展到底会给城市经济增长带来怎样的效应，同时作为一个综合性强、对相关产业拉动大的产业又会对城市其他产业部门有多大的经济影响，这是本书通过验证假设1和假设2以研究城市旅游产业发展的经济增长效应所关注的核心问题。

对于旅游产业发展与经济增长的关系研究主要集中在两方面，一方面为研究两者之间是否存在长期因果关系，由于研究的对象不

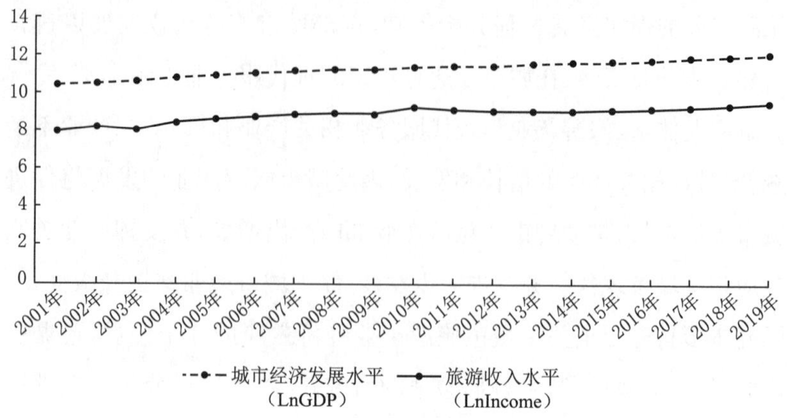

图 5-11　城市旅游收入和 GDP 时间数据序列趋势比较

同、运用方法不同，学者们对旅游业是否促进经济增长没有形成一致的观点。布里达(Brida)①用 VEC 模型研究旅游业与经济增长之间关系，得出旅游业发展促进经济增长的结论。而卡特尔乔格鲁(Katircioglu)②通过对土耳其 1960 年到 2006 年的时间序列数据进行约束检验和约翰森协整，得出土耳其不存在入境旅游与经济增长之间的协整关系和格兰杰因果关系。唐(Tang)③对马来西亚 1995 年到 2009 年的入境旅游与经济增长关系进行了协整检验，结论表明入境旅游与经济增长之间存在长期稳定协整关系，但入境旅游并不是经济增长的格兰杰原因。

我国学者对旅游业发展与经济增长关系也进行了类似研究，

---

① Brida J. G., Carrera E. J. S. and Risso W. A. Tourism's Impact on Long-Run Mexican Economic Growth[J]. Economics Bulletin, 2008(21):3—8.

② Katircioglu S. Testing the Tourism-Led Growth Hypothesis: The Case of Malta[J]. Actao Economics, 2009(3):331—343.

③ Tang C. Is the Tourism-Led Growth Hypothesis Valid for Malaysia? A View from Disaggregated Tourism Markets[J]. International Journal of Tourism Research, 2011(1):97—101.

刘长生①利用面板数据的 VAR 模型对我国各个省份和不同经济区域的旅游业发展与经济增长的关系进行测度，得出结论总体上二者之间存在长期均衡和双向因果关系，但是旅游业发展对经济增长的贡献要小于经济增长对旅游业发展的贡献。王志标②通过协整检验、格兰杰检验、脉冲响应分析以及方差分解分析，对河南省经济增长和旅游业发展之间的关系进行了实证研究，得出河南省经济增长跟旅游业发展之间存在单向因果关系。王玙璠③对贵州旅游业与经济增长动态发展进行实证研究，得出旅游业收入增长与经济增长之间存在长期的均衡关系，旅游业发展是经济增长的格兰杰原因。张林等④对样本城市旅游产业对经济增长的耦合协调度进行线性回归分析，认为城市旅游产业均对经济发展呈现正向促进作用。

这些已有的研究为本书提供了研究借鉴和理论基础，但与这些已有研究不同的是本书尝试构建一个两部门模型，通过该模型既测度城市旅游产业发展的经济增长效应，同时也考察旅游产业发展对城市国民经济其他产业部门的经济影响。

(一) 模型设计

本书将城市国民经济划分为旅游部门(T)和非旅游部门(N)两部门经济，并假设旅游部门(T)的产出水平会对城市国民经济的其他非旅游部门(N)产生影响，即非旅游部门的产出不仅依赖于本部

---

① 刘长生，简玉峰. 我国旅游业发展与经济增长的关系研究：基于不同省份的个体数据和面板数据分析[J].旅游科学，2008(5)：23—32.

② 王志标，王亚楠.河南省经济增长与旅游业发展关系研究[J].湖北文理学院学报，2019(2)：5—10.

③ 王玙璠.基于 VAR 模型的贵州旅游业与经济增长动态发展实证研究[J].生产力研究，2021(1)：7—11＋80.

④ 张林，孙永权，寇勇.热门城市旅游产业发展对经济增长的影响效应研究：以 GDP 过万亿城市为例[J].兰州交通大学学报，2024(3)：148—156.

门生产要素劳动力、资本的投入，还取决于同一时期旅游部门的产出，由此本书构造两部门的生产方程如下：

$$T=f(L_t, K_t) \tag{①}$$

$$N=g(L_n, K_n, T) \tag{②}$$

其中 T 代表旅游部门产出，N 代表非旅游部门的产出，L 为劳动力要素，K 为资本要素，对应下标代表对应部门。

且有城市的劳动力总量（L）、资本总量（K）、社会总产出（Y）分别为：

$$L=L_t+L_n \tag{③}$$

$$K=K_t+K_n \tag{④}$$

$$Y=T+N \tag{⑤}$$

旅游部门与非旅游部门的劳动和资本边际生产力关系为：

$$\frac{f_l}{f_k}=\frac{g_l}{g_k}+\rho \tag{⑥}$$

其中 f_l、f_k 为旅游部门的劳动力和资本的边际产出，g_l、g_k 为非旅游部门的劳动力和资本的边际产出，ρ 为两部门在边际生产力上的相对差异，如果 ρ 为正说明旅游部门的边际生产力大于非旅游部门，如果 ρ 为负，则说明旅游部门的边际生产力小于非旅游部门。

通过方程③、④、⑤、⑥可以推导出回归方程

$$\frac{\mathrm{d}Y}{Y}=\alpha\left(\frac{K}{Y}\right)+\beta\left(\frac{\mathrm{d}L}{L}\right)+\gamma\left(\frac{\mathrm{d}T}{T}\right)\left(\frac{T}{Y}\right) \tag{⑦}$$

其中$\frac{\mathrm{d}Y}{Y}$、$\frac{\mathrm{d}L}{L}$、$\frac{\mathrm{d}T}{T}$为城市国民经济总产出、劳动力和旅游部门

产出的增长率，$\frac{T}{Y}$为旅游产出占社会总产出的比重，$\frac{K}{Y}$为资本占城市 GDP 的比重，K 可视作为社会资本存量的增量，因而用城市社会固定资产投资总额 I 代替。α 为非旅游部门资本的边际产出，β 为非旅游部门劳动力的弹性系数，γ 为旅游部门对城市国民经济增长的全部作用，有 $\gamma=\frac{\rho}{1+\rho}+g_t$，$\gamma$ 代表旅游部门对其他非旅游部门经济影响和两部门间要素边际生产力差异两者作用之和。为了估计旅游部门对非旅游部门的经济影响和两部门间要素边际生产力差异 ρ，本书假设旅游部门对非旅游部门的产出弹性是固定不变的，则有：

$$N=g(L_n,\ K_n,\ T)=T^{\theta}(L_n,\ K_n) \quad ⑧$$

其中 θ 为旅游部门对非旅游部门经济影响的参数，有 $\frac{\partial N}{\partial T}=\theta\left(\frac{N}{T}\right)$

根据方程⑧将方程⑦变形为：

$$\frac{\mathrm{d}Y}{Y}=\alpha\left(\frac{I}{Y}\right)+\beta\left(\frac{\mathrm{d}L}{L}\right)+\left|\frac{\rho}{1+\rho}+\theta\left(\frac{N}{T}\right)\right|\left(\frac{\mathrm{d}T}{T}\right)\left(\frac{T}{Y}\right) \quad ⑨$$

进一步计算调整，则有

$$\frac{\mathrm{d}Y}{Y}=\alpha\left(\frac{I}{Y}\right)+\beta\left(\frac{\mathrm{d}L}{L}\right)+\left|\frac{\rho}{1+\rho}-\theta\right|\left(\frac{\mathrm{d}T}{T}\right)\left(\frac{T}{Y}\right)+\theta\left(\frac{\mathrm{d}T}{T}\right) \quad ⑩$$

(二) 数据来源与相关指标说明

为了保证本书研究的客观性和科学性，本书研究所用数据均为官方统计口径下数据，数据来源为《上海统计年鉴》(2008—2018)、

《中国旅游统计年鉴》(2008—2018)和上海国民经济与社会发展统计公报(2008—2018)。

旅游部门产出(T)用城市旅游总收入表示，旅游总收入为城市国际旅游外汇收入与国内旅游收入之和，国际旅游外汇收入用当年美元兑人民币的汇价均值换算成人民币。

社会总产出(Y)选取当年价格计算的城市国民生产总值。

劳动力(L)选用城市从业人员总数表示。

资本(K)用城市全社会固定资产投资额表示。

以上各指标数据的时间区间为 2007 年到 2017 年，并为了消除数据异方差问题，本书对数据进行对数处理

（三）模型回归与结论

以上海为样本城市，利用 Eviews(计量经济学软件包)软件对上述模型的方程⑦分别进行多元回归，同时为消除自相关引入滞后一期变量$\left(\frac{I}{Y}\right)_{-1}$，回归结果如下：

$$\frac{dY}{Y}=1.071\,2\left(\frac{I}{Y}\right)+4.157\,8\left(\frac{dL}{L}\right)+0.799\,8\left(\frac{dT}{T}\right)\left(\frac{T}{Y}\right)+0.845\,2\left(\frac{I}{Y}\right)_{-1}+0.134\,2$$

(1.621 8)　(1.538 6)　(2.523 7)　(2.194 1)　(0.816 2)

$R^2=0.795\,6$　$D\text{-}W=2.134\,2$

由回归方程可知，上海旅游产业发展的经济增长带动系数为 0.799 8，即旅游收入占 GDP 比重每提高 1 个百分点，城市 GDP 将提高 0.799 8 个百分点，上海旅游产业发展对城市国民经济增长有正向拉动作用。

接下来对方程⑩分别进行回归，结果如下：

$$\frac{\mathrm{d}Y}{Y_{\mathrm{sh}}}=0.957\,1\left(\frac{I}{Y}\right)+6.538\,2\left(\frac{\mathrm{d}L}{L}\right)+3.873\,7\left(\frac{\mathrm{d}T}{T}\right)\left(\frac{T}{Y}\right)+0.761\,3\left(\frac{\mathrm{d}T}{T}\right)$$

$$(2.567\,0)\qquad(1.421\,7)\qquad(1.929\,8)\qquad(2.065\,2)$$

$$R^2=0.913\,0\qquad D\text{-}W=2.397\,1$$

由方程可知 θ 等于 0.761 3，也就是说在其他因素不变的情况下，上海旅游收入每增长 1 个百分点，非旅游部门的产出将增长 0.761 3 个百分点。将 θ 代入得到两部门间要素边际生产力差异 ρ 等于 0.003 8，大于 0 说明上海旅游部门的边际生产力略高于非旅游部门边际生产力。

从上述回归结果可以看出上海旅游产业发展对城市国民经济增长和非旅游部门经济增长都有正向拉动效应，验证了假设 1 和假设 2 成立，且旅游部门的边际生产力略高于非旅游部门的边际生产力，说明东部城市旅游部门的生产要素边际生产效率略高于非旅游部分的生产要素边际生产效率，体现了东部城市在旅游产业发展过程中融入科技创新、信息、文化创意等要素以提高旅游产业附加值，促进旅游产业由粗放型增长向集约型增长转变的发展态势。

二、产业结构优化效应研究——基于向量自回归模型

对于城市旅游产业发展系统而言，旅游产业的发展过程不是所有旅游特征产业并行发展的过程，也不是不同的特征产业交替发展的过程，而是由旅游核心产业的发展引致、带动其他相关产业的发展，共同推进城市整个旅游产业朝前发展的过程。这些旅游核心产业是城市旅游产业发展的主导产业，是旅游产业发展链上的核心和起点，包括了旅游住宿业、餐饮业、旅行社、旅游交通运输业、旅游购物业和休闲娱乐业等行业，这些主导产业的发展将直接带动第三产

业相关服务业发展，加快城市第三产业中文化与娱乐业、餐饮与住宿业、铁路运输业、航空运输业、公路运输业、邮政业、电信业、商业、公共设施服务业等相关行业的发展和完善。同时也会通过产业关联效应带动产业链上第一、二产业中相关产业的发展，一方面旅游产业快速增长在住宿和餐饮业上的需求不断增加，带动了第一产业中农副产品的生产和消费，另一方面城市旅游配套设施的建设和完善，又拉动了第二产业中建筑业、各类加工业、制造业等行业的发展。尤其是当旅游产业产值在城市国民经济中占有一定比重时，旅游产业内部呈现出的结构性发展特征，会不断促进和带动城市产业结构相应做出调整，以满足城市旅游产业在规模和结构上的发展、壮大，从而城市三次产业结构也随之调整和优化。因而城市旅游产业是一个具有很强综合性和产业关联性的产业系统，其发展会通过产业关联和波及效应带动产业链上直接和间接相关产业的发展，从而改变城市内部三次产业的结构。那么城市旅游产业发展是否有助于城市产业结构的优化，对城市产业结构的调整到底会产生多大的影响，这是本节所要研究的内容。

（一）数据来源和指标说明

本书研究城市旅游产业发展与城市三次产业结构优化之间是否存在长期稳定的关系，将选取《中国统计年鉴》(2008—2018)、《中国旅游统计年鉴》(2008—2018)、《中国旅游统计年鉴(副本)》(2008—2017)、《上海统计年鉴》(2008—2018)中的统计数据来构造综合指标以考察两者关系，时间区间为 2007 年到 2017 年。

被解释变量 S 为城市结构优化率，用第三产业与第二产业的产值比表示，该指标值越大，说明城市产业结构优化水平越高。

解释变量 T 为城市旅游产业发展水平指标，主要考察旅游产业发展的结构比重，因而用旅游企业固定资产额占全社会固定资产投资总额比重来表示。

(二) 向量自回归(VAR)模型的建立

通过向量自回归(VAR)模型对城市产业结构优化率 S 和城市旅游发展水平 T 两者的长期动态关系进行验证。在建立 VAR 模型前为避免伪回归，首先对 VAR 模型中变量 S 和 T 的时间序列进行平稳性检验，通过比较检验值和不同显著性下的临界值来判断是否存在单位根，如果存在单位根，则原时间序列不平稳，如果不存在单位根，则原时间序列平稳。本书采用单位根(ADF)检验法对 S 和 T 序列分别进行平稳性检验。结果如表 5-28 所示：

表 5-28　时间序列 S 和 T 平稳性检验

	S	T	$D(s)$	$D(T)$
t-统计量	0.513 405	−1.423 8	−4.901 3	−6.872 1
相伴概率	0.973 2	0.476 9	0.039 1	0.000 7
1%水平	−4.294 671	−4.294 67	−4.294 67	−4.294 67
5%水平	−3.312 871	−3.312 8	−3.312 8	−3.312 8
10%水平	−2.937 596	−2.937 59	−2.937 59	−2.937 59
是否存在单位根	是	是	否	否
结论	非平稳	非平稳	平稳	平稳

由于时间序列 S 和 T 的 t 统计量分别为 0.513 4 和 −1.423 8 大于 1%、5%和 10%水平上的临界值，因而时间序列 S 和 T 存在单位根，为非平稳序列。接下来考察其一阶差分序列是否平稳，发现一阶差分 $D(S)$和 $D(T)$的统计值为 −4.901 3 和 −6.872 1，都小于 1%、5%和 10%水平上的临界值，因而一阶差分序列 $D(S)$和 $D(T)$不存在单位根，为平稳序列。即时间序列 S 和 T 都为一阶单整序列，有 $S \sim I(1)$和 $T \sim I(1)$，两者满足协整检验的前提，可继续考察 S 和 T

是否存在长期的协整关系。

为了使模型参数具有较强的解释能力，接下来进行 VAR 模式的滞后期选择，确定解释变量的合理滞后阶数，结果如表 5-29 所示，当滞后期为 2 时，FPE、AIC、SC、HQ 同时取得最小值，这样既可以有效消除残差自相关，模型的自由度也较为理想。因此选择滞后期为 2 来判断时间序列 S 和 T 之间的长期均衡关系。

表 5-29　滞后期选择

Lag	LogL	LR	FPE	AIC	SC	HQ
0	51.923 21	—	1.29×10^{-7}	−10.198 73	−10.054 20	−10.453 56
1	64.813 05	9.678 813*	3.668×10^{-8}	−12.756 21	−12.545 32	−13.120 47
2	80.623 78	7.923 762	3.92×10^{-9}*	−14.986 31*	−14.671 81*	−15.417 20*

用 Eviews 建立无约束的滞后 2 期 VAR 模型，结果如表 5-30 所示：

表 5-30　VAR 模型回归结果

	S	T
$S(-1)$	0.213 768	0.127 621
	(0.256 713)	(0.083 65)
	[0.841 78]	[1.536 42]
$S(-2)$	0.368 29	−0.038 371
	(0.257 032)	(0.081 01)
	[1.501 28]	[−0.499 07]
$T(-1)$	0.658 91	1.064 553
	(2.727 19)	(0.913 46)
	[4.930 01]	[1.348 20]
$T(-2)$	0.331 24	0.348 72
	(2.831 28)	(0.867 21)
	[1.554 31]	[0.401 28]

续表

	S	T
C	1.873 02 (0.392 38) [4.915 62]	−0.129 12 (0.129 32) [−1.093 51]
R^2	0.978 521	0.763 781
Adj. R^2	0.961 738	0.951 822
F-statistic	546.982 32	404.123 72
Akaike AIC	−0.663 218	−0.613 072
Schwarz SC	−0.539 528	−0.592 671

所得回归模型的 R^2、调整后的 R^2 都较高，说明方程拟合度好，且 F 统计量较大而 AIC、SC 值较小，说明模型总体显著，能较好地反映出变量 S 和 T 之间的长期关系，得到回归方程为：

$$S_{sh}=0.213\,8S(-1)+0.368\,9S(-2)+0.659\,8T(-1)+0.331\,2T(-2)+1.873\,2$$

$$T_{sh}=0.127\,6S(-1)-0.038\,4S(-2)+1.064\,5T(-1)+0.348\,7T(-2)-0.129\,2$$

说明上海的产业结构优化率既受自身滞后 2 期因素 $S(-1)$、$S(-2)$的影响，也受到滞后 2 期旅游产业发展水平 $T(-1)$和 $T(-2)$的影响，且受旅游产业发展水平滞后 1 期的影响更大，影响系数为0.659 8。

接下来对所建立的 VAR 模型进行平稳性检验，由图 5-12 可知该模型共有 4 个特征根，所有特征根的倒数值都落在单位圆内，说明建立的 VAR 模型是平稳的。

再对平稳的 VAR 模型进行协整检验，采用约翰森检验法，设

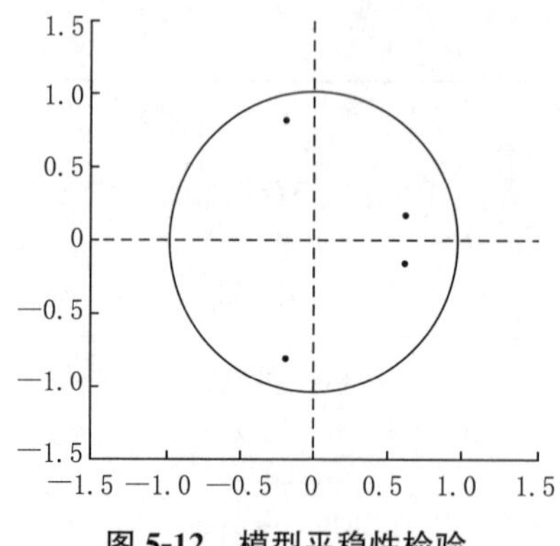

图 5-12 模型平稳性检验

定协整方程为只有截距项而无确定性趋势，得检验结果如表 5-31 所示：

表 5-31 模型协整检验

假设检验	特征值	迹统计量	0.05 临界值	概率
拒绝原假设	0.931 002	25.932 18	20.271 84	0.005 6
最大 1 个协整	0.359 727	4.126 721	8.719 826	0.408 2

以检验水平 0.05 判断，迹统计量有 25.932 18＞20.271 84，4.126 721＜8.719 826，说明时间序列 S 和 T 存在协整关系，即产业结构优化率与旅游产业发展水平之间存在长期动态均衡关系，上述建立的稳定的 VAR 模型可很好地解释两者之间的长期关系。

(三) 格兰杰因果检验

接下来通过格兰杰因果检验考察两者之间是否存在长期因果关系，由于原时间序列为一阶单整序列，且 VAR 模型中滞后 2 期可以准确地反映时间序列 S 和 T 之间的动态关系，因此将检验模型的滞后阶数设为 2，结果如表 5-32 所示。原假设一阶滞后期的"T 不是 S 的格兰杰原因"被拒绝，即"T 是 S 的格兰杰原因"，而"S 不是 T 的格兰杰原因”被接受，因而存在从 T 到 S 的单向因果关系，即上海旅游发展水平提高可以带动城市产业结构优化率的提升，但城市产业结构优化率的提升对旅游产业发展水平提高作用没有呈现显著因果关系。

表 5-32　上海时间序列 *S* 和 *T* 的格兰杰因果检验

滞后期	假设	假设内容	F 统计量	概率	结论
1	假设 1	T 不是 S 的格兰杰原因	16.325 9	0.030 2	拒绝
	假设 2	S 不是 T 的格兰杰原因	0.170 24	0.832 9	接受

（四）结论

通过上述 VAR 模型构建和协整检验，可得出上海产业结构优化率与旅游发展水平之间存在协整关系，两者之间有长期正相关关系，当旅游产业发展水平提升 1%，则上海产业结构优化率提升0.659 8%，格兰杰因果检验则表明上海旅游产业发展水平是产业结构优化的单向原因，验证了假设 3 成立，说明上海旅游产业具有很强的产业关联效应，发展旅游产业带动了其在第一、二、三产业中相关产业的发展，并促进了城市产业结构的优化调整。

由以上结论可以看出，上海旅游产业发展对城市产业结构优化有正向拉动效应，旅游产业的发展和产业体系的完善促进旅游产业与现代服务业的融合发展，带动了第三产业的发展，引起城市产业结构的对应调整，促进了城市产业结构向“三、二、一”升级优化。

第六章 中部城市旅游产业发展模式与经济效应研究——以武汉为例

第一节　武汉旅游产业的分层评价

一、政府政策层面因子分析

首先运用 SPSS 23.0 软件对武汉旅游产业发展模式的政府政策层面(G)所包含的 7 个指标原始数据进行因子分析，得出 KMO 为 0.645，适合做因子分析。巴特利特球形检验统计量的概率为 0，小于显著性水平 0.05，拒绝原假设，也说明适合做因子分析。

从总方差解释表 6-1 可以看出提取出的公共因子的特征值和累计贡献率，根据特征值大于 1 的提取主成分条件选取 2 个主成分，其中第一个主成分的特征根为 4.162，第二个主成分的特征根为 2.253，前两个主成分的累计贡献率达 88.577%，较好地解释了原始数据信息，其反映的原始指标信息是有效的。

然后根据旋转后的载荷矩阵对主成分进行解释以确定公共因子。因子与原始指标之间的相关程度可以通过方差最大正交旋转后的因子载荷矩阵得知(如表 6-2 所示)，载荷值越高说明原始指标与

表 6-1　总方差解释

主成分	旋转前			旋转后		
	特征根	方差贡献率(%)	累计方差贡献率(%)	特征根	方差贡献率(%)	累计方差贡献率(%)
F_1	4.873	71.235	71.235	4.162	58.174	58.174
F_2	1.315	17.342	88.577	2.253	30.403	88.577

表 6-2　旋转后的因子载荷矩阵

指　标	变量	主成分	
		1	2
政府旅游产业政策级别与数目指标	X_1	0.702	0.671
城市旅游收入占城市 GDP 比重	X_2	−0.023	0.981
高等学校在校生数	X_3	0.992	0.118
非公有制经济比重	X_4	0.916	0.079
第三产业与第二产业产值比	X_5	−0.625	−0.603
实际吸引外资额	X_6	0.812	0.464
人均绿地面积	X_7	0.871	0.283

注:带下划线的数值为各指标在 2 个主成分因子上的最大因子载荷。

该因子的相关程度越高,包含该指标的信息量就越多。

从旋转后的因子载荷矩阵可以看出,公因子 F_1 在政府旅游产业政策级别与数目指标(X_1)、高等学校在校生数(X_3)、非公经济比重(X_4)、第三产业与第二产业产值比(X_5)、实际吸引外资额(X_6)、人均绿地面积上(X_7)这 6 个指标上的载荷最大,该因子主要反映了武汉市政府对旅游产业发展的产业政策、经济政策、投资政策和环境保护政策等制度上的促进,因此将 F_1 定义为旅游产业促进政策因子。

公因子 F_2 在城市旅游收入占城市 GRP 比重(X_2)该指标上的载荷最大,该因子主要反映了旅游产业的产业地位,表征了政府政策对发展旅游产业的重视程度和对旅游产业地位的确认，保障了旅游产业的发展地位，因此将 F_2 定义为旅游产业保障政策因子。

因此在政府政策层面中共提取出 2 个公因子，F_1 为旅游产业促进政策因子，F_2 为旅游产业保障政策因子，如下表 6-3 所示。

表 6-3　武汉政府政策层面的公共因子提取表

<table>
<tr><th></th><th>公共因子</th><th>变量</th><th>有较高载荷的原始指标</th></tr>
<tr><td rowspan="7">A_1
城市政府
政策层面</td><td rowspan="6">F_1
旅游产业促
进政策因子</td><td>X_1</td><td>政府旅游产业政策级别与数目指标</td></tr>
<tr><td>X_3</td><td>高等学校在校生数</td></tr>
<tr><td>X_4</td><td>非公经济比重</td></tr>
<tr><td>X_5</td><td>第三产业与第二产业产值比</td></tr>
<tr><td>X_6</td><td>实际吸引外资额</td></tr>
<tr><td>X_7</td><td>人均绿地面积</td></tr>
<tr><td>F_2
旅游产业保
障政策因子</td><td>X_2</td><td>城市旅游收入占城市 GDP 比重</td></tr>
</table>

然后根据下表公共因子得分系数矩阵（表 6-4），计算 2 个公共因子的得分，则有：

$$F_{1t}=0.073X_{1t}-0.265X_{2t}+0.415X_{3t}+0.331X_{4t}-0.072X_{5t}+0.128X_{6t}+0.248X_{7t}$$

$$F_{12}=0.268X_{1t}+0.682X_{2t}-0.192X_{3t}-0.256X_{4t}-0.234X_{5t}+0.171X_{6t}-0.047X_{7t}$$

对上述总体样本进行信度检验，结果克隆巴赫系数为0.729，表明样本具有较高的总体信度，说明所选样本具有有效性。

最后以各公共因子的方法贡献率为权重，计算 2007—2017 年武汉旅游产业政府政策层面因子 A_1 得分，计算公式如下：

表 6-4　公共因子得分系数矩阵

指　　标	变量	主成分	
		F_1	F_2
政府旅游产业政策级别与数目指标	X_1	0.073	0.268
城市旅游收入占城市 GDP 比重	X_2	−0.265	0.682
高等学校在校生数	X_3	0.415	−0.192
非公有制经济比重	X_4	0.331	−0.256
第三产业与第二产业产值比	X_5	−0.072	−0.234
实际吸引外资额	X_6	0.128	0.171
人均绿地面积	X_7	0.248	−0.047

$$A_{1t}=62.375F_{1t}+31.745F_{2t}$$

计算结果如表 6-5 所示：

表 6-5　武汉旅游产业政府政策 A_1 与主成分得分

年份	A_1	F_1	F_2
2007	−80.434 6	−1.653	0.714 28
2008	−74.685 3	−1.549	0.691 04
2009	−67.328 9	−0.689	−0.767 25
2010	−48.909 2	−0.421	−0.713 59
2011	−8.020 2	−0.020	−0.213 38
2012	23.661 2	0.318	0.120 54
2013	48.216 6	0.652	0.237 81
2014	78.208 5	0.921	0.654 1
2015	110.174 0	1.234	1.046 1
2016	200.352 4	1.782	2.810 34
2017	240.642 3	2.268	3.124 63

从武汉政府政策得分趋势图 6-1 可以看出武汉政府政策层面得分始终保持增长趋势，并从主成分因子分析可知，在政府政策层面的

2 个主成分中，"促进政策"因子贡献率为 58.174%，其对城市政府政策层面得分影响最大，A_1 得分增长趋势和 F_1 得分增长趋势相似（如图 6-2 所示），城市政府从旅游产业政策、城市经济政策、投资政策和环境保护政策等制度上促进了旅游产业的发展。而"保障政策"因子 F_2 得分从 2012 年才开始有较大的增长，这与武汉现实情况相符，武汉历来是我国中部地区极为重要的工业城市之一，因而在很长时间内其旅游产业的发展只是凭借其在中部地区的黄金交通枢纽区位，

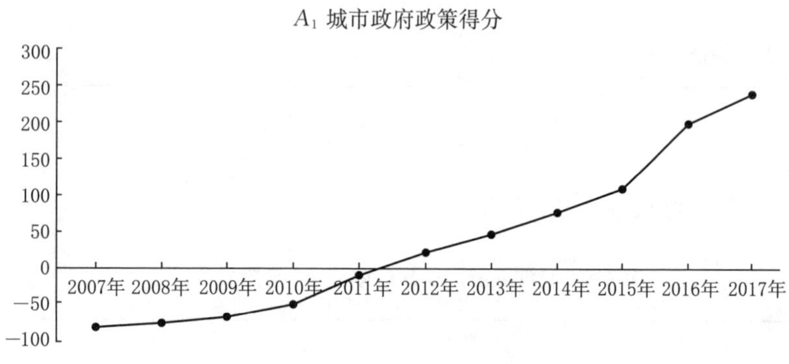

图 6-1　武汉政府政策得分趋势图

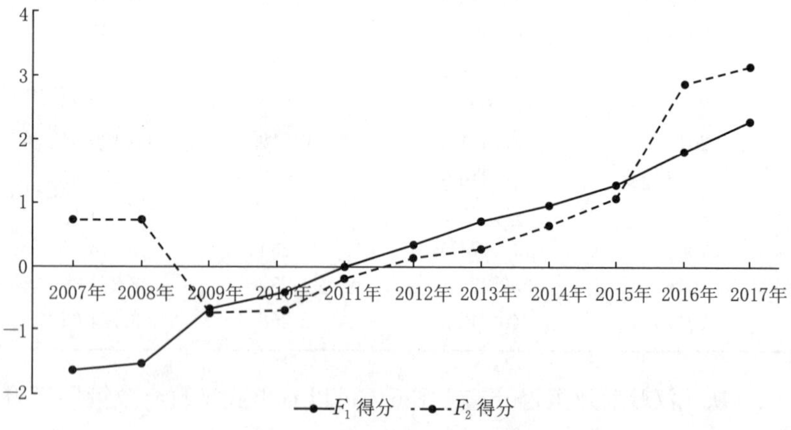

图 6-2　F_1 与 F_2 得分趋势图

使得南来北往的旅游者在其市内中转,依靠“过境旅游”带动了城市旅游产业的增长,但其产业地位始终没有获得确认,这一点从武汉市“十一五”国民经济与社会发展规划及之前的所有规划中可以看出,当地政府将武汉定位为工业强市,规划始终只字未提旅游业。直到“十二五”规划,武汉才提出了加快发展服务业完善城市旅游功能,大力发展旅游业的发展规划,相关政策的相继出台才彰显出城市政府对旅游产业的重视度不断加强。从2016年开始大幅度地增长,源于该年武汉市提出“全域旅游”发展战略,强调将武汉整个城市作为一个大景区来打造,推动旅游与城市发展深度融合。可见武汉市政府对旅游业重要经济作用的认识和产业地位的确认是旅游产业在城市国民经济发展中取得重要产业地位和获得大力发展的制度保障。

二、产业发展层面因子分析

运用SPSS 23.0软件对城市旅游产业发展模式的旅游产业发展层面(I)所包含的8个指标原始数据进行KMO统计量和巴特利特球度检验,并未能通过检验,因此根据相关矩阵剔除了与其他因子相关度较小的指标“旅游核心产业固定资产”“旅游企业全员劳动生产率”和“旅游核心产业营收占总收入比重”,然后再进行检验,得到KMO为0.712,且巴特利特球形检验统计量的概率为0,说明剔除这3个指标后适合进行因子分析。

从表6-6总方差解释表可以看出提取出的公共因子的特征值和累计贡献率,根据特征值大于1的提取主成分条件选取2个主成分,其中第一个主成分的特征根为3.059,第二个主成分的特征根为1.473,前两个主成分的累计贡献率达90.623%,较好地解释了原始数据信息,其反映的原始指标信息是有效的。

表 6-6　总方差解释

主成分	旋转前			旋转后		
	特征根	方差贡献率(%)	累计方差贡献率(%)	特征根	方差贡献率(%)	累计方差贡献率(%)
F_1	3.458	68.136	68.136	3.132	62.353	62.353
F_2	1.372	24.138	92.274	1.484	29.921	92.274

然后根据旋转后的载荷矩阵对主成分进行解释以确定公共因子。从旋转后的因子载荷矩阵(表 6-7)可以看出,公因子 F_1 在旅游资源禀赋(X_8)、艺术馆数、文化馆数、公共图书馆数(X_9)、城市旅游总收入(X_{13})、旅游核心产业旅游企业集中度(X_{14})这 4 个指标上的载荷最大,均超过 75%以上,该因子主要反映了武汉旅游产业发展的现实和潜在旅游资源、旅游收入和行业集中度,现实和潜在旅游资源要素的供给越丰裕、越多样化则对市场的吸引力就越大,旅游需求的不断增加有利于旅游产业收入的获得,并促进旅游企业在城市旅游资源丰裕区域即旅游景区的聚集,对市场结构产生影响,因此将公因子 F_1 定义为旅游资源要素产出因子。

表 6-7　旋转后的因子载荷矩阵

指　标	变量	主成分	
		1	2
旅游资源禀赋	X_8	<u>0.812</u>	0.632
艺术馆数、文化馆数、公共图书馆数	X_9	<u>0.913</u>	0.284
旅游核心产业从业人员数	X_{10}	0.041	<u>0.972</u>
城市旅游总收入	X_{13}	<u>0.863</u>	−0.213
旅游核心产业旅游企业集中度	X_{14}	<u>−0.928</u>	−0.236

注:带下划线的数值为各指标在 2 个主成分因子上的最大因子载荷。

公因子 F_2 在旅游核心产业从业人员数(X_{10})该指标上的载荷最大，该因子主要反映了旅游核心产业的从业人员规模，将 F_2 定义为旅游产业从业人员因子。

因此在旅游产业发展层面中共提取出两个公因子，F_1 为旅游资源禀赋因子，F_2 为旅游产业从业人员因子，如表 6-8 所示。

表 6-8　武汉旅游产业发展层面的公共因子提取表

<table>
<tr><th></th><th>公共因子</th><th>变量</th><th>有较高载荷的原始指标</th></tr>
<tr><td rowspan="5">A_2
旅游产业
发展层面</td><td rowspan="4">F_1
旅游资源要
素产出因子</td><td>X_8</td><td>旅游资源禀赋</td></tr>
<tr><td>X_9</td><td>艺术馆数、文化馆数、公共图书馆数</td></tr>
<tr><td>X_{13}</td><td>城市旅游总收入</td></tr>
<tr><td>X_{14}</td><td>旅游核心产业旅游企业集中度</td></tr>
<tr><td>F_2
旅游核心产
业从业人员</td><td>X_{10}</td><td>旅游核心产业从业人员数</td></tr>
</table>

然后根据下表公共因子得分系数矩阵(表 6-9 所示)，计算 2 个公共因子的得分，则有：

表 6-9　公共因子得分系数矩阵

指　　标	变量	主成分	
		F_1	F_2
旅游资源禀赋	X_8	0.186	0.362
艺术馆数、文化馆数、公共图书馆数	X_9	0.292	0.046
旅游核心产业从业人员数	X_{10}	−0.163	0.814
城市旅游总收入	X_{13}	0.486	−0.298
旅游核心产业旅游企业集中度	X_{14}	−0.369	0.104

$$F_{1t}=0.186X_{8t}+0.292X_{9t}-0.163X_{10t}+0.486X_{13t}-0.369X_{14t}$$

$$F_{2t}=0.362X_{8t}+0.046X_{9t}+0.814X_{10t}-0.298X_{13t}+0.104X_{14t}$$

以各公共因子的方法贡献率为权重，计算 2007—2017 年武汉旅游产业发展因子 A_2 得分，计算公式如下：

$$A_{2t}=62.353F_{1t}+29.921F_{2t}$$

计算结果如表 6-10 所示：

表 6-10　武汉旅游产业发展 A_2 与主成分得分

年份	A_2	F_1	F_2
2007	−114.108 1	−0.716 7	−2.320 1
2008	−71.652 7	−0.478 2	−1.398 2
2009	−75.585 1	−1.243 5	0.065 2
2010	−70.283 5	−1.381 9	0.530 8
2011	−23.102 5	−0.723 5	0.735 6
2012	26.993 2	0.056 6	0.784 2
2013	60.644 4	0.372 0	1.251 6
2014	71.773 3	0.824 1	0.681 4
2015	91.880 7	0.836 2	1.328 2
2016	73.260 7	1.256 8	−0.170 6
2017	75.486 9	1.826 4	−1.283 2

从武汉旅游产业发展得分趋势图（图 6-3）可以看出武汉旅游产业发展得分总体呈增长趋势。从主成分因子分析可知，武汉市产业发展层面分为 2 个主成分，分别为“旅游资源要素产出”因子和“旅游核心产业从业人员”因子，说明武汉旅游产业发展主要依靠旅游资源要素和旅游劳动力要素的投入来取得旅游收入数量上的增长，为传统的粗放型增长，其中旅游资源要素对旅游产业发展的贡献率更大，将促进旅游核心产业向旅游资源密集区域即旅游景区集中以形成集聚优势。

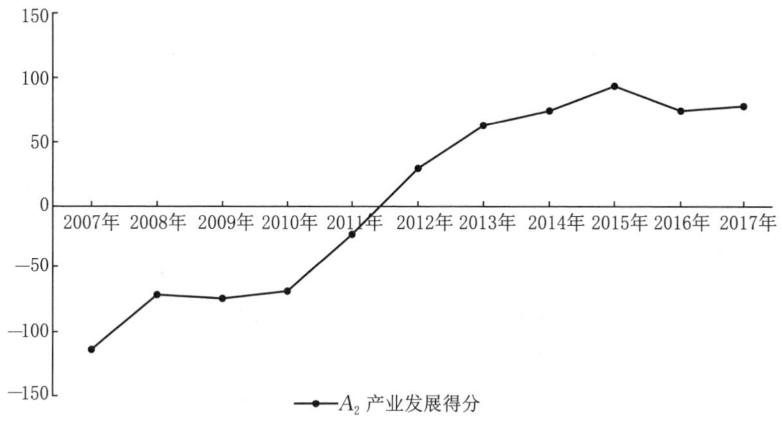

图 6-3　武汉产业发展得分趋势图

三、城市发展环境层面因子分析

首先运用 SPSS 23.0 软件对武汉旅游产业发展模式的城市环境层面(U)所包含的 10 个指标原始数据进行因子分析，得出 KMO 为 0.758，大于 0.5(如表 6-11 所示)，说明适合做因子分析。巴特利特球形检验统计量的概率为 0，小于显著性水平 0.05，因而拒绝原假设，也说明适合做因子分析。

从总方差解释表 6-11 可以看出提取出的公共因子的特征值和累计贡献率，根据特征值大于 1 的提取主成分条件选取 2 个主成分，其中第一个主成分的特征根为 7.107，第二个主成分的特征根为 2.026，前两个主成分的累计贡献率达 91.338%，较好地解释了原始数据信息，其反映的原始指标信息是有效的。

然后根据旋转后的载荷矩阵对主成分进行解释以确定公共因子，从旋转后的因子载荷矩阵(表 6-12)可以看出，公因子 F_1 在民航、铁路、公路旅客周转能力综合指标(X_{16})、人均城市道路面积(X_{17})、城市基础设施投资额(X_{18})、公共服务支出占地方财政支出比重(X_{20})、

表 6-11 总方差解释

主成分	旋转前			旋转后		
	特征根	方差贡献率	累计方差贡献率	特征根	方差贡献率	累计方差贡献率
F_1	7.597	75.975	75.975	7.107	71.074	71.074
F_2	1.673	15.363	91.338	2.026	20.264	91.338

表 6-12 旋转后的因子载荷矩阵

指标	变量	主成分	
		1	2
民航、铁路、公路旅客周转能力综合指标	X_{16}	<u>0.973</u>	0.273
人均城市道路面积	X_{17}	<u>0.934</u>	0.412
城市基础设施投资额	X_{18}	<u>0.994</u>	0.203
邮电业务总量	X_{19}	0.563	<u>0.818</u>
公共服务支出占地方财政支出比重	X_{20}	<u>−0.804</u>	0.314
城市第三产业占 GDP 比重	X_{21}	−0.107	<u>0.897</u>
城市 GDP	X_{22}	<u>0.992</u>	0.132
在岗职工平均工资	X_{23}	<u>−0.761</u>	−0.478
非农人口比重	X_{24}	<u>0.864</u>	0.602
城市专利授权数	X_{25}	<u>0.994</u>	0.069

注：带下划线的数值为各指标在 2 个主成分因子上的最大因子载荷。

城市 GDP（X_{22}）、在岗职工平均工资（X_{23}）、非农人口比重（X_{24}）和城市专利授权数（X_{25}）这 8 个指标上的载荷最大，均超过 86％以上，该因子主要反映了城市环境中有利于武汉旅游产业发展的区位交通条件、基础设施建设、城市公共服务的提高、城市经济发展水平、城市规模经济和城市科技水平，因此将公因子 F_1 定义为产业发展环境因子。

公因子 F_2 在邮电业务总量（X_{19}）和城市第三产业占 GDP 比重（X_{21}）这 2 个指标上的载荷最大，该因子主要反映了城市信息通信度和第三产业的发展水平，因此将公共因子 F_2 定义为旅游相关产业发展因子。

因此在城市环境层面中共提取出 2 个公因子，F_1 为旅游产业发展环境因子，F_2 为旅游相关产业发展因子，如表 6-13 所示。

表 6-13　武汉城市环境层面的公共因子提取表

	公共因子	变量	有较高载荷的原始指标
A_3 城市发展环境层面	F_1 产业发展环境因子	X_{16}	民航、铁路、公路旅客周转能力综合指标
		X_{17}	人均城市道路面积
		X_{18}	城市基础设施投资额
		X_{20}	公共服务支出占地方财政支出比重
		X_{22}	城市 GDP
		X_{23}	在岗职工平均工资
		X_{24}	非农人口比重
		X_{25}	城市专利授权数
	F_2 旅游相关产业发展因子	X_{19}	邮电业务总量
		X_{21}	城市第三产业占 GDP 比重

然后根据下表公共因子得分系数矩阵（表 6-14），计算 2 个公共因子的得分，则有：

$$F_{1t}=0.134X_{16t}+0.127X_{17t}+0.163X_{18t}-0.021X_{19t}-0.173X_{20t}-0.138X_{21t}+0.167X_{22t}-0.064X_{23t}+0.089X_{24t}+0.175X_{25t}$$

$$F_{2t}=0.026X_{16t}+0.071X_{17t}-0.053X_{18t}+0.413X_{19t}+0.315X_{20t}+0.624X_{21t}-0.056X_{22t}-0.172X_{23t}+0.198X_{24t}-0.093X_{25t}$$

表 6-14　公共因子得分系数矩阵

指　　标	变量	主成分	
		F_1	F_2
民航、铁路、公路旅客周转能力综合指标	X_{16}	0.134	0.026
人均城市道路面积	X_{17}	0.127	0.071
城市基础设施投资额	X_{18}	0.163	−0.053
邮电业务总量	X_{19}	−0.021	0.413
公共服务支出占地方财政支出比重	X_{20}	−0.173	0.315
城市第三产业占 GDP 比重	X_{21}	−0.138	0.624
城市 GDP	X_{22}	0.167	−0.056
在岗职工平均工资	X_{23}	−0.064	−0.172
非农人口比重	X_{24}	0.089	0.198
城市专利授权数	X_{25}	0.175	−0.093

对该结果进行信度检验分析，利用 SPSS 23.0 中信度分析功能对上述总体样本进行信度检验，结果显示克隆巴赫系数为 0.783，表明样本具有较高的总体信度，符合本书研究要求，所选样本具有有效性。

最后以各公共因子的方法贡献率为权重，计算 2007—2017 年武汉旅游产业城市发展环境层面因子 A_3 得分，计算公式如下：

$$A_{3t}=71.704F_{1t}+20.264F_{2t}$$

计算结果如表 6-15 所示：

从武汉城市发展环境得分趋势图(图 6-4)，可以看出武汉旅游产业的城市发展环境得分始终保持增长趋势。从主成分因子分析可知，城市环境层面分为 2 个主成分，一为“旅游产业发展环境”因子，其因子贡献率为 71.704%，且在城市 GDP、基础设施投资额、交通旅客周转能力综合指标、人均道路面积等指标载荷很高，其得分增长趋

表 6-15　武汉城市发展环境层面 A_3 与主成分得分

年份	A_3	F_1	F_2
2007	−84.835 3	−0.792 4	−1.382 6
2008	−76.409 8	−0.753 8	−1.103 4
2009	−64.326 0	−0.671 5	−0.798 3
2010	−42.462 7	−0.385 1	−0.732 8
2011	−34.624 0	−0.493 5	0.037 6
2012	1.119 3	−0.010 7	0.093 1
2013	28.137 3	0.246 5	0.516 3
2014	40.138 5	0.285 2	0.971 6
2015	72.744 1	0.612 3	1.423 2
2016	89.862 2	1.167 1	0.304 8
2017	96.567 7	1.067 2	0.989 2

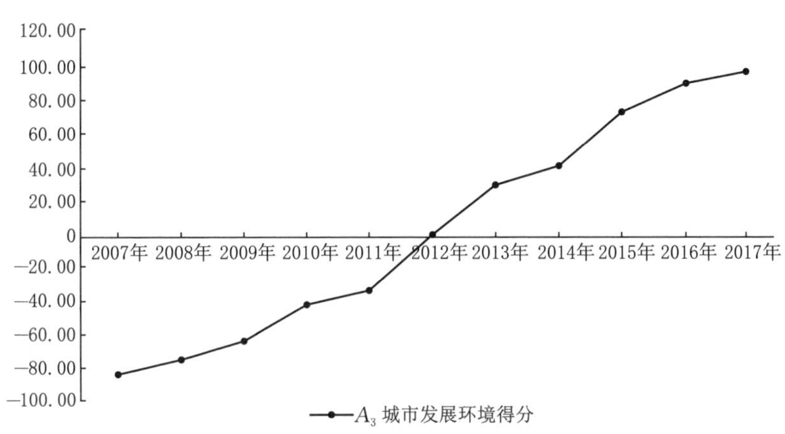

图 6-4　城市发展环境得分趋势图

势始终保持增长(如图 6-5 所示)。武汉是中部地区的经济、文化、交通、邮政运输和电信通讯中心,该公共因子的信息归集说明了武汉在中部地区地理上的中心、枢纽地位为城市旅游产业发展提供了良好的发展条件和发展空间。二为“旅游相关产业发展因子”,其贡献率为 20.264%,该因子得分除 2016 年有所下降之外始终保持较快的增长，说明武汉旅游产业发展依托于城市第三产业中相关产业的发展，通过发展服务业以拓宽旅游产业宽度，丰富旅游产品，完善城市旅游功能，促进旅游产业发展。

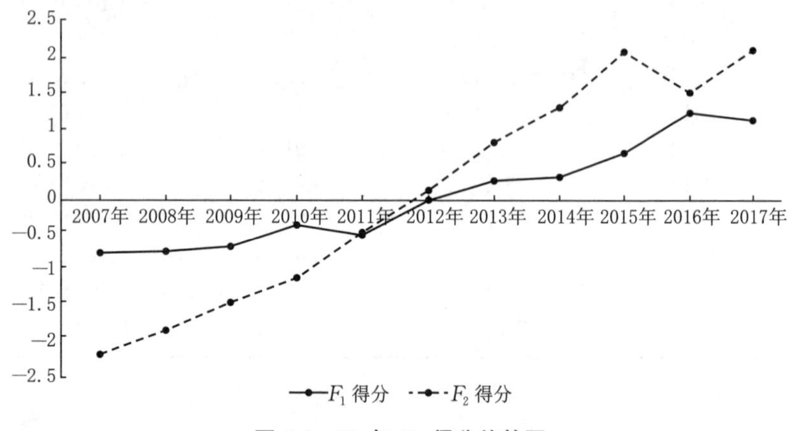

图 6-5 F_1 与 F_2 得分趋势图

第二节 中部城市旅游产业发展模式的识别

上文基于城市旅游产业发展的 GIU 评价指标体系，运用因子分析法分别计算得到武汉旅游产业的城市政府政策因子(A_1)得分、产业发展因子(A_2)得分和城市产业发展环境(A_3)因子得分，如下图 6-6 所示。

3 个层面因子得分整体都呈上升趋势，进一步探讨这 3 个层面因子得分与武汉旅游产业发展的关联程度，分别对 A_1、A_2、A_3 和旅游核心产业收入进行标准化处理，以旅游核心产业收入(T)为因变量①，

① 由于本书旅游产业发展层面的评价指标多为旅游核心产业的相关指标，所以为了更好地解释 GIU 3 个层面因子对旅游产业发展的影响程度，本书选用旅游核心产业收入为因变量。

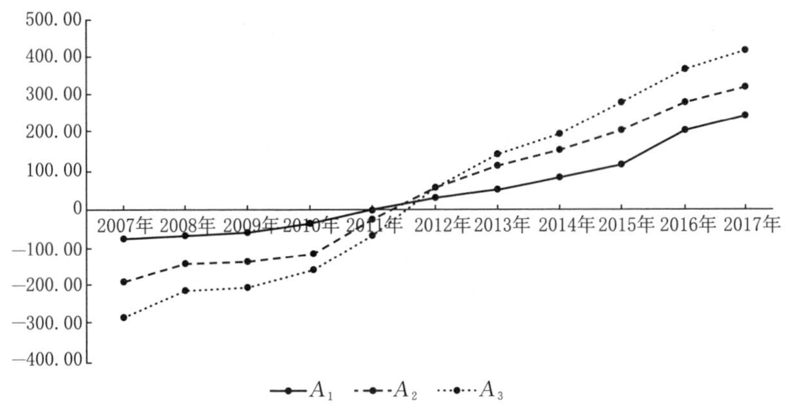

图 6-6　武汉旅游产业发展各公共因子得分趋势图

以城市政府政策因子(A_1)、产业发展因子(A_2)、城市产业发展环境(A_3)为自变量，进行多元线性回归，得到回归方程：

$$T=0.7235A_1+0.5831A_2+0.4107A_3-3.01\times10^{-7}$$

$$t.=(1.7532)\qquad(1.758)\qquad(1.9203)$$

$$R^2=0.9512\qquad D\text{-}W=2.386$$

比较 A_1、A_2、A_3 自变量前的系数可知各因子对武汉旅游产业发展的影响程度依次为城市政府政策因子 A_1 最大，产业发展因子 A_2 次之，最后为城市产业发展环境因子 A_3，因而将以武汉为代表的东部城市旅游产业发展模式称为“政策驱动，产业推动型”模式。

接下来本书将结合武汉旅游产业的现实发展过程，结合因子分析法所揭示的 GIU 3 个层面重要公共因子及公共因子载荷来进一步识别、剖析武汉旅游产业的“政策驱动，产业推动型”发展模式，并分析、归纳在该模式下武汉旅游产业的发展特征和发展路径。

一、提升旅游产业地位为先的政策驱动，产业推动型模式

在上述因子分析过程中武汉城市政府政策层面(G)被分为了 2

个主成分(如表 6-16 所示),主成分贡献率较高的为“旅游产业促进政策”因子,贡献率稍小的为“旅游产业保障政策”因子。

表 6-16　武汉政府政策层面公共因子提取表

武汉	公共因子	变量	有较高载荷的原始指标	载荷
A_1 城市政府政策层面	F_1 促进政策因子	X_3	高等学校在校生数	0.992
		X_4	非公经济比重	0.916
		X_7	人均绿地面积	0.871
		X_6	实际吸引外资额	0.812
		X_1	政府旅游产业政策级别与数目指标	0.702
		X_5	第三产业与第二产业产值比	0.625
	F_2 保障政策因子	X_2	城市旅游收入占城市 GDP 比重	0.981

武汉旅游产业保障政策公共因子集中在“城市旅游收入占城市 GDP 比重”一个指标上,该经济社会比重指标用来表征城市政府对旅游产业的重视程度,体现了城市政府对旅游产业在国民经济发展中地位的明确和肯定。对于工业转型城市武汉而言,其旅游产业保障政策以提升旅游产业地位为先。武汉历来是我国中部地区极为重要的工业城市之一,因此工业在其国民经济发展中始终占有支柱产业地位,尽管不断发展壮大的旅游产业对拉动城市经济增长的作用越来越大,旅游产业占城市国民经济的比重不断上升,但工业城市的定位使得旅游产业地位始终没有取得对应的确立和提升,这点从武汉市“十一五”国民经济与社会发展规划及之前的所有规划中可以看出,当地政府将武汉定位为工业强市,历年规划始终只字未提旅游业。直到“十二五”规划,武汉才提出了加快发展服务业完善城市旅

游功能，大力发展旅游业的发展规划，相关政策的相继出台才彰显出城市政府对旅游产业重视度的不断加强。2016 年武汉市提出“全域旅游”发展战略，强调将整个武汉作为一个大景区来打造，很好地推动了旅游与城市发展深度融合。可见武汉市政府对旅游产业重要经济作用的认识和产业地位的提升是旅游产业在城市国民经济发展中取得重要产业地位和获得大力发展的制度保障。

武汉旅游产业促进政策因子载荷较高的为高等学校在校生数、非公经济比重和人均绿地面积。高等学校在校生数指标体现了武汉人才制度对旅游产业发展的促进作用。湖北省共有 130 所高等学校，其中 83 所在武汉市，教育资源明显地集中在武汉，武汉市作为湖北省的人才高地集聚了省内素质最佳的各类专业人才，这些专业的人力资源充分发挥比较优势，极大地促进了武汉旅游产业规模的扩大和产业素质的提升。

非公经济比重指标反映了市场经济制度对城市旅游产业发展的促进作用。市场经济制度在武汉是作为政策促进因子来发挥作用，这点与上海有明显的不同。原因在于上海作为我国对外开放的先驱城市其原本经济基础好，商业发达、经贸往来频繁，内外市场规模大，这些为上海旅游产业发展提供了很大的市场空间和需求，且城市基础设施和旅游接待设施条件较之中西部城市要优越，旅游产业亟须摆脱计划经济体制的束缚取得进一步发展，因此市场经济体制的建立和完善更多地对旅游产业发展更具保障作用，确保了旅游生产要素自由流动、旅游市场主体多元化和旅游产业经济效益的提高。而对于武汉而言，在市场经济体制建立之前，其商业规模较之上海相对较小，因此市场经济体制的建立和完善加速了武汉商品市场的繁荣，扩大了商业规模，而商业的繁荣使得城市的批发与零售贸易业、餐饮业、住宿业网点不断增加，推动旅游核心产业和旅游密切相关产业获得了较快的发展。生产要素市场也迅速发展，人才、资本、信息、技术等生产要素在市场流通加速，实现了旅游生产要素的市场有效配置，旅游核心六要素间联系不断增强。另外，随着武汉市场辐射能力不断扩大，武汉成为中部地区的工业、商贸、科技中心和交通、通讯黄金枢纽，良好的经济区位和交通区位使得武汉成为我国中部重要的旅游城市和旅游集散中心，进一步推动了城市旅游产业的发展。

人均绿地面积指标反映了在城市环境保护政策下生态环境优化对武汉旅游产业发展的促进作用，武汉将城市形象定位为水系生态旅游城市，在该旅游形象打造上大力投入资金，先后建设了 1 024 个城市公园，打造出大东湖国际旅游区，建设连接市内主城区两江四岸的大型江滩公园景观带以提升城市的旅游生态环境品质。武汉黄陂区木兰湖旅游度假区作为武汉首个、湖北省第三个国家级旅游度假区，是国家水利风景区，规划总面积 50 平方公里，其中水域面积达 20 平方公里。可见城市环境保护政策极大地促进了武汉旅游产业的可持续发展，为其提供了更广阔的发展空间。

综上所述，武汉为代表的中部城市工业基础雄厚，正处于大力发展服务业促进城市产业结构转型升级的进程中，城市政府政策在旅游产业大发展中起到了重要驱动作用，以提升旅游产业地位为先的产业政策和经济政策，从制度上明确肯定了旅游产业在城市国民经济中的地位与经济贡献，确立了旅游业作为国民经济社会发展战略性支柱产业的重要产业地位，极大地促进了旅游产业的快速增长和产业规模的不断扩大。同时市场经济体制的进一步完善，带动了城市商业市场规模扩大和旅游密切相关服务业发展，增强了旅游核心产业之间、旅游与其他相关产业之间的产业联动，人才政策和生态政策则为旅游产业素质提升和可持续发展提供了有力的制度环境。

二、旅游资源、人力资本为核心要素的政策驱动、产业推动型模式

通过上文因子分析，武汉旅游产业发展层面因子（I）分为 2 个主成分（如表 6-17 所示），第一主成分公共因子为旅游资源要素产出因子，第二主成分公共因子为旅游核心产业从业人员因子，说明武汉旅游产业的发展主要以旅游资源和人力资源为核心生产要素。

表 6-17　武汉旅游产业发展层面公共因子提取表

武汉	公共因子	变量	有较高载荷的原始指标	载荷
A_2 旅游产业发展层面	F_1 旅游资源要素产出因子	X_{14}	旅游核心产业企业集中度	0.928
		X_9	艺术馆数、文化馆数、公共图书馆数	0.913
		X_{13}	城市旅游总收入	0.863
		X_8	旅游资源禀赋	0.812
	F_2 旅游核心产业从业人员	X_{10}	旅游核心产业从业人员数	0.972

武汉是我国的历史文化名城，也是中部地区的经济、工业、商贸和交通中心，因此城市拥有丰富的现实和潜在旅游资源，自然景观和人文景观并重，具有发展传统观光旅游和现代文化旅游、休闲度假旅游、商务旅游、民俗风情旅游的优势。且武汉是中部地区的人才高地，人力资源集中，有充足的产业发展人力和智力支撑。但反映技术和资本的指标由于没有通过相关性检验而被剔除，说明技术和资本要素目前在武汉旅游产业发展中的作用并不显著，武汉旅游产业还

处于传统的资源密集型和劳动密集型服务业阶段，有待提高科学技术和资本要素的投入和贡献率以进一步向现代服务业转型。且旅游资源要素产出主成分主要由反映旅游核心产业集中度和现实与潜在旅游资源禀赋的指标构成，说明武汉旅游产业集群与旅游资源是紧密结合的，旅游核心产业中的旅行社、旅馆、饭店、餐馆、旅游交通企业、旅游产品销售企业等六要素旅游企业以旅游资源为核心，集聚在旅游景区周围，形成旅游服务企业聚集区，集群内的旅游企业共享景区基础设施和服务设施，依托旅游景区合作营销，形成集群品牌。

三、城市产业发展环境支撑的政策驱动、产业推动型模式

武汉城市旅游产业发展环境层面分为 2 个主成分（如表 6-18 所示），第一主成分公共因子为产业发展环境因子，第二主成分公共因子为旅游相关产业发展因子。第一主成分因子中城市专利授权数、城市基础设施投资、城市 GDP、旅客周转率、人均道路面积等指标载荷较高，说明武汉旅游产业发展的城市环境中科技水平、基础设施条件、经济发展水平和城市区位交通条件对旅游产业发展影响较大。武汉工业基础雄厚，城市科技发展水平较高，一方面现代工业企业生产职能的外包促进了城市旅游产业的服务对象扩大到了生产者，武汉的机博会、光博会、汽车展、电子展等品牌商务会展催生了会展旅游、商务旅游等新型旅游业态产生；另一方面城市科学技术水平提升激发了旅游者对科技旅游的需求，武汉以具有科技要素和成分的城市资源为基础，开发城市现代工业园、科技园成为新型旅游景区（点），为旅游者提供集科普、观光、体验为一体的现代旅游产品。在区位交通方面，武汉是我国内陆最大的水、陆、空交通枢纽城市，拥有得天独厚的区位优势和交通条件，并建立了湖北省首家以服务散客

为主的旅游集散中心，成为中部地区重要的旅游中转城市和旅游集散中心，旅游产业取得了较快的发展。但同时交通枢纽的区位优势使得武汉在很长时间内被定位为旅游中转站而非旅游目的地，旅游者在武汉停留时间短、消费支出少成了武汉旅游产业进一步发展的瓶颈，于是武汉加大城市基础设施建设，更新改造市内基础交通设施，优化城市内部轨道、高速公路、过江交通设施以有效对接旅游景点，促进武汉由过境旅游城市向目的地旅游城市转变。同时改造、完善城市排水、排污、垃圾收集设施，不断完善城市基础设施，优化武汉旅游产业发展硬环境。

表 6-18 武汉城市发展环境层面公共因子提取表

武汉	公共因子	变量	有较高载荷的原始指标	载荷
A_3 城市发展环境层面	F_1 产业发展环境因子	X_{25}	城市专利授权数	0.994
		X_{18}	城市基础设施投资额	0.994
		X_{22}	城市 GDP	0.992
		X_{16}	民航、铁路、公路旅客周转能力综合指标	0.973
		X_{17}	人均城市道路面积	0.934
		X_{20}	公共服务支出占地方财政支出比重	0.804
		X_{23}	在岗职工平均工资	0.761
		X_{24}	非农人口比重	0.864
	F_2 相关产业发展因子	X_{21}	城市第三产业占 GDP 比重	0.897
		X_{19}	邮电业务总量	0.818

第二主成分因子中由城市第三产业占 GDP 比重和邮电业务总量指标构成，说明服务业中旅游相关产业的发展对武汉旅游产业发

展有较大影响。在先前的分析中可知武汉为旅游转型城市，其城市产业结构为“二、三、一”，以工业为支柱产业，服务业尤其是金融、商贸、信息服务、物流、文化等现代服务业并没有得到足够的发展。在城市进行产业结构升级调整时提出大力培植现代服务业，并将旅游产业作为服务业的龙头产业，充分发挥旅游产业的产业关联效应和融合效应，依托旅游业带动城市服务业发展和产业结构升级。而相关服务业的培育、发展和壮大又反过来进一步促进旅游产业发展，形成多元化的新型旅游业态和产品，扩大旅游产业规模和完善旅游产业体系。

综上所述，以武汉为代表的中部城市，经济实力相对较好，工业基础雄厚，城市正处于大力发展服务业的产业结构调整升级过程中，因此城市旅游产业发展遵循了由城市政府政策驱动，以城市产业发展环境为支撑，旅游产业在城市国民经济中地位不断提升，成为带动城市第三产业发展和城市产业结构调整优化的服务业龙头产业的发展路径（如图 6-7 所示）。

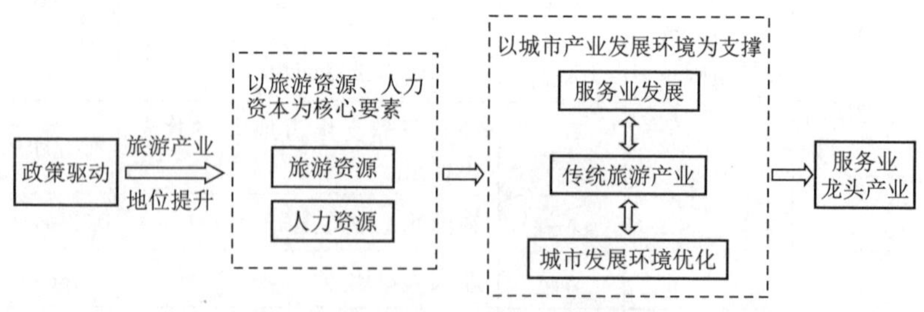

图 6-7 中部城市旅游产业发展路径

由此本书得出以武汉为代表的中部城市旅游产业发展模式为提升旅游产业地位为先，旅游资源和人力资本为核心要素，城市产业发展环境为支撑的“政策驱动，产业推动型”模式（如图 6-8 所示）。

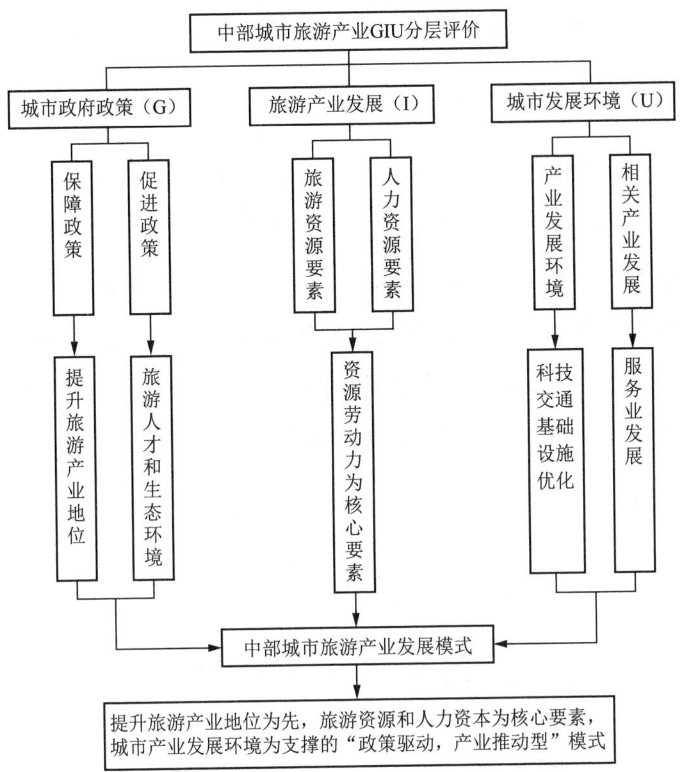

图 6-8　中部城市旅游产业发展模式识别图

第三节　中部城市旅游经济效应研究

同东部城市旅游产业发展的经济效应研究一样，本节提出相同的 3 个假设，遵循提出假设，建立模型，经验数据验证的研究路径来实证分析中部城市旅游产业发展模式下的经济效应。

假设 1：城市旅游产业发展促进城市经济的增长。

假设 2：城市旅游部门产出增长将带动城市非旅游部门产出增长。

假设 3:城市旅游产业发展促进城市产业结构升级优化。

一、经济增长效应研究——基于两部门经济模型

从城市旅游产业发展与城市经济增长两者关系的经验数据来看,分别对武汉 2007 年到 2017 年的城市旅游收入和城市 GDP 时间数据序列取对数后进行比较(如图 6-9 所示),发现武汉城市旅游收入和城市 GDP 的时间数据序列呈现相似的走势,两者间可能存在较高的相关性。接下来本书将以武汉旅游产业发展的经验数据来验证假设 1 和假设 2,研究分析中部城市旅游产业发展的经济增长效应。

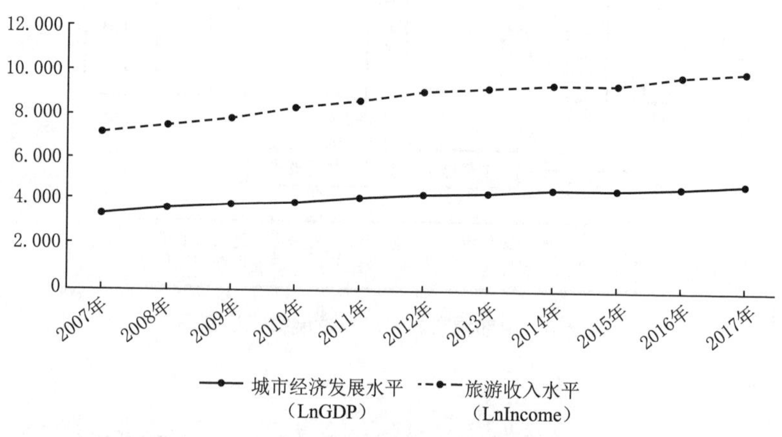

图 6-9 武汉旅游收入与 GDP 时间序列趋势比较

(一) 模型设计

将城市国民经济划分为旅游部门(T)和非旅游部门(N)两部门经济,并假设旅游部门(T)的产出水平会对城市国民经济的其他非旅游部门(N)产生影响,即非旅游部门的产出不仅依赖于本部门生产要素劳动力、资本的投入,还取决于同一时期旅游部门的产出,由此构造两部门的生产方程如下:

$$T = f(L_t, K_t) \quad ①$$

$$N = g(L_n, K_n, T) \quad ②$$

其中 T 代表旅游部门产出，N 代表非旅游部门的产出，L 为劳动力要素，K 为资本要素，对应下标代表对应部门。

且有城市的劳动力总量(L)、资本总量(K)、社会总产出(Y)分别为：

$$L = L_t + L_n \quad ③$$

$$K = K_t + K_n \quad ④$$

$$Y = T + N \quad ⑤$$

旅游部门与非旅游部门的劳动和资本边际生产力关系为：

$$\frac{f_l}{f_k} = \frac{g_l}{g_k} + \rho \quad ⑥$$

其中 f_l、f_k 为旅游部门的劳动力和资本的边际产出，g_l、g_k 为非旅游部门的劳动力和资本的边际产出，ρ 为两部门在边际生产力上的相对差异，如果 ρ 为正说明旅游部门的边际生产力大于非旅游部门，如果 ρ 为负，则说明旅游部门的边际生产力小于非旅游部门。

通过方程③、④、⑤、⑥可以推导出回归方程

$$\frac{\mathrm{d}Y}{Y} = \alpha\left(\frac{K}{Y}\right) + \beta\left(\frac{\mathrm{d}L}{L}\right) + \gamma\left(\frac{\mathrm{d}T}{T}\right)\left(\frac{T}{Y}\right) \quad ⑦$$

其中$\frac{\mathrm{d}Y}{Y}$、$\frac{\mathrm{d}L}{L}$、$\frac{\mathrm{d}T}{T}$为城市国民经济总产出、劳动力和旅游部门产出的增长率，$\frac{T}{Y}$为旅游产出占社会总产出的比重，$\frac{K}{Y}$为资本占城市 GRP 的比重，K 可视作为社会资本存量的增量，因而用城市社会固

定资产投资总额 I 代替。α 为非旅游部门资本的边际产出，β 为非旅游部门劳动力的弹性系数，γ 为旅游部门对城市国民经济增长的全部作用，有 $\gamma=\frac{\rho}{1+\rho}+g_t$，$\gamma$ 代表旅游部门对其他非旅游部门经济影响和两部门间要素边际生产力差异两者作用之和。为了估计旅游部门对非旅游部门的经济影响和两部门间要素边际生产力差异 ρ，假设旅游部门对非旅游部门的产出弹性是固定不变的，则有：

$$N=g(L_n,\ K_n,\ T)=T^{\theta}(L_n,\ K_n) \quad ⑧$$

其中 θ 为旅游部门对非旅游部门经济影响的参数，有 $\frac{\partial N}{\partial T}=\theta\left(\frac{N}{T}\right)$

根据方程⑧将方程⑦变形为：

$$\frac{\mathrm{d}Y}{Y}=\alpha\left(\frac{I}{Y}\right)+\beta\left(\frac{\mathrm{d}L}{L}\right)+\left|\frac{\rho}{1+\rho}+\theta\left(\frac{N}{T}\right)\right|\left(\frac{\mathrm{d}T}{T}\right)\left(\frac{T}{Y}\right) \quad ⑨$$

进一步计算调整，则有

$$\frac{\mathrm{d}Y}{Y}=\alpha\left(\frac{I}{Y}\right)+\beta\left(\frac{\mathrm{d}L}{L}\right)+\left|\frac{\rho}{1+\rho}-\theta\right|\left(\frac{\mathrm{d}T}{T}\right)\left(\frac{T}{Y}\right)+\theta\left(\frac{\mathrm{d}T}{T}\right) \quad ⑩$$

（二）数据来源与相关指标说明

为了保证本书研究的客观性和科学性，本书研究所用数据都为官方统计口径下数据，数据来源为《武汉统计年鉴》(2008—2018)和《中国旅游统计年鉴》(2008—2018)以及武汉国民经济与社会发展统计公报(2008—2018)。

旅游部门产出(T)用城市旅游总收入表示，旅游总收入为城市国际旅游外汇收入与国内旅游收入之和，国际旅游外汇收入用当年美元兑人民币的汇价均值换算成人民币。

社会总产出(Y)选取当年价格计算的城市国民生产总值。

劳动力(L)选用城市从业人员总数表示。

资本(K)用城市全社会固定资产投资额表示。

以上各指标数据的时间区间为 2007 年到 2017 年，并为了消除数据异方差问题，本书对数据进行对数处理。

(三) 模型回归与结论

以武汉为样本城市，利用 Eviews 软件对上述模型的方程⑦分别进行多元回归，同时为消除自相关引入滞后一期变量$\left(\frac{I}{Y}\right)_{-1}$，回归结果如下：

$$\frac{\mathrm{d}Y}{Y_{wh}}=0.791\,3\left(\frac{I}{Y}\right)+2.437\left(\frac{\mathrm{d}L}{L}\right)+0.572\,6\left(\frac{\mathrm{d}T}{T}\right)\left(\frac{T}{Y}\right)+0.473\,2\left(\frac{I}{Y}\right)_{-1}+0.173\,4$$

(1.448 7)　(1.231 4)　(2.631 8)　(1.516)　(0.701 2)

$R^2=0.872\,1$　　$D\text{-}W=2.397\,1$

由回归方程可知，武汉旅游产业发展的经济增长带动系数为 0.572 6，即旅游收入占 GDP 比重每提高 1 个百分点，城市 GDP 将提高 0.572 6 个百分点，武汉旅游产业发展对城市国民经济增长有正向拉动作用。

接下来对方程⑩分别进行回归，结果如下：

$$\frac{\mathrm{d}Y}{Y_{wh}}=0.642\,9\left(\frac{I}{Y}\right)+3.913\left(\frac{\mathrm{d}L}{L}\right)-0.422\,6\left(\frac{\mathrm{d}T}{T}\right)\left(\frac{T}{Y}\right)+0.381\,9\left(\frac{\mathrm{d}T}{T}\right)$$

(1.407 2)　(1.135 6)　(−2.291 8)　(1.713 4)

$R^2=0.922\,7$　　$D\text{-}W=2.132\,6$

由方程可知 θ 等于 0.381 9，也就是说在其他因素不变的情况下，

武汉旅游收入每增长 1 个百分点，非旅游部门的产出将增长 0.381 9 个百分点。将 θ 带入 $\left|\frac{\rho}{1+\rho}-\theta\right|=0.4226$，得到两部门间要素边际生产力差异 ρ 等于 -0.0916，小于 0 说明武汉旅游部门的边际生产力低于非旅游部门边际生产力。

从上述回归结果可以看出武汉旅游产业发展对城市国民经济增长和非旅游部门经济增长都有正向拉动效应，验证了假设 1 和假设 2 成立，但旅游部门的边际生产力低于非旅游部门的边际生产力，说明中部城市旅游部门的生产要素边际生产效率与非旅游部门的生产要素边际生产效率存在一定差距。这也说明中部城市旅游产业增长以资源投入型增长为主，亟待促进旅游产业由传统服务业向现代服务业转型，在发展过程中融入科学技术、知识、信息等要素，来提高旅游部门生产要素边际生产效率，提升旅游产业附加值，使旅游产业由粗放型增长向集约型增长转变。

二、产业结构优化效应研究——基于向量自回归模型

本节将以武汉城市旅游产业发展的经验数据验证假设 3，以考察城市旅游产业发展是否有助于城市产业结构的优化，对城市产业结构的调整到底会产生多大的影响。

（一）数据来源和指标说明

本书研究城市旅游产业发展与城市三次产业结构优化之间是否存在长期稳定的关系，将选取《中国统计年鉴》(2008—2018)、《中国旅游统计年鉴》(2008—2018)、《中国旅游统计年鉴(副本)》(2008—2017)、《武汉统计年鉴》(2008—2018)中的统计数据来构造综合指标以考察两者关系，时间区间为 2007 年到 2017 年。

被解释变量 S 为城市结构优化率，用第三产业与第二产业的产值比表示，该指标值越大，说明城市产业结构优化水平越高。

解释变量 T 为城市旅游产业发展水平指标，主要考察旅游产业发展的结构比重，因而用旅游企业固定资产额占全社会固定资产投资总额比重来表示。

(二) 向量自回归(VAR)模型的建立

通过向量自回归(VAR)模型对城市产业结构优化率 S 和城市旅游发展水平 T 两者的长期动态关系进行验证，在建立 VAR 模型前为避免伪回归，首先对 VAR 模型中变量 S 和 T 的时间序列进行平稳性检验，通过比较检验值和不同显著性下的临界值来判断是否存在单位根，如果存在单位根，则原时间序列不平稳，如果不存在单位根，则原时间序列平稳。本书采用单位根(ADF)检验法对 S 和 T 序列分别进行平稳性检验，结果如表 6-19 所示。

表 6-19　时间序列 S 和 T 平稳性检验

	S	T	$D(s)$	$D(T)$
t-统计量	−1.178 4	−0.601 2	−3.476 2	−2.871 9
相伴概率	0.175 5	0.352 7	0.002 6	0.009 1
1%水平	−2.734 8	−2.734 850	−2.734 850	−2.734 850
5%水平	−1.972 164	1.972 164	1.972 164	1.972 164
10%水平	−1.535 820	−1.535 820	−1.535 820	−1.535 820
是否存在单位根	是	是	否	否
结论	非平稳	非平稳	平稳	平稳

由于时间序列 S 和 T 的 t 统计量分别为−1.225 9 和−0.801 753 大于 1%、5%和 10%水平上的临界值，因而时间序列 S 和 T 存在单位根，为非平稳序列。接下来考察其一阶差分序列是否平稳，发现一阶差分 $D(S)$和 $D(T)$的统计值为−3.476 2 和−2.871 9，都小于

1%、5%和10%水平上的临界值,因而一阶差分序列$D(S)$和$D(T)$不存在单位根,为平稳序列。即时间序列S和T都为一阶单整序列,有$S \sim I(1)$和$T \sim I(1)$,两者满足协整检验的前提,可继续考察S和T是否存在长期的协整关系。

为了使模型参数具有较强的解释能力,接下来进行VAR模式的滞后期选择,确定解释变量的合理滞后阶数,结果如表6-20所示,当滞后期为2时,FPE、AIC、SC、HQ同时取得最小值,这样既可以有效消除残差自相关,模型的自由度也较为理想。因此选择滞后期为2来判断时间序列S和T之间的长期均衡关系。

表6-20　模型滞后期选择

Lag	LogL	LR	FPE	AIC	SC	HQ
0	−3.476 290	—	0.012 362	1.237 128	1.282 671	1.156 824
1	7.023 273	1.782 456	0.011 023	0.701 246 8	0.913 424	0.228 062
2	5.392 032	10.512 335*	0.005 218*	0.195 661*	0.367 824*	−0.097 815 6*

用Eviews软件建立无约束的滞后2期VAR模型,结果如表6-21所示:

所得回归模型的R^2、调整后的R^2都较高,说明方程拟合度好,且F统计量较大而AIC、SC值较小,说明模型总体显著,能较好地反映出变量S和T之间的长期关系,得到回归方程为:

$$S_{wh}=0.378\,3S(-1)+0.426\,8S(-2)+0.448\,0T(-1)+0.104\,6T(-2)+1.032$$

$$T_{wh}=0.215\,3S(-1)-0.221\,8S(-2)+0.957\,2T(-1)-0.198\,1T(-2)+3.917$$

表 6-21　VAR 模型回归结果

	S	T
S(−1)	0.378 326	0.215 283
	(1.513 4)	(0.198 0)
	[0.256 23]	[0.419 77]
S(−2)	0.426 827	−0.221 762
	(1.618 232)	(−1.813 4)
	[0.263 10]	[−0.456 12]
T(−1)	0.448 025 8	0.957 23
	(0.024 19)	(0.798 22)
	[0.392 78]	[1.194 52]
T(−2)	0.104 573	−0.198 186
	(0.011 14)	(0.386 90)
	[0.452 96]	[−0.498 24]
C	1.032 762	3.917 213
	(2.934 62)	(0.838 72)
	[0.387 82]	[0.045 01]
R^2	0.952 903	0.965 424
Adj. R^2	0.957 628	0.966 724
F-statistic	337.268	331.632 5
Akaike AIC	−0.613 72	−0.460 82
Schwarz SC	−0.267 42	−0.251 92

说明武汉的产业结构优化率既受自身滞后 2 期因素 S(−1)、S(−2)的影响，也受到滞后 2 期旅游产业发展水平 T(−1)和T(−2)的影响，且受旅游产业发展水平滞后 1 期的影响更大，影响系数为 0.448 0，即武汉旅游产业对城市产业结构优化影响系数为 0.448 0，即旅游产业发展水平提升 1%，武汉产业结构优化率提升 0.448%。

接下来对所建立的 VAR 模型进行平稳性检验，如图 6-10 所示，可知该模型共有 4 个特征根，所有特征根的倒数值都落在单位圆内，说明建立的 VAR 模型是平稳的。

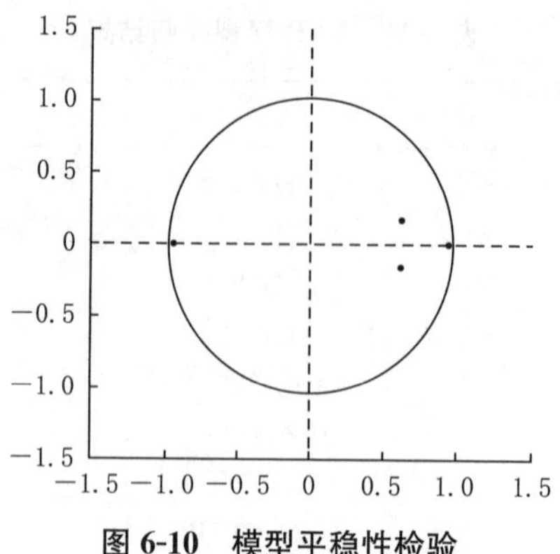

图 6-10　模型平稳性检验

再对平稳的 VAR 模型进行协整检验，采用约翰森检验法，设定协整方程为只有截距项而无确定性趋势，得检验结果如表 6-22 所示：

表 6-22　模型协整检验

假设检验	特征值	迹统计量	0.05 临界值	概率
拒绝原假设	0.356 782	18.271 34	15.233 10	0.005 2
最大 1 个协整	0.029 584	1.096 83	3.823 46	0.492 6

以检验水平 0.05 判断，迹统计量有 18.271 3＞15.233 1，1.096 83＜3.823 46，说明时间序列 S 和 T 存在协整关系，即产业结构优化率与旅游产业发展水平之间存在长期动态均衡关系，上述建立的稳定的 VAR 模型可很好地解释两者之间的长期关系。

（三）格兰杰因果检验

接下来通过格兰杰因果检验考察两者之间是否存在长期因果关系，由于原时间序列为一阶单整序列，且 VAR 模型中滞后 2 期可以准确地反映时间序列 S 和 T 之间的动态关系，因此将检验模型的滞后阶数设为 2，结果如表 6-23 所示。原假设一阶滞后期的“T 不是 S

的格兰杰原因”被拒绝，即“T 是 S 的格兰杰原因”，而“S 不是 T 的格兰杰原因”被接受，因而存在从 T 到 S 的单向因果关系，即武汉旅游发展水平提高可以带动城市产业结构优化率的提升，但城市产业结构优化率的提升对旅游产业发展水平提高作用没有呈现显著因果关系。

表 6-23　武汉时间序列 S 和 T 的格兰杰因果检验

滞后期	假设	假设内容	F 统计量	概率	结论
1	假设 1	T 不是 S 的格兰杰原因	26.149 8	0.012 3	拒绝
	假设 2	S 不是 T 的格兰杰原因	2.917 6	0.196 7	接受

(四) 结论

通过上述 VAR 模型构建和协整检验，可得出武汉产业结构优化率与旅游发展水平之间存在协整关系，两者之间有长期正相关关系，当旅游产业发展水平提升 1%，则武汉产业结构优化率提升 0.448 0%，格兰杰因果检验则表明武汉旅游产业发展水平是产业结构优化的单向原因，验证了假设 3 成立，说明武汉旅游产业作为城市服务业的龙头产业，充分发挥了旅游产业的产业关联效应和融合效应，带动了城市第三产业的发展，促进了城市产业结构的优化调整。

由以上结论可以看出，武汉旅游产业发展对城市产业结构优化有正向拉动效应，旅游产业发展促进了城市产业结构向“三、二、一”升级优化。因此应进一步加大对旅游产业发展的支持力度，同时优化旅游产业内部结构，完善旅游产业体系，通过旅游产业内部结构优化来更好地实现城市产业结构的优化。

第七章
西部城市旅游产业发展模式与经济效应研究——以重庆为例

第一节　重庆旅游产业的分层评价

一、政府政策层面因子分析

首先运用 SPSS 23.0 软件对重庆旅游产业发展模式的政府政策层面(G)所包含的 7 个指标原始数据进行因子分析，得出 KMO 为 0.627，适合做因子分析。巴特利特球形检验统计量的概率为 0，小于显著性水平 0.05，拒绝原假设，也说明适合做因子分析。

从总方差解释表 7-1 可以看出提取出的公共因子的特征值和累计贡献率，根据特征值大于 1 的提取主成分条件选取 2 个主成分，其中第一个主成分的特征根为 3.499，第二个主成分的特征根为 2.735，前两个主成分的累计贡献率达 89.055%，较好地解释了原始数据信息，其反映的原始指标信息是有效的。

然后根据旋转后的载荷矩阵对主成分进行解释以确定公共因子，从旋转后的因子载荷矩阵表 7-2 可以看出，公因子 F_1 在政府旅游产业政策级别与数目指标(X_1)、高等学校在校生数(X_3)、非公经

表 7-1 总方差解释

主成分	旋转前			旋转后		
	特征根	方差贡献率(%)	累计方差贡献率(%)	特征根	方差贡献率(%)	累计方差贡献率(%)
F_1	4.956	72.143	72.143	3.517	51.021	51.021
F_2	1.278	18.503	90.646	2.812	39.625	90.646

表 7-2 旋转后的因子载荷矩阵

指 标	变量	主成分	
		1	2
政府旅游产业政策级别与数目指标	X_1	<u>0.738</u>	0.594
城市旅游收入占城市 GDP 比重	X_2	0.047	<u>0.936</u>
高等学校在校生数	X_3	<u>0.925</u>	0.361
非公有制经济比重	X_4	<u>0.961</u>	0.197
第三产业与第二产业产值比	X_5	<u>0.945</u>	−0.237
实际吸引外资额	X_6	0.426	<u>0.863</u>
人均绿地面积	X_7	0.477	<u>0.876</u>

注:带下划线的数值为各指标在 2 个主成分因子上的最大因子载荷。

济比重(X_4)、第三产业与第二产业产值比(X_5)这 4 个指标上的载荷最大,该因子主要反映了重庆市政府在旅游产业发展的产业政策、旅游发展人才的储备、市场运作的机制、产业结构的调整高级化等方面对旅游产业发展的促进,因此将 F_1 定义为旅游产业促进政策因子。

公因子 F_2 在城市旅游收入占城市 GDP 比重(X_2)、实际吸引外资额(X_6)、人均绿地面积上(X_7) 3 个指标上的载荷最大,该因子主要反映政府政策对旅游产业地位的保障和对旅游产业发展具备良好投资环境、生态环境的制度保障,因此将 F_2 定义为旅游产业保障政策因子。

因此在政府政策层面中共提取出 2 个公因子，F_1 为旅游产业促进政策因子，F_2 为旅游产业保障政策因子，如表 7-3 所示。

表 7-3　重庆市政府政策层面的公共因子提取表

<table>
<tr><th></th><th>公共因子</th><th>变量</th><th>有较高载荷的原始指标</th></tr>
<tr><td rowspan="7">A_1
城市政府政策层面</td><td rowspan="4">F_1
旅游产业促进政策因子</td><td>X_1</td><td>政府旅游产业政策级别与数目指标</td></tr>
<tr><td>X_3</td><td>高等学校在校生数</td></tr>
<tr><td>X_4</td><td>非公经济比重</td></tr>
<tr><td>X_5</td><td>第三产业与第二产业产值比</td></tr>
<tr><td rowspan="3">F_2
旅游产业保障政策因子</td><td>X_2</td><td>城市旅游收入占城市 GDP 比重</td></tr>
<tr><td>X_6</td><td>实际吸引外资额</td></tr>
<tr><td>X_7</td><td>人均绿地面积</td></tr>
</table>

然后根据下表公共因子得分系数矩阵(表 7-4)，计算 2 个公共因子的得分，则有：

表 7-4　公共因子得分系数矩阵

指　　标	变量	主成分	
		F_1	F_2
政府旅游产业政策级别与数目指标	X_1	0.16	0.17
城市旅游收入占城市 GDP 比重	X_2	−0.318	0.612
高等学校在校生数	X_3	0.362	−0.106
非公有制经济比重	X_4	0.371	−0.155
第三产业与第二产业产值比	X_5	−0.312	0.147
实际吸引外资额	X_6	−0.068	0.403
人均绿地面积	X_7	−0.037	0.382

$$F_{1t}=0.16X_{1t}-0.318X_{2t}+0.362X_{3t}+0.371X_{4t}$$
$$-0.312X_{5t}-0.068X_{6t}-0.037X_{7t}$$

$$F_{2t}=0.17X_{1t}+0.612X_{2t}-0.106X_{3t}-0.155X_{4t}+0.147X_{5t}+0.403X_{6t}+0.382X_{7t}$$

对上述总体样本进行信度检验，结果克隆巴赫 α 系数为 0.752，表明样本具有较高的总体信度，说明所选样本具有有效性。

最后以各公共因子的方法贡献率为权重，计算 2007—2017 年重庆旅游产业政府政策层面因子 A_1 得分，计算公式如下：

$$A_{1t}=51.021F_{1t}+39.625F_{2t}$$

计算结果如表 7-5 所示：

表 7-5　重庆旅游产业政府政策 A_1 与主成分得分

年份	A_1	F_1	F_2
2007	−71.861 3	−2.102 1	0.684 1
2008	−54.528 6	−1.584 6	0.470 1
2009	−41.835 7	0.025 83	−1.106 2
2010	−34.615 9	−0.295 2	−0.606 8
2011	−27.968 5	−0.100 5	−0.612 2
2012	7.259 7	0.464 0	−0.617 7
2013	5.645 2	0.566 1	−0.627 0
2014	10.826 3	0.577 3	−0.555 8
2015	32.875 3	0.699 2	−0.147 7
2016	66.022 1	0.694 5	0.732 1
2017	151.889 8	1.054 6	2.387 1

从城市政府政策得分趋势图 7-1 可以看出重庆城市政府政策层面得分保持稳定的增长趋势，并在 2012 年有大幅的提高，从主成分因子分析可知，在政府政策层面的 2 个主成分中（如图 7-2 所示），“促进政策”因子 F_1 贡献率为 51.021%，对城市政府政策层面得分影响最大，F_1 得分从 2011 年起开始稳步上升，其在非公经济和三、二

产业比值上载荷较大，说明重庆发挥了市场在旅游产业发展中的主导作用，保障了市场机制在旅游产业发展中的有效运作以及第三产业在城市产业结构中比重上升都在较大程度上促进了重庆旅游产业发展。"保障政策"因子 F_2 得分从 2014 年起开始有稳定的增长，说明重庆旅游产业的产业地位获得进一步提升，并重视旅游发展投资环境和生态环境优化，以保障旅游产业的可持续发展。

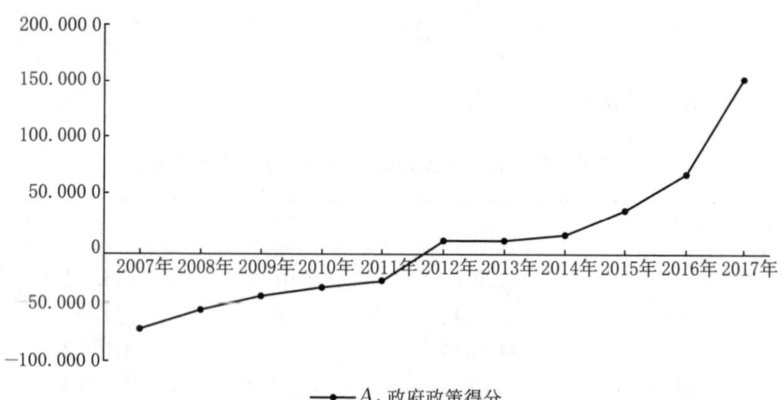

图 7-1 政府政策得分趋势图

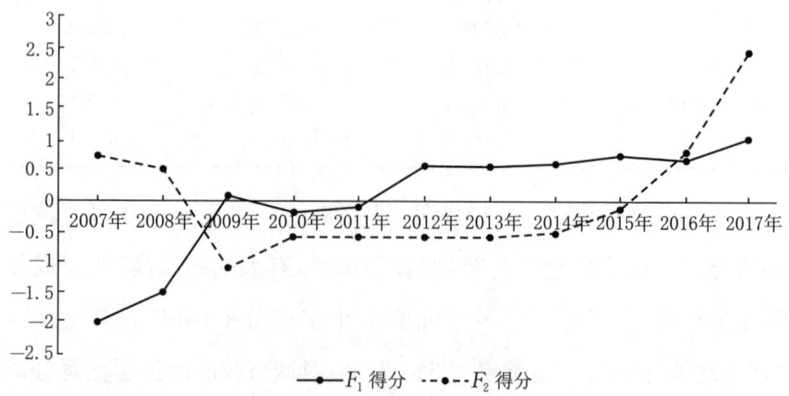

图 7-2 F_1 与 F_2 得分趋势图

二、产业发展层面因子分析

运用 SPSS 23.0 软件对城市旅游产业发展模式的旅游产业发展层面(I)所包含的 8 个指标原始数据进行 KMO 统计量和巴特利特球度检验,得到 KMO 为 0.652,巴特利特球度检验拒绝原假设,适合进行因子分析。

从总方差解释表 7-6 可以看出提取出的公共因子的特征值和累计贡献率,根据特征值大于 1 的提取主成分条件选取 2 个主成分,其中第一个主成分的特征根为 3.835,第二个主成分的特征根为 3.476,前两个主成分的累计贡献率达 89.941%,较好地解释了原始数据信息,其反映的原始指标信息是有效的。

表 7-6　总方差解释

主成分	旋转前			旋转后		
	特征根	方差贡献率	累计方差贡献率	特征根	方差贡献率	累计方差贡献率
F_1	4.712	57.573	57.573	3.835	49.387	49.387
F_2	2.593	32.368	89.941	3.476	40.554	89.941

然后根据旋转后的载荷矩阵对主成分进行解释以确定公共因子,从旋转后的因子载荷矩阵(表 7-7)可以看出,公因子 F_1 在旅游资源禀赋(X_8)、艺术馆数、文化馆数、公共图书馆数(X_9)、旅游核心产业从业人员数(X_{10})、旅游核心产业固定资产(X_{11})、旅游核心产业旅游企业集中度(X_{14})这 5 个指标上的载荷最大,均超过 72%以上,该因子主要反映了重庆旅游产业发展的现实和潜在旅游资源、资本、人力资源等生产要素的投入和行业集中度,因此将公因子 F_1 定义为旅游产业投入因子。

表 7-7 旋转后的因子载荷矩阵

指标	变量	主成分	
		1	2
旅游资源禀赋	X_8	<u>0.942</u>	−0.279
艺术馆数、文化馆数、公共图书馆数	X_9	<u>0.892</u>	−0.113
旅游核心产业从业人员数	X_{10}	<u>0.748</u>	0.729
旅游核心产业固定资产	X_{11}	<u>0.767</u>	0.624
旅游企业全员劳动生产率	X_{12}	0.581	<u>−0.671</u>
城市旅游总收入	X_{13}	0.493	<u>−0.778</u>
旅游核心产业旅游企业集中度	X_{14}	<u>0.945</u>	0.273
旅游核心产业营业收入占城市旅游总收入比重	X_{15}	−0.192	<u>0.923</u>

注:带下划线的数值为各指标在 2 个主成分因子上的最大因子载荷。

公因子 F_2 在旅游企业全员劳动生产率(X_{12})、城市旅游总收入(X_{13})、旅游核心产业营业收入占城市旅游总收入比重(X_{15})这 3 个指标上的载荷最大,该因子主要反映了旅游核心产业内旅游企业的收入、收入结构、产业效率等,将 F_2 定义为旅游核心产业产出因子。

因此在旅游产业发展层面中共提取出 2 个公因子,F_1 为旅游产业投入因子,F_2 为旅游核心产业产出因子,如表 7-8 所示。

表 7-8 重庆旅游产业发展层面公共因子提取表

	公共因子	变量	有较高载荷的原始指标
A_2 旅游产业发展层面	F_1 旅游产业投入因子	X_8	旅游资源禀赋
		X_9	艺术馆数、文化馆数、公共图书馆数
		X_{10}	旅游核心产业从业人员数
		X_{11}	旅游核心产业固定资产
		X_{14}	旅游核心产业旅游企业集中度

续表

	公共因子	变量	有较高载荷的原始指标
A_2 旅游产业发展层面	F_2 旅游核心产业产出因子	X_{12}	旅游企业全员劳动生产率
		X_{13}	城市旅游总收入
		X_{15}	旅游核心产业营业收入占城市旅游总收入比重

然后根据公共因子得分系数矩阵(表 7-9),计算 2 个公共因子的得分,公式为:

表 7-9　公共因子得分系数矩阵

指　　标	变量	主成分	
		F_1	F_2
旅游资源禀赋	X_8	0.262	−0.193
艺术馆数、文化馆数、公共图书馆数	X_9	0.243	0.048
旅游核心产业从业人员数	X_{10}	0.191	0.342
旅游核心产业固定资产	X_{11}	0.274	0.245
旅游企业全员劳动生产率	X_{12}	0.096	−0.168
城市旅游总收入	X_{13}	0.075	−0.212
旅游核心产业旅游企业集中度	X_{14}	0.263	0.003
旅游核心产业营业收入占城市旅游总收入比重	X_{15}	−0.042	0.267

$$F_i = b_{i1}X_1 + b_{i2}X_2 + \cdots + b_{ij}X_j$$

其中 F_i 为第 i 个公共因子的得分,b_{ij} 为第 j 个指标在第 i 个公共因子的载荷,X_j 为经过标准化的变量值,$t=2\,007$, $2\,002\cdots2\,017$,则有:

$$F_{1t}=0.262X_{8t}+0.243X_{9t}+0.191X_{10t}+0.274X_{11t}+0.096X_{12t}$$

$$+0.075X_{13t}+0.263X_{14t}-0.042X_{15t}$$

$$F_{2t}=-0.193X_{8t}+0.048X_{9t}+0.342X_{10t}+0.245X_{11t}-0.168X_{12t}$$
$$-0.212X_{13t}+0.003X_{14t}+0.267X_{15t}$$

对该结果进行信度检验分析，利用 SPSS 23.0 中信度分析功能对上述总体样本进行信度检验，结果显示克隆巴赫系数为 0.773，表明样本具有较高的总体信度，符合本书研究要求，所选样本具有有效性。

最后以各公共因子的方法贡献率为权重，计算 2007—2017 年重庆旅游产业发展因子 A_2 得分，计算公式如下：

$$A_{2t}=49.387F_{1t}+40.554F_{2t}$$

计算结果如表 7-10 所示：

表 7-10　重庆旅游产业发展 A_2 与主成分得分

年份	A_2	F_1	F_2
2007	−106.106 5	−1.998 2	−0.183
2008	−31.268 3	−1.025 8	0.478 2
2009	−2.634 7	−0.727 1	0.820 5
2010	8.409 5	−0.324 3	0.602 3
2011	18.305 7	−0.065 7	0.531 4
2012	64.786 8	0.742 6	0.693 2
2013	89.131 9	1.052 1	0.916 6
2014	135.787 7	1.982 1	0.934 5
2015	143.102 1	2.123 8	0.942 3
2016	163.579 5	2.315 9	1.213 3
2017	178.596 9	2.372 4	1.514 8

从重庆产业发展得分趋势图 7-3 可以看出重庆旅游产业发展 A_2 得分总体呈稳步增长趋势，重庆市产业发展层面分为 2 个主成分(如

图 7-4 所示)，分别为“旅游产业投入”因子和“旅游核心产业产出”因子，因子贡献率分别为 49.387%和 40.554%，数值上比较接近，说明这 2 个因子对重庆旅游产业发展的影响程度相当。“旅游产业投入”因子得分总体保持上升趋势，说明重庆旅游产业投入规模始终保持稳定的增加。“旅游核心产业产出”因子得分经历了 2009 年到 2011 年间的一段下降后从 2012 年起开始稳步增长，其中城市旅游总收入、旅游核心产业营业收入占城市旅游总收入载荷较大，说明从 2012

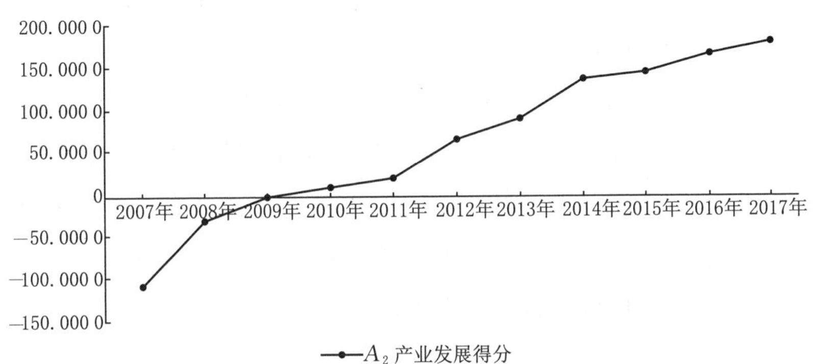

图 7-3　产业发展得分趋势图

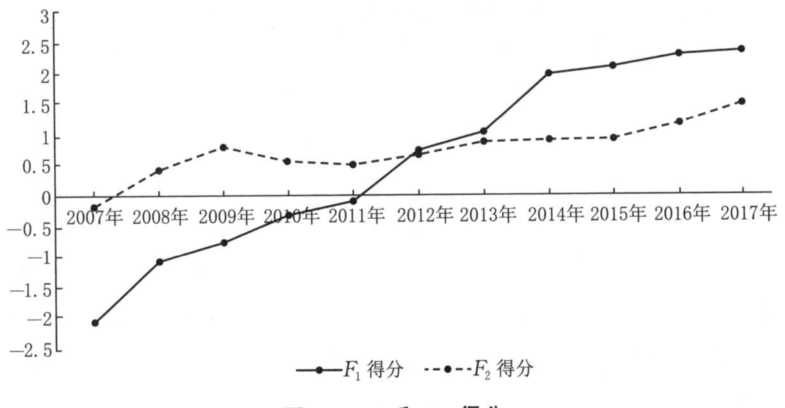

图 7-4　F_1 和 F_2 得分

年起重庆旅游产业产出的总量效应和结构效应都有所提高带动了重庆旅游产业的进一步发展。

三、城市发展环境层面因子分析

首先运用 SPSS 23.0 软件对重庆旅游产业发展模式的城市环境层面(U)所包含的 10 个指标原始数据进行因子分析，得出 KMO 为 0.716，大于 0.5(如表 7-11 所示)，说明适合做因子分析。巴特利特球形检验统计量的概率为 0，小于显著性水平 0.05，因而拒绝原假设，也说明适合做因子分析。

从总方差解释表 7-11 可以看出提取出的公共因子的特征值和累计贡献率，根据特征值大于 1 的提取主成分条件选取 2 个主成分，其中第一个主成分的特征根为 7.692，第二个主成分的特征根为 1.351，前两个主成分的累计贡献率达 90.433%，较好地解释了原始数据信息，其反映的原始指标信息是有效的。

表 7-11　总方差解释

主成分	旋转前			旋转后		
	特征根	方差贡献率(%)	累计方差贡献率(%)	特征根	方差贡献率(%)	累计方差贡献率(%)
F_1	7.759	77.595	77.595	7.631	76.316	76.316
F_2	1.152	11.523	89.118	1.280	12.802	89.118

然后根据旋转后的载荷矩阵对主成分进行解释以确定公共因子，从旋转后因子载荷矩阵表 7-12 可以看出，公因子 F_1 在民航、铁路、公路旅客周转能力综合指标(X_{16})、人均城市道路面积(X_{17})、城市基础设施投资额(X_{18})、邮电业务总量(X_{19})、公共服务支出占地方财政支出比重(X_{20})、城市第三产业占 GRP 比重(X_{21})、城市 GRP

(X_{22})、在岗职工平均工资(X_{23})和城市专利授权数(X_{25})这 9 个指标上的载荷较大，均超过 95%，该因子主要反映了城市环境中有利于重庆旅游产业发展的区位交通条件、基础设施建设、城市公共服务的提高、旅游相关产业发展水平、城市经济发展和科学技术水平，因此将公因子 F_1 定义为产业发展环境因子。

表 7-12 旋转后的因子载荷矩阵

指　　标	变量	主成分	
		1	2
民航、铁路、公路旅客周转能力综合指标	X_{16}	0.981	0.031
人均城市道路面积	X_{17}	0.959	0.036
城市基础设施投资额	X_{18}	0.997	0.073
邮电业务总量	X_{19}	0.972	0.208
公共服务支出占地方财政支出比重	X_{20}	−0.631	−0.279
城市第三产业占 GDP 比重	X_{21}	−0.765	0.093
城市 GDP	X_{22}	0.976	0.191
在岗职工平均工资	X_{23}	−0.612	−0.378
非农人口比重	X_{24}	0.023	0.967
城市专利授权数	X_{25}	0.971	0.074

注：带下划线的数值为各指标在 2 个主成分因子上的最大因子载荷。

公因子 F_2 在非农人口比重(X_{24})指标上的载荷最大，该因子主要反映了城市化水平，因此将公共因子 F_2 定义为城市化环境因子。

因此在城市环境层面中共提取出 2 个公因子，F_1 为旅游产业发展环境因子，F_2 为城市化环境因子，如表 7-13 所示。

然后根据公共因子得分系数矩阵(表 7-14)，计算 2 个公共因子得分，则有：

表 7-13　重庆城市环境层面的公共因子提取表

<table>
<tr><th></th><th>公共因子</th><th>变量</th><th>有较高载荷的原始指标</th></tr>
<tr><td rowspan="10">A_3
城市发展
环境层面</td><td rowspan="9">F_1
产业发展
环境因子</td><td>X_{16}</td><td>民航、铁路、公路旅客周转能力综合指标</td></tr>
<tr><td>X_{17}</td><td>人均城市道路面积</td></tr>
<tr><td>X_{18}</td><td>城市基础设施投资额</td></tr>
<tr><td>X_{19}</td><td>邮电业务总量</td></tr>
<tr><td>X_{20}</td><td>公共服务支出占地方财政支出比重</td></tr>
<tr><td>X_{21}</td><td>城市第三产业占 GDP 比重</td></tr>
<tr><td>X_{22}</td><td>城市 GDP</td></tr>
<tr><td>X_{23}</td><td>在岗职工平均工资</td></tr>
<tr><td>X_{25}</td><td>城市专利授权数</td></tr>
<tr><td>F_2
城市化
环境因子</td><td>X_{24}</td><td>非农人口比重</td></tr>
</table>

表 7-14　公共因子得分系数矩阵

指　　标	变量	主成分	
		F_1	F_2
民航、铁路、公路旅客周转能力综合指标	X_{16}	0.162	−0.121
人均城市道路面积	X_{17}	0.139	−0.119
城市基础设施投资额	X_{18}	0.143	−0.056
邮电业务总量	X_{19}	0.121	0.061
公共服务支出占地方财政支出比重	X_{20}	−0.069	−0.193
城市第三产业占 GDP 比重	X_{21}	−0.131	0.186
城市 GDP	X_{22}	0.142	0.034
在岗职工平均工资	X_{23}	−0.057	−0.258
非农人口比重	X_{24}	−0.115	0.832
城市专利授权数	X_{25}	0.137	−0.069

$$F_{1t}=0.162X_{16t}+0.139X_{17t}+0.143X_{18t}+0.121X_{19t}-0.069X_{20t}-0.131X_{21t}+0.142X_{22t}-0.057X_{23t}-0.115X_{24t}+0.137X_{25t}$$

$$F_{2t}=-0.121X_{16t}-0.119X_{17t}-0.056X_{18t}+0.061X_{19t}-0.193X_{20t}+0.186X_{21t}+0.034X_{22t}-0.258X_{23t}+0.832X_{24t}-0.069X_{25t}$$

对该结果进行信度检验分析，利用 SPSS 23.0 中信度分析功能对上述总体样本进行信度检验，结果显示克隆巴赫系数为 0.763，表明样本具有较高的总体信度，符合本书研究要求，所选样本具有有效性。

最后以各公共因子的方法贡献率为权重，计算 2007—2017 年重庆旅游产业城市发展环境 A_3 得分，计算公式如下：

$$A_{3t}=76.316F_{1t}+12.802F_{2t}$$

计算结果如表 7-15 所示：

表 7-15 重庆城市发展环境 A_3 与主成分得分

年份	A_3	F_1	F_2
2007	−76.921 0	−0.817 9	−1.132 8
2008	−76.998 1	−0.923	−0.512 3
2009	−61.132 9	−0.718 6	−0.491 5
2010	−53.912 6	−0.651 3	−0.328 7
2011	−45.491 7	−0.622 4	0.156 8
2012	−14.681 4	−0.412 9	1.314 6
2013	9.453 7	−0.027 3	0.901 2
2014	25.387 9	0.115 7	1.293 4
2015	72.535 3	0.788 9	0.963 1
2016	139.259 2	1.542 9	1.680 3
2017	172.024 4	1.982 1	1.621 5

从城市发展环境得分趋势图(图 7-5)可以看出重庆城市发展环境得分始终保持平稳的增长趋势，从主成分因子分析可知，城市环境

层面分为 2 个主成分，一为“旅游产业发展环境”因子，其因子贡献率为 76.316%，且在城市基础设施投资额、交通旅客周转能力综合指标、人均道路面积、城市 GDP 等指标上载荷较高，说明重庆旅游产业发展依托于城市交通条件和基础设施条件和城市经济发展水平程度。二为“城市化环境因子”，其贡献率为 12.802%，该因子在上海、武汉旅游产业发展模式中城市环境层面因子分析过程中并没有成为过公共因子，而在重庆城市环境层面因子分析中作为一个独立的公共因子，说明城市化对重庆旅游产业发展的影响很典型、突出。重庆旅游产业发展起步早，城市对外开放早，但城市化发展水平较低，这使得重庆的城乡二元经济结构在很长时间内没能从根本上得到改变，农民增收缓慢，对旅游消费能力和水平较低。因而城市化规模较小、辐射能力较弱很大程度上制约了重庆包括旅游产业在内的整个第三产业的发展，成为重庆旅游产业发展和经济发展的主要障碍。因此重庆加快推进城市化进程，从 F_1 和 F_2 得分趋势图（图 7-6）可以看出尽管波动较频繁，但重庆的城市化水平整体呈上升趋势。一方面，城市化推动了重庆交通基础设施的快速发展，如轨道交通、高速公路、机场和高铁的建设，极大提升了游客的出行便利性。另一方面，城市化促进了重庆旅游资源的开发，如洪崖洞、磁器口等景区的

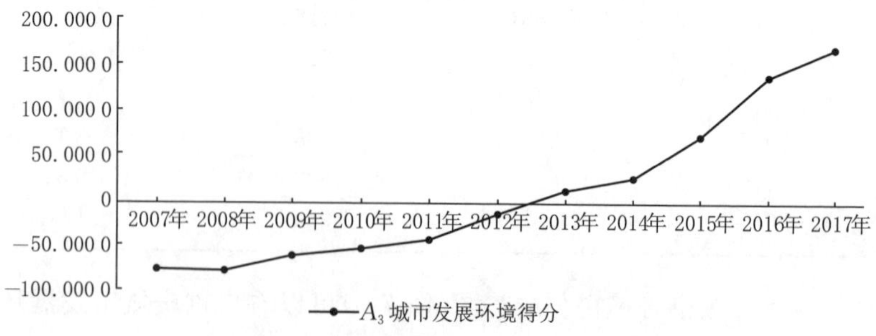

图 7-5 城市发展环境得分趋势图

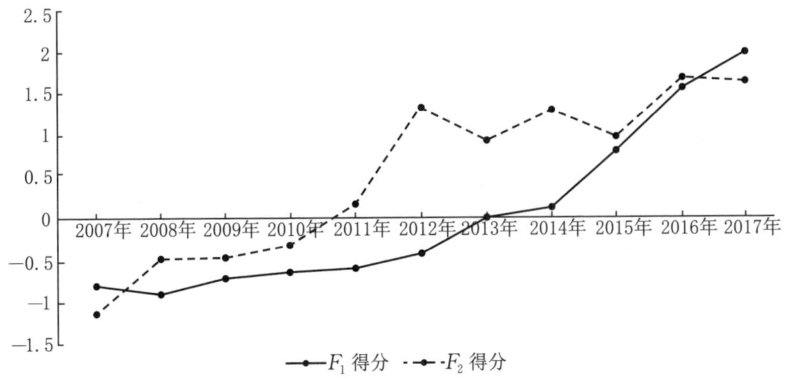

图 7-6　F_1 和 F_2 得分趋势图

改造，吸引了更多游客。也推动了重庆对本土文化的挖掘与展示，如巴渝文化、抗战文化等，增强了旅游的文化吸引力。由此，城市化对重庆旅游产业发展起到了重要的促进作用。

第二节　西部城市旅游产业发展模式的识别

上文基于城市旅游产业发展的 GIU 评价指标体系，运用因子分析法分别计算得到重庆旅游产业的城市政府政策因子（A_1）得分、产业发展因子（A_2）得分和城市产业发展环境（A_3）因子得分，如图 7-7 所示。

3 个层面因子得分都呈上升趋势，进一步探讨这 3 个层面因子得分与重庆旅游产业发展的关联程度，分别对 A_1、A_2、A_3 和旅游核心产业收入进行标准化处理，以旅游核心产业收入（T）为因变量①，

① 由于本书旅游产业发展层面的评价指标多为旅游核心产业的相关指标，所以为了更好地解释 GIU 3 个层面因子对旅游产业发展的影响程度，本书选用旅游核心产业收入为因变量。

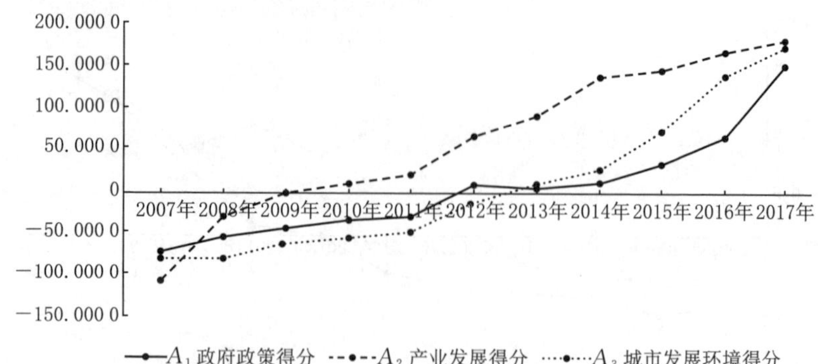

图 7-7 重庆城市旅游产业发展各层面公共因子得分比较

以城市政府政策因子(A_1)、产业发展因子(A_2)、城市产业发展环境(A_3)为自变量,进行多元线性回归,得到回归方程:

$$T=0.813\,57A_1+0.146\,892A_2+0.143\,211\,8A_3+1.68\times10^{-6}$$

$$t.=(1.732\,4)\qquad(2.157\,84)\qquad(2.833\,4)$$

$$R^2=0.867\,9\qquad D\text{-}W=1.982\,1$$

比较 A_1、A_2、A_3 自变量前的系数可知各因子对重庆旅游产业发展的影响程度依次为城市产业发展环境因子 A_3 影响最大,城市政府政策因子 A_1 次之,最后为产业发展因子 A_2,因而将以重庆为代表的西部城市旅游产业发展模式称为“资源环境先导,政策响应型”模式。

接下来本书将结合重庆旅游产业的现实发展过程,结合因子分析法所揭示的 GIU 3 个层面重要公共因子及公共因子载荷来进一步识别、剖析重庆旅游产业的“资源环境先导,政策响应型”模式,并分析、归纳在该模式下重庆旅游产业的发展特征和发展路径。

一、城市化为先的资源环境先导,政策响应型模式

通过上述因子分析可知重庆城市旅游产业发展环境层面分为 2

个主成分，如表 7-16 所示，第一主成分公共因子为产业发展环境因子，第二主成分公共因子为城市化因子。

表 7-16　重庆城市旅游产业发展环境层面因子提取

重庆	公共因子	变量	有较高载荷的原始指标	载荷
A_3 城市发展环境层面	F_1 产业发展环境因子	X_{18}	城市基础设施投资额	0.997
		X_{22}	城市 GRP	0.976
		X_{16}	民航、铁路、公路旅客周转能力综合指标	0.981
		X_{19}	邮电业务总量	0.972
		X_{25}	城市专利授权数	0.971
		X_{17}	人均城市道路面积	0.959
		X_{23}	在岗职工平均工资	0.612
		X_{20}	公共服务支出占地方财政支出比重	0.631
		X_{21}	城市第三产业占 GDP 比重	0.765
	F_2 城市化因子	X_{24}	非农人口比重	0.967

第一主成分因子中城市基础设施投资、城市 GDP、旅客周转率、人均道路面积、邮电业务总量等指标载荷较高，说明重庆旅游产业发展的外部环境中城市基础设施条件、经济发展水平、城市区位交通条件、相关产业发展对旅游产业发展影响较大。

城市的基础设施建设对重庆旅游产业发展有比较突出的作用在于重庆是中国最早的开放城市之一，凭借其得天独厚的自然美景吸引了众多国外游客，开放度高，但城市经济发展水平较低，城市基础设施不完善，旅游配套服务满足不了需求，尤其是以农业为主的渝东北、渝东南山区，严重阻碍了旅游产业的发展。于是重庆作为全国统筹城乡综合配套改革试验区，进行了大规模的新城区建设和改造，不断完善基础设施，加快推进渝东北和渝东南“大旅游经济”发展，城景交融“8D魔幻城市”的旅游形象很好地促进了重庆旅游产业的发展，被世界旅游业理事会（WTTC）评为“全球旅游增长最快城市”，被国际权威旅行杂志《弗罗默旅行指南》（*Frommer's*）和《孤独星球》（*Lonely Planet*）评为“世界十大旅游目的地”“全球十大最具发展潜力的旅行地”。在区位交通条件方面，拥有成熟的航空、铁路、高速公路交通运输网络，完善的交通设施将重庆打造成为我国西部地区的旅游集散中心和旅游交通枢纽。重庆独到之处在于将交通与旅游深度融合，李子坝轻轨站的轻轨穿楼奇观吸引了大量游客打卡，长江索道被誉为“空中公交车”是游客体验山城特色的必游项目，皇冠大扶梯作为亚洲最长的坡地扶梯，也成为游客体验重庆山地地形的热门景点，三峡游轮让游客在乘坐游轮的同时可以欣赏三峡风光，了解长江文化。

反映重庆第三产业发展水平的指标中第三产业占城市GDP比重指标载荷不高，说明与重庆旅游产业发展相关的其他服务业总量较小，第三产业内产业结构单一，以旅游产业为主。很大原因在于重庆“三、二、一”产业结构的调整并不是第一、二产业发展到一定水平后对第三产业发展的必然要求，而是依靠旅游产业来主导的，其第一、二产业仍处于较低的发展水平，第二产业并没有形成较大的对第三产业中生产性服务业如金融服务业、信息服务业、物流业等服务行业的需求。因而除旅游产业外重庆其他服务业总量很小，门类也较少，使得重庆旅游产业发展以传统业态为主，新型业态发展较缓慢，因此重庆旅游产业要取得长足发展就需要大力发展服务业中与旅游产业密切相关的零售业、娱乐服务业、文化艺术业、金融业等，通过服务业总量与结构的发展优化来拓宽旅游产业面，延伸旅游产业链，这需要城市政府相关政策的积极响应。

第二主成分因子由非农人口指标构成，该指标反映了重庆的城市化水平①，且独立形成公共因子，说明城市化对重庆旅游产业发展有重要影响，提高城市化发展水平对重庆旅游产业产生了重要的影响。第一，城市化将促进重庆旅游生产要素的充分流动和有效配置，重庆旅游产业为典型的旅游资源要素驱动，资本、技术、人力资源等要素投入比重相对较小，城市化将使得资本、技术、人力资源等要素在城市集聚和有效配置，加强旅游生产要素供给，既扩大旅游产业的产业规模，也将提升旅游产业的产业素质。第二，城市化将促进农村人口向城市的转移，使得城市人口逐步增加、空间范围逐渐扩大、城市功能日益完善、城市产业门类不断丰富，特别是促进了旅游产业相关服务业的广泛发展，使得旅游产业面拓宽，产业链延伸，旅游产品转型升级。第三，有利于旅游产业发展环境得到优化，随着城市化进程加快，重庆不断加大在城市基础设施和公共服务上的投入，极大改善了城市旅游基础设施和服务设施，美化了城市生态环境，优化了城市旅游产业发展的硬环境。第四，也是最为关键的一点，城市化提升了旅游产业地位，扩展了重庆旅游产业发展空间。重庆作为旅游城市，旅游城市化已发展成为重庆城市化的重要模式，旅游产业在城市化进程和城市经济发展中的地位和作用不断提升。首先重庆市市辖各区县（自治县）的旅游资源相当充裕且品位度高，以资源配置驱动满足旅游市场需求的现代新型旅游景区（点）的开发、建设和运营将

---

① 根据《中华人民共和国国家标准城市规划基本术语标准 GB/T 50280-98》，城市化指“生产和生活方式由农村型向城市型转化的过程，具体表现为人口集聚、产业集聚和社会生产生活方式转变”。

带动重庆市辖各区县(自治县)旅游经济的增长,从而带动整个城市经济的增长和城市化进程加快。其次通过发展乡村旅游、少数民族社区旅游将改变农村产业结构,帮助农民就业和脱贫致富,缩小城乡收入差距,促进城市周边乡镇城市化。最后,旅游产业发展带动了相关服务业的发展,旅游产业与相关产业服务业融合发展更为紧密,有利于城市产业体系的完善和产业结构的调整优化。

综上所述,对于重庆为代表的西部城市,旅游资源丰富但经济实力相对较弱,因此改善城市基础设施环境与交通设施,优化旅游产业发展硬环境是发展壮大旅游产业的先决条件。尤其以城市化进程为先,改善城市基础设施和公共服务设施,完善城市产业功能和体系,在总量与结构上发展壮大城市服务业。城市化进程极大改善了重庆旅游基础设施和服务设施,促进旅游生产要素有效配置,提升旅游产业发展素质,也进一步完善丰富了旅游产业体系,促进了新型旅游业态产生和旅游产品转型升级,因此以重庆为代表的西部城市的旅游产业发展模式为以城市化为先的环境先导型模式。

二、产业结构调整为政策核心的资源环境先导,政策响应型模式

在上述因子分析过程中重庆城市政府政策层面(G)被分为了 2 个主成分,如表 7-17 所示,主成分贡献率较高的为“旅游产业促进政策”因子,贡献率稍小的为“旅游产业保障政策”因子。

重庆的旅游产业保障政策公共因子由“城市旅游收入占城市 GDP 比重”“人均绿地面积”和“实际吸引外资额”构成,其中“城市旅游收入占城市 GDP 比重”载荷较高为 0.936,“人均绿地面积”和“实际吸引外资额”载荷相当,为 0.876 和 0.863。说明重庆旅游产业发

表 7-17　重庆政府政策层面公共因子提取表

<table>
<tr><th>重庆</th><th>公共因子</th><th>变量</th><th>有较高载荷的原始指标</th><th>载荷</th></tr>
<tr><td rowspan="7">A_1
城市政府政策层面</td><td rowspan="4">F_1
促进政策因子</td><td>X_4</td><td>非公经济比重</td><td>0.961</td></tr>
<tr><td>X_5</td><td>第三产业与第二产业产值比</td><td>0.945</td></tr>
<tr><td>X_3</td><td>高等学校在校生数</td><td>0.925</td></tr>
<tr><td>X_1</td><td>政府旅游产业政策级别与数目指标</td><td>0.738</td></tr>
<tr><td rowspan="3">F_2
保障政策因子</td><td>X_2</td><td>城市旅游收入占城市 GDP 比重</td><td>0.936</td></tr>
<tr><td>X_7</td><td>人均绿地面积</td><td>0.876</td></tr>
<tr><td>X_6</td><td>实际吸引外资额</td><td>0.863</td></tr>
</table>

展保障制度首先为对重庆旅游产业的产业发展地位的保障，其次为对旅游产业生态环境和投资环境的保障。在上述因子分析中可知重庆旅游产业保障政策公共因子得分从 2014 年起有了一个前所未有的快速增长，其中重要的原因就是在 2014 年，重庆被国际权威旅游机构评为“全球最具发展潜力的旅游城市”之一，这标志着重庆旅游产业的国际影响力进一步提升，也吸引了更多国际游客和投资。在此契机上，重庆市政府颁布《重庆市人民政府关于促进旅游业改革发展的实施意见》，将旅游业定位为战略性支柱产业和人民群众更加满意的现代服务业，提出构建十大旅游支撑体系，将重庆建设为国内外知名旅游目的地。在之后的重庆旅游业发展“十三五”规划中提出以建设成为国家旅游中心城市及具有世界吸引力和竞争力的国际知名旅游目的地为目标，推进区域协调发展，形成特色突出、功能互补、联动发展的大都市、大三峡、大武陵等三大旅游目的地。可以说重庆市政府对旅游产业地位的提升和相关政策制度的出台都有效地保障了重庆旅游产业的进一步发展和升级。

同时在生态环境和投资环境上也给予制度保障。重庆的生态环境制度保障对旅游业的发展起到了重要的促进作用。通过保护自然资源、改善环境质量、提升生态旅游吸引力，重庆不仅为游客提供了优质的旅游体验，还推动了旅游产业的可持续发展。例如生态保护红线制度，通过划定生态保护红线，保护了重要的自然景观和生态功能区，如武隆喀斯特、金佛山、长江三峡等，这些区域成为重庆生态旅游的核心资源。生态补偿机制为重庆发展生态旅游创造了条件，武隆仙女山、酉阳桃花源等生态旅游目的地吸引了大量游客。通过生态环境制度保障，重庆成功塑造了“山水之城·美丽之地”的城市形象，成为国内外游客青睐的旅游目的地。

同时重庆市政府创建了与旅游试验区建设相适应的投融资体制来优化重庆的投资环境，以解决原有体制机制与发展旅游产业的不适应，进一步加大了旅游招商引资的力度，建设旅游资本和产权交易平台，拓展了民间参与旅游投资的渠道和领域，为重庆旅游产业发展的投资环境优化提供了制度保障。如放宽市场准入、简化审批流程等，为重庆旅游投融资创造良好的政策环境。重庆探索将旅游景区、酒店等旅游资产进行证券化，通过发行资产支持证券（ABS）等方式盘活存量资产，提高旅游资产的流动性，为旅游项目提供持续的资金支持。鼓励金融机构为旅游企业提供贷款支持，特别是对中小型旅游企业和乡村旅游项目给予优惠贷款政策。同时鼓励金融机构开发旅游消费金融产品，如旅游分期付款、旅游信用卡等，刺激旅游消费。

综上所述，这些政策既保障了旅游产业在重庆国民经济中的重要产业地位，也保障了旅游产业赖以生存的生态环境和旅游产业实现进一步扩张、发展的投融资环境。

重庆旅游产业促进政策因子中非公经济比重、第三产业与第二产业产值比、高等学校在校生数等指标载荷较高。非公经济比重和第三产业与第二产业产值比这2个指标的凸显反映了重庆市政府的市场经济政策和产业结构调整政策对城市旅游产业的促进作用。重庆市是我国开放最早的城市之一，因此旅游业也就成了重庆非公经济进入最早的产业之一，重庆市鼓励发展非公经济的各项经济政策放宽了重庆旅游市场的准入和经营条件，促进了非公经济先后进入住宿业、餐饮业、旅行社业、旅游商贸业、旅游交通运输等旅游核心产业，旅游经营主体的多元化调整了重庆旅游产业所有制结构，扩大了重庆旅游经济总量。尤其是在旅游产业与农业融合发展过程中，农民自营的乡村旅游为当地农民带来了可观的旅游收入，调整了农村产业结构，极大带动了重庆大量农业人口的就业和创收，提高了全民发展旅游业的积极性，可见非公经济的规模效应和产出效益很好地促进了重庆旅游产业的发展。同时市场经济体制的建立和完善还进一步促进了旅游产业内各种资源、生产要素的流动、组合和有效配置，一些旅游企业通过市场的兼并、收购发展成为大型旅游集团，如重庆旅游投资集团通过兼并收购多家旅行社、酒店和景区，逐步发展成为重庆最大的旅游集团之一。其收购武隆喀斯特景区、长江三峡游轮公司等，整合了重庆的核心旅游资源。对重庆市内的旅游资源进行统一规划开发、更新改造、包装营销，提高了旅游企业的经营效益，改变了重庆旅游企业原有小、散、弱的格局，提升了重庆旅游企业的整体素质。

重庆产业结构调整政策也为其旅游产业的发展创造了更多的发展空间，夯实了产业发展基础。在2000年中期至2010年初期，重庆市的产业结构为“二、三、一”，重庆作为老工业基地，传统工业比重较高。之后，重庆通过产业结构调整，推动经济从传统工业向现代服务业转型，现代服务业的发展为旅游产业提供了良好的产业环境，旅游作为服务业的重要组成部分,也得到了更多的政策支持和资源倾斜。重庆积极推动旅游与文化、体育、工业、农业、健康等产业的融合共同促进重庆经济增长,形成"旅游+"发展模式。例如通过挖掘巴渝文化、抗战文化、火锅文化等,开发了洪崖洞、磁器口、大足石刻等文化旅游项目;依托山地地形和江河资源,发展了马拉松、漂流、攀岩等体育旅游项目;推动乡村旅游和农业观光,如武隆仙女山、酉阳桃花源等,促进了农村经济发展;传统工业用地的转型为工业遗址旅游项目,如括核工业 816 工程、狮子滩梯级水电站枢纽、重庆市自来水公司打枪坝水厂、重庆特钢厂等。到 2014 年重庆产业结构转变为"三、二、一",重庆的大旅游格局使得各区县域内的旅游资源得到进一步整合、开发,城市旅游基础设施和服务设施不断完善,旅游产业发展空间和市场空间进一步扩大,重庆旅游产业取得了快速发展,又带动了交通运输、餐饮业、住宿业、商贸业、邮电通信业等第三产业中密切相关产业的快速发展。但是和上海、武汉的产业结构演化不同的是,重庆产业结构"三、二、一"转变中第三产业的迅速发展并不是第一、二产业发展到一定水平后对第三产业发展的必然要求,而是依靠旅游产业来主导的。从产业结构演化的一般规律来看,第三产业中的生产性服务业如金融服务业、信息服务业、技术服务业等,其发展是以第二产业的分工专业化、产业关联复杂化产生对服务业的需求为条件的,旅游产业作为休闲经济时代的生活性服务业,其发展是以产业高级化带来劳动生产率提高、人们闲暇时间增加和工资水平提高为条件的。因此重庆第三产业尤其是旅游产业要取得长足的发展,一方面要大力发展服务业中其他与旅游产业发展相关的零售业、娱乐服务业、文化艺术业、金融业、信息服务业等,通过服务业总量和结构的发展优化来拓宽产业面和延伸产业链;另一方面也要充分发展第一、二产业尤其是现代农业、工业为第三产业的全面发展奠定坚实的基础。基于这点，重庆市作为中国西南地区的重要工业基地始终坚持推动传统制造业向高端化、智能化、绿色化转型。重庆的现代工业为旅游业的发展提供了全方位的支持，从基础设施的完善到旅游产品的创新，从智慧旅游技术的应用到生态环境的保护，现代工业在推动重庆旅游业高质量发展中发挥了重要作用。

高等学校在校生数指标反映了重庆的人才发展政策对城市旅游产业的促进作用。重庆是个旅游大市，其旅游产业的发展需要大量的旅游人才，因此重庆市政府建立各种人才交流和培养机制，为重庆旅游产业的发展提供了人力和智力支撑。如通过"重庆英才计划"，吸引国内外旅游领域的高层次人才，包括旅游规划专家、酒店管理精英、文化旅游创意人才等，并为引进的高层次人才提供住房补贴、科研经费、税收优惠等支持。

综上所述，在资源环境先导型发展模式下，重庆市政府对发展旅游产业给予了充分的政策响应，其政策既保障了旅游产业在城市国民经济中的重要产业地位，也保障了旅游产业赖以生存的生态环境和旅游产业实现进一步扩张发展的投融资环境。同时政府产业政策更注重推动城市产业结构的调整，提高第三产业在国民经济中的比重以更好发挥旅游产业的经济带动作用，但同时也注重第一、二产业发展水平的提升，以夯实旅游产业发展基础，促进旅游产业链延伸，完善旅游产业体系。对于以重庆为代表的西部城市而言，经济发展水平普遍较低，但旅游资源丰富，旅游产业对经济增长拉动效应明显，大部分的西部城市都将旅游产业定位为城市服务业的龙头产业或支柱产业，以带动城市第三产业发展和城市经济增长。但在这过程中极易造成城市第一、二产业逐渐弱化、空心化，违反产业结构演进升级的一般规律，使得旅游产业缺乏长远发展的市场需求和相关产业支持。因此在环境先导，政策响应的发展模式下，西部城市的产业政策在注重大力发展以旅游业为龙头产业的第三产业的同时，应进一步提升第一、二产业的发展水平，以夯实旅游产业的发展基础，完善相关产业供给，形成旅游产业与城市其他产业协调发展、共同发展的格局。

三、旅游资源为驱动要素的资源环境先导，政策响应型模式

重庆旅游产业发展层面分为 2 个主成分（如表 7-18 所示），第一主成分公共因子为旅游产业投入因子，第二主成分公共因子为旅游核心产业产出因子，说明重庆旅游产业的发展主要受到产业投入产出及效率的影响。

表 7-18　重庆旅游产业发展层面公共因子提取表

<table>
<tr><th>重庆</th><th>公共因子</th><th>变量</th><th>有较高载荷的原始指标</th><th>载荷</th></tr>
<tr><td rowspan="8">A_2
旅游产业发展层面</td><td rowspan="5">F_1
旅游产业投入因子</td><td>X_{14}</td><td>旅游核心产业旅游企业集中度</td><td>0.945</td></tr>
<tr><td>X_8</td><td>旅游资源禀赋</td><td>0.942</td></tr>
<tr><td>X_9</td><td>艺术馆数、文化馆数、公共图书馆数</td><td>0.892</td></tr>
<tr><td>X_{11}</td><td>旅游核心产业固定资产</td><td>0.767</td></tr>
<tr><td>X_{10}</td><td>旅游核心产业从业人员数</td><td>0.748</td></tr>
<tr><td rowspan="3">F_2
旅游核心产业产出因子</td><td>X_{13}</td><td>城市旅游总收入</td><td>0.778</td></tr>
<tr><td>X_{15}</td><td>旅游核心产业营业收入占城市旅游总收入比重</td><td>0.923</td></tr>
<tr><td>X_{12}</td><td>旅游企业全员劳动生产率</td><td>0.671</td></tr>
</table>

旅游产业投入公共因子包括了旅游资源禀赋、艺术馆、文化馆、公共图书馆总数、旅游核心产业固定资产、旅游核心产业从业人员数和旅

游核心产业旅游企业集中度。这些指标代表了旅游产业的现实旅游资源、潜在旅游资源、资本、人力资本等投入要素和旅游产业集中度，投入要素中现实和潜在旅游资源禀赋载荷较高，说明重庆旅游产业的发展以旅游资源为核心驱动要素。重庆既是我国著名的山城、江城，又是国家历史文化名城，且拥有独特的西南少数民族民俗风情，自然和文化旅游资源丰富且品味度高，使得重庆在很长时期内围绕自然山水、历史文化、民俗风情开发旅游资源，形成主要以传统自然山水观光和文化观光为主的旅游产品。但随着人们旅游消费需求由传统观光向现代休闲的转变，重庆逐步以市场为导向，重新开发、挖掘、包装城市旅游资源以满足现代旅游消费需求，将重庆市区打造成了最大的开放式景区，促进旅游产品由观光型向复合多元型升级，构成了以自然山水、历史文化、民俗风情、休闲度假、会展商务、生态养生为主的多元化旅游产品体系，带动重庆旅游业由传统旅游业向现代旅游业升级优化。

在旅游产业投入公共因子中，旅游产业集中度和旅游资源要素载荷较高，说明这 2 个指标对促进重庆旅游产业发展有重要的影响，且共同构成该公共因子说明重庆旅游产业集群是与旅游资源紧密结合的，是围绕在旅游资源周围的产业集群。既有同武汉相类似的景区型产业集群，即旅游核心产业企业以旅游资源为核心，集聚在旅游景区周围，形成旅游服务企业聚集区，如集中在自然山水、历史文化、生态养生等旅游资源周围的景区型产业集群。也由于重庆旅游资源的特殊性形成了另一种产业集群方式即社区型产业集群，该集群以土家族、苗族为主的少数民族风情旅游资源为核心，是围绕在少数民族旅游社区周围的产业集群，这一产业集群方式充分发挥了社区居民的积极性和创新性，很好地打造了重庆少数民族旅游品牌，如桃花源景区、龚滩古镇、蚩尤九黎城、洪安边城、濯水古镇等。并带来良好的少数民族社区旅游产业集群效应，使社区居民在旅游开发中得到经济收益，极大地提高了农民的收入水平，改变了农村产业结构，促进了当地乡村的经济发展，为西部城市乡村旅游开发提供了一个可参考的乡村旅游发展模式。

旅游核心产业产出公共因子以城市旅游总收入、旅游核心产业营收比重、旅游企业全员劳动生产率为主，这说明产出效应中既包括总量效应也包括结构效应，还有投入-产出效率。通过先前分析可知重庆旅游产业产出公共因子总体保持增长趋势，但也出现过下降的波动。是由于，随着重庆旅游产业投入的不断增加，旅游企业只重规模扩张，盲目求大导致了企业经营效率低下，同质竞争激烈，旅游企业尤其是星级饭店的旅游收入和利润率出现了大幅的下降。为了提高旅游产业发展质量，提高旅游产业产出效率，重庆旅游产业进行了产业结构调整，一些经营效率低、规模小的星级饭店逐渐淘汰退出市场，同时旅游产业与服务业其他产业和第一、二产业的融合加快，形成了生态养生、会展商务、节事旅游、休闲度假等新型旅游业态，旅游产品结构也随之转型升级。且在成为全球最具发展潜力的旅游城市后政府加大了对旅游产业的投资力度，改善优化旅游投资环境，大规模资金的投入改善了重庆的旅游基础配套设施和服务设施，极大改善了当地的旅游环境，提升了产业质量和产出效率。

综上所述，重庆旅游产业发展遵循了以城市资源环境为先导，以城市化和城市产业结构调整为先，优化城市旅游产业发展环境，改善旅游基础设施和服务设施，促进旅游生产要素有效配置，培育完善重庆旅游产业体系，并以旅游资源为核心驱动要素，促进旅游产品升级和新型旅游业态产生，由传统旅游产业向现代旅游产业转型升级的发展路径（如图 7-8 所示）。

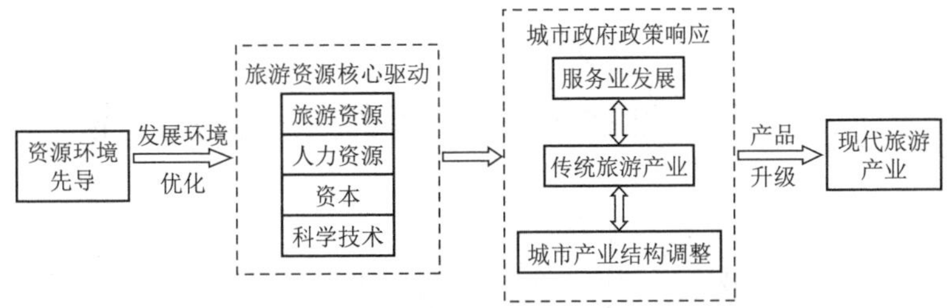

图 7-8　西部城市旅游产业发展路径

由此本书得出以重庆为代表的西部城市旅游产业发展模式以城市化为先，城市产业结构调整为政策核心，旅游资源为驱动要素的“资源环境先导，政策响应型”模式（如图 7-9 所示）。

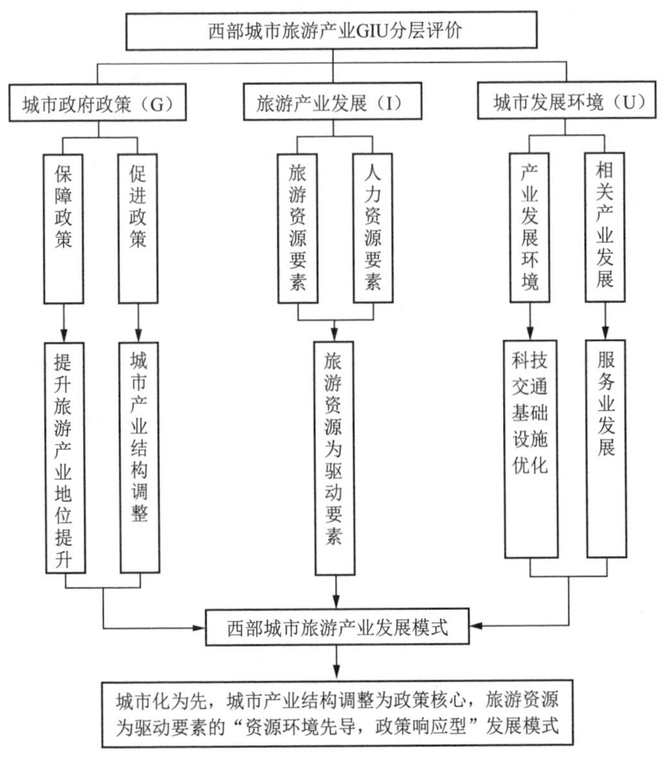

图 7-9　西部城市旅游产业发展模式识别图

第三节 西部城市旅游经济效应研究

同东、中部城市旅游产业的经济效应研究一样，本节提出相同的3个假设，遵循提出假设，建立模型，经验数据验证的研究路径来实证分析西部城市旅游产业发展模式下的经济效应。

假设1：城市旅游产业发展促进城市经济的增长。

假设2：城市旅游部门产出增长将带动城市非旅游部门产出增长。

假设3：城市旅游产业发展促进城市产业结构升级优化。

一、经济增长效应研究——基于两部门经济模型

从城市旅游产业发展与城市经济增长两者关系的经验数据来看，分别对重庆2007年到2017年的城市旅游收入和城市GDP时间数据序列取对数后进行比较，发现重庆城市旅游收入和城市GDP的时间数据序列呈现相似的走势（如图7-10所示），两者间可能存在较高的相关性，接下来本书将以重庆旅游产业发展的经验数据来验证假设1和假设2，研究分析西部城市旅游产业发展的经济增长效应。

（一）模型设计

将城市国民经济划分为旅游部门（T）和非旅游部门（N）两部门经济，并假设旅游部门（T）的产出水平会对城市国民经济的其他非旅游部门（N）产生影响，即非旅游部门的产出不仅依赖于本部门生产要素劳动力、资本的投入，还取决于同一时期旅游部门的产出，由此构造两部门的生产方程如下：

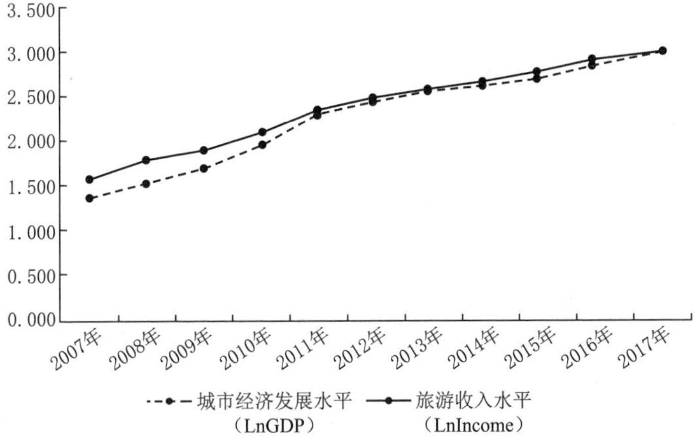

图 7-10 城市旅游收入与 GDP 时间序列比较

$$T=f(L_t, K_t) \quad ①$$

$$N=g(L_n, K_n, T) \quad ②$$

其中 T 代表旅游部门产出，N 代表非旅游部门的产出，L 为劳动力要素，K 为资本要素，对应下标代表对应部门。

且有城市的劳动力总量（L）、资本总量（K）、社会总产出（Y）分别为：

$$L=L_t+L_n \quad ③$$

$$K=K_t+K_n \quad ④$$

$$Y=T+N \quad ⑤$$

旅游部门与非旅游部门的劳动和资本边际生产力关系为：

$$\frac{f_l}{f_k}=\frac{g_l}{g_k}+\rho \quad ⑥$$

其中 f_l、f_k 为旅游部门的劳动力和资本的边际产出，g_l、g_k 为非旅游部门的劳动力和资本的边际产出，ρ 为两部门在边际生产力上的相对差异,如果 ρ 为正说明旅游部门的边际生产力大于非旅游部门,如果 ρ 为负,则说明旅游部门的边际生产力小于非旅游部门。

通过方程③、④、⑤、⑥可以推导出回归方程

$$\frac{\mathrm{d}Y}{Y}=\alpha\left(\frac{K}{Y}\right)+\beta\left(\frac{\mathrm{d}L}{L}\right)+\gamma\left(\frac{\mathrm{d}T}{T}\right)\left(\frac{T}{Y}\right) \tag{⑦}$$

其中$\frac{\mathrm{d}Y}{Y}$、$\frac{\mathrm{d}L}{L}$、$\frac{\mathrm{d}T}{T}$为城市国民经济总产出、劳动力和旅游部门产出的增长率,$\frac{T}{Y}$为旅游产出占社会总产出的比重,$\frac{K}{Y}$为资本占城市 GRP 的比重,K 可视作为社会资本存量的增量,因而用城市社会固定资产投资总额 I 代替。α 为非旅游部门资本的边际产出,β 为非旅游部门劳动力的弹性系数,γ 为旅游部门对城市国民经济增长的全部作用,有 $\gamma=\frac{\rho}{1+\rho}+g_t$,$\gamma$ 代表旅游部门对其他非旅游部门经济影响和两部门间要素边际生产力差异两者作用之和。为了估计旅游部门对非旅游部门的经济影响和两部门间要素边际生产力差异 ρ,假设旅游部门对非旅游部门的产出弹性是固定不变的,则有:

$$N=g(L_n, K_n, T)=T^{\theta}(L_n, K_n) \tag{⑧}$$

其中 θ 为旅游部门对非旅游部门经济影响的参数,有 $\frac{\partial N}{\partial T}=\theta\left(\frac{N}{T}\right)$

根据方程⑧将方程⑦变形为:

$$\frac{\mathrm{d}Y}{Y}=\alpha\left(\frac{I}{Y}\right)+\beta\left(\frac{\mathrm{d}L}{L}\right)+\left|\frac{\rho}{1+\rho}+\theta\left(\frac{N}{T}\right)\right|\left(\frac{\mathrm{d}T}{T}\right)\left(\frac{T}{Y}\right) \tag{⑨}$$

进一步计算调整，则有

$$\frac{\mathrm{d}Y}{Y}=\alpha\left(\frac{I}{Y}\right)+\beta\left(\frac{\mathrm{d}L}{L}\right)+\left|\frac{\rho}{1+\rho}-\theta\right|\left(\frac{\mathrm{d}T}{T}\right)\left(\frac{T}{Y}\right)+\theta\left(\frac{\mathrm{d}T}{T}\right) \qquad ⑩$$

(二) 数据来源与相关指标说明

为了保证本书研究的客观性和科学性，本书研究所用数据都为官方统计口径下数据，数据来源为《重庆经济社会统计年鉴》(2007—2018)、《中国旅游统计年鉴》(2007—2018)和重庆国民经济与社会发展统计公报(2007—2018)。

旅游部门产出(T)用城市旅游总收入表示，旅游总收入为城市国际旅游外汇收入与国内旅游收入之和，国际旅游外汇收入用当年美元兑人民币的汇价均值换算成人民币。

社会总产出(Y)选取当年价格计算的城市国民生产总值。

劳动力(L)选用城市从业人员总数表示。

资本(K)用城市全社会固定资产投资额表示。

以上各指标数据的时间区间为 2007 年到 2017 年，并为了消除数据异方差问题，本书对数据进行对数处理。

(三) 模型回归与结论

以重庆为样本城市，利用 Eviews 软件对上述模型的方程⑦分别进行多元回归，同时为消除自相关引入滞后一期变量$\left(\frac{I}{Y}\right)_{-1}$，回归结果如下：

$$\frac{\mathrm{d}Y}{Y_{\mathrm{cq}}}=0.337\,2\left(\frac{I}{Y}\right)+1.352\,4\left(\frac{\mathrm{d}L}{L}\right)+0.557\,6\left(\frac{\mathrm{d}T}{T}\right)\left(\frac{T}{Y}\right)+0.438\,1\left(\frac{I}{Y}\right)_{-1}+0.117\,5$$

$R^2=0.872\,3 \qquad D\text{-}W=1.972\,8$

由回归方程可知，重庆旅游产业发展的经济增长带动系数为

0.557 6，即旅游收入占 GRP 比重每提高 1 个百分点，城市 GRP 将提高 0.557 6 个百分点，重庆旅游产业发展对城市国民经济增长有正向拉动作用。

接下来对方程⑩分别进行回归，结果如下：

$$\frac{\mathrm{d}Y}{Y_{\mathrm{cq}}}=0.237\,6\left(\frac{I}{Y}\right)+1.337\,4\left(\frac{\mathrm{d}L}{L}\right)-0.245\,6\left(\frac{\mathrm{d}T}{T}\right)\left(\frac{T}{Y}\right)+0.138\,4\left(\frac{\mathrm{d}T}{T}\right)$$

(2.241 8)　　(1.237 1)　　(−1.421 5)　　(2.138 6)

$R^2=0.899\,2$　　$D\text{-}W=2.142\,3$

由方程可知 θ 等于 0.138 4，也就是说在其他因素不变的情况下，重庆旅游收入每增长 1 个百分点，非旅游部门的产出将增长 0.138 4 个百分点。将 θ 带入 $\left|\frac{\rho}{1+\rho}-\theta\right|=0.245\,6$，得到两部门间要素边际生产力差异 ρ 等于 −0.113 24，小于 0 说明重庆旅游部门的边际生产力低于非旅游部门边际生产力。

从上述回归结果可以看出重庆旅游产业发展对城市国民经济增长和非旅游部门经济增长都有正向拉动效应，验证了假设 1 和假设 2 成立，但旅游部门的边际生产力低于非旅游部门的边际生产力，说明西部城市旅游部门的生产要素边际生产效率与非旅游部门的生产要素边际生产效率差距较大。这说明西部城市旅游产业资源配置型增长以粗放型增长为主，亟待促进旅游产业由传统服务业向现代服务业转型，在发展过程中融入科学技术、知识、信息等要素来提高旅游部门生产要素边际生产效率，提升旅游产业附加值，使旅游产业由粗放型增长向集约型增长转变。

二、产业结构优化效应研究——基于向量自回归模型

本节将以重庆城市旅游产业发展的经验数据验证假设 3，以考察

城市旅游产业发展是否有助于城市产业结构的优化，对城市产业结构的调整到底会产生多大的影响。

（一）数据来源和指标说明

本书研究城市旅游产业发展与城市三次产业结构优化之间是否存在长期稳定的关系，将选取《中国统计年鉴》(2007—2018)、《中国旅游统计年鉴》(2007—2018)、《中国旅游统计年鉴(副本)》(2007—2017)、《重庆经济社会统计年鉴》(2007—2018)中的统计数据来构造综合指标以考察两者关系，时间区间为2007年到2018年。

被解释变量 S 为城市结构优化率，用第三产业与第二产业的产值比表示，该指标值越大，说明城市产业结构优化水平越高。

解释变量 T 为城市旅游产业发展水平指标，主要考察旅游产业发展的结构比重，因而用旅游企业固定资产额占全社会固定资产投资总额比重来表示。

（二）向量自回归(VAR)模型的建立

通过向量自回归(VAR)模型对城市产业结构优化率 S 和城市旅游发展水平 T 两者的长期动态关系进行验证，在建立VAR模型前为避免伪回归，首先对VAR模型中变量 S 和 T 的时间序列进行平稳性检验，通过比较检验值和不同显著性下的临界值来判断是否存在单位根，如果存在单位根，则原时间序列不平稳，如果不存在单位根，则原时间序列平稳。本书采用单位根(ADF)检验法对 S 和 T 序列分别进行平稳性检验，如表7-19所示。

由于时间序列 S 和 T 的 t 统计量分别为−0.941 238和−0.529 724大于1%、5%和10%水平上的临界值，因而时间序列 S 和 T 存在单位根，为非平稳序列。接下来考察其一阶差分序列是否平稳，发现一阶差分 $D(S)$ 和 $D(T)$ 的统计值为−5.271 223和−4.658 502，都小

表 7-19　时间序列 S 和 T 的平稳性检验

	S	T	$D(S)$	$D(T)$
t-统计量	−0.941 238	−0.529 724	−5.271 223	−4.658 502
相伴概率	0.716 2	0.832 4	0.013 2	0.002 8
1%水平	−4.198 26	−4.198 263	−4.198 263	−4.198 263
5%水平	−3.226 96	−3.226 962	−3.226 962	−3.226 962
10%水平	−2.541 28	−2.541 284	−2.541 284	−2.541 284
是否存在单位根	是	是	否	否
结论	非平稳	非平稳	平稳	平稳

于1%、5%和10%水平上的临界值，因而一阶差分序列 $D(S)$ 和 $D(T)$ 不存在单位根，为平稳序列。即时间序列 S 和 T 都为一阶单整序列，有 $S \sim I(1)$ 和 $T \sim I(1)$，两者满足协整检验的前提，可继续考察 S 和 T 是否存在长期协整关系。

为了使模型参数具有较强的解释能力，接下来进行 VAR 模式的滞后期选择，确定解释变量的合理滞后阶数，结果如表 7-20 所示，当滞后期为 2 时，FPE、AIC、SC、HQ 同时取得最小值，这样既可以有效消除残差自相关，模型的自由度也较为理想。因此选择滞后期为 2 来判断时间序列 S 和 T 之间的长期均衡关系。

表 7-20　模型滞后期选择

Lag	LogL	LR	FPE	AIC	SC	HQ
0	−15.125 73	NA	0.301 614	4.183 623	4.239 820	4.118 992
1	5.647 32	30.612 45*	0.005 123	0.107 239	0.256 287	−0.180 362
2	15.574 93	7.912 08	0.002 869*	−0.954 185*	−0.732 092*	−1.436 422*

用 Eviews 软件建立无约束的滞后 2 期 VAR 模型，结果如表 7-21 所示：

表 7-21　VAR 模型回归结果

	T	S
$T(-1)$	0.924 173 5	0.019 386
	(0.178 923)	(0.017 32)
	[5.203 127]	[0.895 34]
$T(-2)$	−0.075 394	0.018 340
	(0.198 37)	(0.112 31)
	[−0.911 26]	[2.290 36]
$S(-1)$	1.511 458	0.490 23
	(0.292 268)	(0.436 71)
	[3.836 70]	[1.167 82]
$S(-2)$	1.486 720	0.162 342
	(0.578 21)	(0.589 24)
	[2.736 288]	[0.267 23]
C	−0.178 244	0.247 708
	(7.156 12)	(0.746 538)
	[−0.824 41]	[0.328 01]
R^2	0.996 593	0.887 201
Adj. R^2	0.994 923	0.763 342
F-statistic	389.124 2	363.782 9
Akaike AIC	−1.791 128	−2.856 224
Schwarz SC	−1.916 034	−2.628 705

所得回归模型的 R^2、调整后的 R^2 都较高，说明方程拟合度好，且 F 统计量较大而 AIC、SC 值较小，说明模型总体显著，能较好地反映出变量 S 和 T 之间的长期关系，得到回归方程为：

$$S_{cq}=0.490\,2S(-1)+0.162\,3S(-2)+0.019\,4T(-1)+0.018\,3T(-2)+0.248\,8$$

$$T_{cq}=1.511\,4S(-1)+1.486\,7S(-2)+0.924\,2T(-1)-0.075\,3T(-2)-0.178\,2$$

说明重庆的产业结构优化率既受自身滞后 2 期因素 $S(-1)$、$S(-2)$的影响，也受到滞后 2 期旅游产业发展水平 $T(-1)$和 $T(-2)$的影响，受自身滞后 1 期的影响更大，影响系数为 0.490 2，受旅游产业发展水平滞后 1 期的影响系数则为 0.019 4。重庆旅游发展水平则受产业结构优化率滞后一期 $S(-1)$影响更大，影响系数为 1.511 4。

接下来对所建立的 VAR 模型进行平稳性检验，由下图 7-11 所示，可知该模型共有 4 个特征根，所有特征根的倒数值都落在单位圆内，说明建立的 VAR 模型是平稳的。

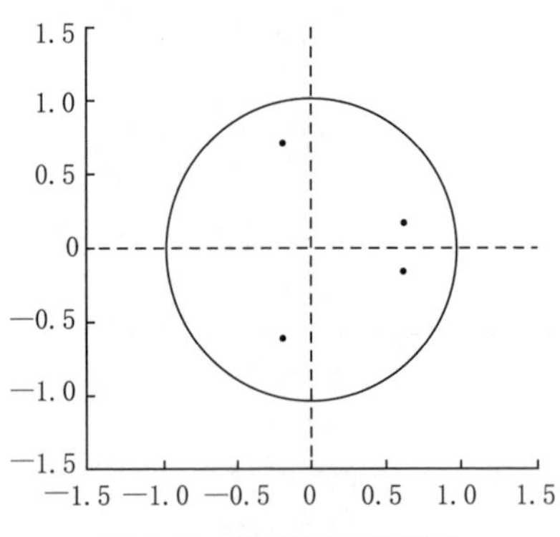

图 7-11　模型平稳性检验

再对平稳的 VAR 模型进行协整检验，采用约翰森检验法，设定协整方程为只有截距项而无确定性趋势，得检验结果如表 7-22 所示：

表 7-22　模型协整检验

假设检验	特征值	迹统计量	0.05 临界值	概率
拒绝原假设	0.390 24	18.365 27	14.734 22	0.003 62
最大 1 个协整	0.056 82	1.398 34	5.620 51	0.592 34

以检验水平 0.05 判断，迹统计量为 18.365 27＞14.734 22，1.398 34＜5.620 51，说明时间序列 S 和 T 存在协整关系，即产业结构优化率与旅游产业发展水平之间存在长期动态均衡关系，上述建立的稳定的 VAR 模型可很好地解释两者之间的长期关系。

(三) 格兰杰因果检验

接下来通过格兰杰因果检验考察两者之间是否存在长期因果关系，由于原时间序列为一阶单整序列，且 VAR 模型中滞后 2 期可以准确地反映时间序列 S 和 T 之间的动态关系，因此将检验模型的滞后阶数设为 2，结果如表 7-23 所示。格兰杰因果检验则表明对于城市重庆，其原假设一阶滞后期的“T 不是 S 的格兰杰原因”被接受，而“S 不是 T 的格兰杰原因”被拒绝，即“S 是 T 的格兰杰原因”，因而存在从 S 到 T 的单向因果关系，即重庆城市产业结构优化率的提升带动了重庆旅游发展水平提高，但城市旅游产业发展水平提高对产业结构优化率提升作用不显著。

表 7-23　重庆时间序列 *S* 和 *T* 的格兰杰因果检验

滞后期	假设	假设内容	F 统计量	概率	结论
1	假设 1	T 不是 S 的格兰杰原因	3.764 22	0.118 9	接受
	假设 2	S 不是 T 的格兰杰原因	21.865 16	0.006 72	拒绝

(四) 结论

通过上述 VAR 模型构建和协整检验，可得出重庆产业结构优化率与旅游发展水平之间存在协整关系，两者之间有长期正相关关系，当重庆产业结构优化率提升 1%，则其旅游产业发展水平提升 1.511 4%，格兰杰因果检验则表明重庆城市产业结构优化是旅游产业发展水平提升的单向原因，否定了假设 3 成立，说明重庆的城市产业结构调整带动了城市旅游产业发展，也进一步验证了重庆的“资源环境先导，政策响应型”的发展模式。重庆产业结构调整为其旅游产业的发展创造更多的产业发展空间，夯实了旅游产业的发展基础。

第八章 城市旅游产业发展模式比较与对策建议

第一节 城市旅游产业发展模式比较

在第五、六、七章中本书基于城市旅游产业的GIU评价指标体系，运用因子分析法从政府政策、产业发展、城市发展环境3个层面对样本城市旅游产业进行了分层评价。通过分层评价所揭示出的旅游产业关键影响因子及其相关程度与特征，对样本城市的旅游产业发展模式进行了判断、识别，在识别过程中进一步结合对3个城市旅游产业现实发展的深度剖析对不同发展模式下旅游产业的发展特征和路径进行了归纳，得出以上海、武汉、重庆为代表的东、中、西部城市旅游产业发展模式及发展特征如表8-1所示：

运用两部门经济模型对不同发展模式下样本城市旅游产业的经济增长效应进行了实证研究，得出上海旅游产业经济增长带动系数为0.799 8，即旅游收入占GRP比重每提高1个百分点，城市GRP将提高0.799 8个百分点，武汉旅游产业经济增长带动系数为0.572 6，重庆旅游产业经济增长带动系数为0.557 6。上海旅游产业对非旅游部

表 8-1 东、中、西部城市旅游产业发展模式和发展特征

区 域	发展模式	发展特征
东部城市	产业驱动，政策支持型	市场主导为先，技术为核心生产要素，依托城市现代服务业
中部城市	政策驱动，产业推动型	提升旅游产业地位为先，旅游资源和人力资本为核心要素，依托城市产业发展环境
西部城市	资源环境先导，政策响应型	城市化为先，城市产业结构调整为政策核心，旅游资源为驱动要素

门带动系数为 0.761 3，即在其他因素不变的情况下，旅游收入每增长 1 个百分点，非旅游部门的产出将增长 0.761 3 个百分点，武汉旅游产业对非旅游部门带动系数为 0.381 9，重庆旅游产业对非旅游部门带动系数为 0.245 6。可见 3 个城市旅游产业发展对城市国民经济增长、非旅游部门产出增长都有正向带动效应，且东部城市带动效应最大，中部城市其次，西部城市最小。上海两部门间要素边际生产力差异为 0.003 8，大于 0 说明上海旅游部门的边际生产力略高于非旅游部门边际生产力。而武汉和重庆两部门间要素边际生产力差异分别为－0.091 6 和－0.113 24，都小于 0，说明武汉和重庆旅游部门的边际生产力低于非旅游部门边际生产力。

运用 VAR 向量自回归模型对不同发展模式下样本城市旅游产业的产业结构优化效应进行了实证研究，得出上海旅游产业对城市产业结构优化影响系数为 0.659 8，即旅游产业发展水平提升 1%，上海产业结构优化率提升 0.659 8%，武汉旅游产业对城市产业结构优化影响系数为 0.448 0，重庆旅游产业对城市产业结构优化影响系数为 0.019 4，说明 3 个城市旅游产业发展对城市产业结构优化都有正向带动效应，且东部城市带动效应最大，中部城市其次，西部城市最小。进一步用格兰杰因果检验样本城市旅游产业发展与城市产业结构优化之间的长期因果关系，得出对于上海和武汉，其旅游产业发展水平提升是城市产业结构优化的单向原因，而对于重庆，其城市产业结构优化是旅游产业发展水平提升的单向原因。

综上所述，如表 8-2 所示，在东、中、西部城市旅游产业发展模式下，旅游经济增长对城市经济增长和非旅游部门产出增长都有正向带动效应，东部城市旅游经济增长效应大于中、西部城市旅游经济增长效应，且东部城市旅游部门边际生产力高于非旅游部门边际生产力，而中部、西部旅游部门边际生产力低于非旅游部门边际生产力。对于东、中部城市，旅游产业发展水平提升是产业结构优化的单向原因即旅游产业发展促进了城市产业结构优化，且东部城市产业结构优化影响系数大于中部城市产业结构优化影响系数。而对于西部城市，城市产业结构优化是旅游产业发展水平提升的单向原因，即城市产业结构优化提升了城市旅游产业发展水平。

表 8-2　不同发展模式下城市旅游经济效应比较

假设	东部城市	中部城市	西部城市
假设 1：旅游经济增长带动城市经济增长	接受	接受	接受
经济增长带动系数	0.799 8	0.572 6	0.557 6
假设 2：城市旅游部门产出增长带动非旅游部门产出增长	接受	接受	接受
非旅游部门产出带动系数	0.761 3	0.381 9	0.245 6
旅游部门与非旅游部门要素边际生产力比较	大于	小于	小于
假设 3：旅游产业发展促进城市产业结构升级优化	接受	接受	拒绝
城市产业结构优化影响系数	0.659 8	0.448 0	0.019 4

可见旅游产业发展模式不同，其经济效应也不同，因此本书将进一步比较东、中、西部城市旅游产业发展模式，从发展模式差异角度探究旅游经济效应不同的原因，以明确东、中、西部城市旅游产业发展模式的优缺点，并在此基础上提出东、中、西部城市旅游产业发展的对策与建议。

本书基于 GIU 评价指标体系识别东、中、西部城市旅游产业发展模式，因而将从 GIU 框架下的政府政策、产业发展和城市发展环境三个层面对东、中、西部城市旅游产业发展模式进行横向比较。

一、不同发展模式下的政府政策差异

从东部城市的"产业驱动，政策支持型"旅游产业发展模式、中部城市的"政策驱动，产业推动型"旅游产业发展模式和西部城市的"资源环境先导，政策响应型"旅游产业发展模式，可以看出政府政策在东、中、西城市旅游产业发展过程中的作用和导向有明显差别。

对于经济较发达、旅游产业发展水平较高的东部城市而言，其政府政策主要发挥对城市旅游产业发展升级的支持作用。通过完善市场经济制度，保障旅游产业发展的市场主导性；通过健全生态保护政策，促进城市生态文明建设以优化城市旅游生态环境；通过投资政策引导投资主体投入城市现代化景观建设和高水平旅游服务设施以优化城市旅游产品和提高旅游产业发展水平。

对于经济基础较好、工业城市转型的中部城市而言，其政府政策在城市旅游产业发展壮大中发挥极其重要的驱动作用。通过产业政策进一步明确和提升旅游产业在城市国民经济中地位和作用，消除原有旅游产业发展的限制，促进城市资源和要素在产业间的重新配置，产业发展的决定性要素人力、资本、技术、信息不断向旅游产业集中，驱动旅游产业快速发展壮大；通过市场经济制度的完善，促进城市商业市场规模扩大和旅游相关服务业成长壮大，进一步发挥市场在旅游产业发展中的有效配置作用，增强旅游核心产业之间以及旅游与其他产业之间的联动发展，以扩大旅游产业规模和完善产业体系；通过生态环境保护政策促进旅游产业发展以代替工业城市一些原有资源消耗大、污染重的产业，以旅游产业发展带动城市资源节约型、环境友好型社会建设。

对于旅游业资源丰富但经济发展水平较低的西部城市而言，在资源环境先导的前提下，其政府政策发挥积极响应作用。通过经济政策促进城市产业结构调整，提高第三产业比重，兼顾三次产业协同发展以夯实旅游产业发展基础，培育旅游产业的紧密产业和辅助产业以完善产业发展体系；通过产业政策确立旅游产业在城市国民经济中的重要产业地位，使得旅游产业获得更大发展空间和发展资源；通过投资政策改善旅游产业投融资环境，加大财政投入以弥补旅游产业发展资金不足；通过生态环境保护政策保障旅游产业赖以生存的生态环境，抑制过去在旅游产业发展过程中只追求经济效益无视环境效益、社会效益，采取掠夺式、野蛮式开发城市旅游资源的行为，消除旅游资源和生态环境破坏带给产业发展的不利影响。

二、不同发展模式下的产业发展差异

（一）核心生产要素差异

通过上文城市旅游产业经济增长效应分析，本书得出在东、中、西部城市旅游产业发展模式下旅游产业对城市经济增长和产业结构优化都有正向带动效应，但东部城市发展效应要明显大于中部、西部城市的发展效应，且东部城市旅游部门的边际生产力高于非旅游部门边际生产力，而中部、西部旅游部门的边际生产力低于非旅游部门边际生产力的结论。可见，尽管中、西部城市旅游产业发展模式能带来正向经济效应但存在一定缺陷，缺陷在于生产要素中技术要素的比重过小，使得要素质量和投入产业率相对较低。

通过先前的因子分析可知，东部城市旅游产业以技术为核心生产要素，中部城市旅游产业以旅游资源和人力资本为核心生产要素，西部城市旅游产业以旅游资源为核心要素。可见中、西部城市旅游产业仍为传统的资源密集型和劳动密集型产业，依靠投入大量的旅游资源和劳动来增加产出，决定了中、西部城市旅游产业增长为传统粗放型增长。而东部城市旅游产业正逐步升级为技术密集型产业，依靠加大产业技术含量，提高要素质量和利用效率来增加产出，决定了东部城市旅游产业增长为现代集约型增长，这也是为什么东部城市旅游部门边际生产力高于非旅游部门边际生产力，而中、西部城市旅游部门边际生产力低于非旅游部门边际生产力的根本原因。

科学技术作为东部城市旅游产业发展的核心生产要素，促进东部城市旅游产业从传统的资源、劳动密集型产业向技术、知识密集型产业转型升级。技术进步与创新直接改变了旅游产业要素的投入产出比例，提高了产业劳动生产率，促进了产业集约化生产。其次技术进步推动了旅游产品的开发创新，积极地将其他产业的技术优势融入旅游产业发展，将旅游产品与现代声、光、电、通信、网络技术完美结合，设计出新型旅游产品充分满足旅游者的体验需求。并通过技术融合手段促进旅游产业与其他相关产业融合，不断创新开发出农业旅游、工业旅游、商务旅游、会展旅游、科技旅游、文化旅游、体育旅游、养生旅游、教育旅游等一系列新型旅游产品，既充分满足现代旅游者的多元化旅游需求，又进一步带动了城市相关产业发展。再者新技术带来了全新的旅游经营模式和服务方式，比如互联网技术在旅游业的应用开创了便捷的旅游电子商务营销模式，云技术和物联网技术在旅游业的应用开创了智慧旅游公共信息服务模式。技术推动旅游产业发展的传导机制为：技术要素比重增大—旅游新业态产生(生产出新型旅游产品或催生新的经营模式和服务方式)—要素利用效率提高—旅游产业边际生产力增大—产业利润增加—旅游产业增加值增长—相关产业增加值增长—城市经济增长。可见技术要素成为东部城市旅游产业发展和升级的核心要素和内在优势，大大提高了旅游产业边际生产力，为城市经济增长带来了更大的拉动效应。

而中、西部城市则利用其在旅游资源禀赋上的绝对优势和劳动力成本低的比较优势，旅游产业以旅游资源和劳动力为主要驱动要素，技术和资本要素投入比重小，产业发展以大规模的旅游资源开发和大量的劳动投入为基础，投入大、开发成本高，要素投入产出率低。这种典型的粗放型旅游经济增长方式存在诸多弊端：首先对资源过度依赖极易造成对旅游资源的过度开发和生态破坏，阻碍城市旅游产业的可持续发展；其次以观光旅游为主，旅游消费多为一次性消费，回头客少，重复消费率很低，难以满足旅游者多样性的旅游需求；再者，旅游消费水平低，旅游收入结构多来自门票收入，而收入结构中收入弹性大、消费水平高、重复消费率高的旅游娱乐、旅游购物、旅游休闲比重却很小。因此中、西部旅游产业以资源和劳动力为核心的要素结构使得旅游部门边际生产力小于非旅游部门边际生产力，旅游产业对城市经济增长的拉动效应要小于东部城市旅游产业对经济增长的拉动效应。

(二) 产业集聚水平差异

东部城市旅游产业集聚水平高，城市型的产业集群方式带来更大的经济增长效应和产业结构优化效应。东部城市已形成了一个围绕旅游核心吸引物,由“食、住、行、游、购、娱”核心旅游企业构成核心层,由交通运输业、娱乐服务业、住宿餐饮业、邮电通信业、信息服务业、会展业、金融业等直接相关产业构成辅助层,由农业、林业、畜牧业、渔业、食品制造业、饮料业、建筑业、文化艺术业、体育业、教育业等间接相关产业构成扩展层的产业集群(如图 8-1 所示),为城市旅游产业发展带来较好的集群效应、规模经济效应和范围经济效应。从产业集群的核心吸引物来看,东部城市拥有较充裕和极具现代品味度的都市旅游资源,又伴随城市科技、文化、创意、休闲等产业的不断发展壮大,形成了丰富、多样的城市潜在旅游资源,这些潜在城市旅游资源伴随旅游产业的集聚而不断集中,生产出集观光、娱乐、商务会展、休闲度假、科技体验、文化创意等多功能的复合型现代旅游产品。从产业集群的城市发展环境看,东部城市经济实力较强、基础设施较完善、制度建设较成熟为集群内的旅游企业发展提供了良好的公共基础设施、管理服务和制度环境,为旅游产业发展带来外部经济,有效降低了旅游企业的经营成本和交易成本,提高了东部城市旅游产业产出效率。且城市产业结构体系完善,尤其是第三产业中的现代服务业发达,为旅游产业与其他产业融合、拓宽产业面、延长产业链提供了广泛的发展空间。从产业集群内的行业关联关系来看,不仅核心旅游产业内部各旅游企业紧密联系,共同协作,核心旅游产业还与城市现代服务业内的其他行业和第一、二产业的相关行业紧密联系,相互融合,带动城市其他产业发展。因此东部城市的旅游产业集群是一种在城市空间上的产业集聚,充分利用城市资源,在城市范围内形成广泛而紧密的产业关联网络,充分发挥规模经济和集群经济效应,形成城市旅游品牌,提升旅游产业整体竞争优势,同时也更好地发挥城市与旅游产业发展的良性互动、协调作用，旅游产业发展依托城市，带动城市现代服务业相关产业及第一、二产业发展，促进城市经济增长和产业结构优化。

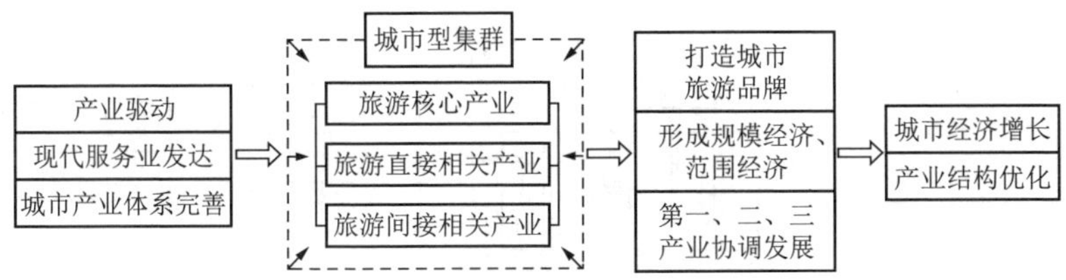

图 8-1　东部城市旅游产业集聚对城市经济增长效应的作用机制

中部城市旅游产业集聚水平较之东部城市则相对较低，产业集群方式为一种紧密结合旅游资源，围绕在旅游资源周围的景区型集群（如图 8-2 所示），以旅游景区（点）为核心，旅游核心产业中的旅行社、旅馆、饭店、餐馆、旅游交通企业、旅游产品销售企业等六要素旅游企业集聚在旅游景区周围，形成旅游服务企业聚集区，集群内的旅游企业共享景区基础设施和服务设施，依托旅游景区合作营销，形成集群品牌。中部城市旅游产业的集群方式和东部城市有明显的区别，其集群以旅游核心产业为主，相关产业较少，且集群发展空间并没有扩散、辐射到城市范围，原因在于中部城市产业结构主要以“二、三、一”为主，工业尤其是重工业占比大，而服务业尤其是与旅游产业发展直接相关的娱乐服务业、信息服务业、会展业、文化业、金融业等现代服务业相对不发达，而旅游业有着强大的市场需求，因此在城市产业结构转型升级的过程中选择以旅游业作为发展服务业的引擎和龙头带动这些产业发展，由此形成了以旅游核心产业为主的产业集群。而东部城市产业结构体系相对完善，现代服务业发达且集聚，因而旅游产业集群的产业基础很好，有众多门类的相关产业可以通过与旅游产业进行融合发挥集群效应，因此形成了由旅游核心产业构成核心层、直接相关产业构成紧密层、间接相关产业构成辅助层的产业集群。

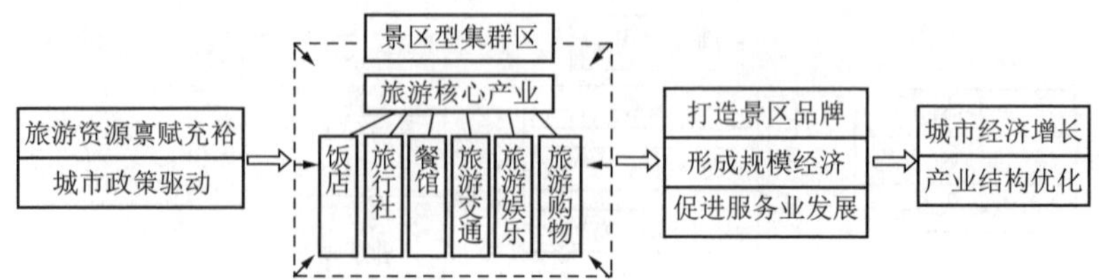

图 8-2　中部城市旅游产业集聚对城市经济增长效应的作用机制

西部城市旅游产业集群水平与中部城市相当，也是与旅游资源紧密结合的，围绕在旅游资源周围的产业集群。既有同中部城市相类似的景区型产业集群，即旅游核心产业以旅游资源为核心，集聚在旅游景区周围，形成旅游服务企业聚集区，如集中在自然山水、历史文化、生态、休闲等旅游资源周围的景区型产业集群。也由于旅游资源的特殊性形成了另一种产业集群方式即社区型产业集群，该集群以少数民族风情旅游资源为核心，是围绕在少数民族旅游社区周围的产业集群（如图 8-3 所示）。西部城市的乡村旅游、民俗风情旅游是其极具优势和吸引力的主打旅游产品，其以特色的少数民族文化、少数民族歌舞表演、民俗民居接待为主要服务内容，该社区型产业集群的企业主体就是当地少数民族社区家庭企业。在西部城市发展非公经济过程中，农民可以自营乡村旅游和民俗民情旅游，充分参与旅游开发与经营管理。因此社区型产业集群以少数民族社区家庭企业为主体，这一产业集群方式充分发挥了社区居民的积极性和创新性，形成了西部城市的少数民族旅游品牌，并带来良好的少数民族社区旅游产业集群效应,使社区居民在旅游开发中得到经济收益,极大地提高了农民的收入水平,改变了农村产业结构,促进了西部城市的乡村经济发展。

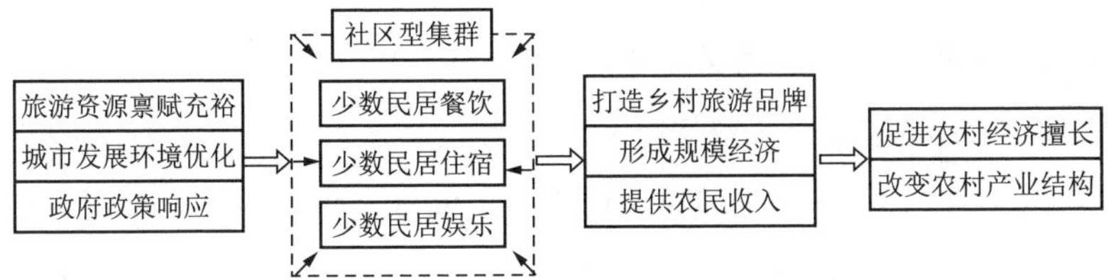

图 8-3　西部城市旅游产业集聚对城市经济增长效应的作用机制

（三）产业空间发展格局差异

由于在空间结构和范围上的集群方式有所差别,使得东、中、西部城市旅游产业依次呈现出城市—景区—景点的空间发展格局,因而旅游产业的经济增长效应和产业结构优化效应大小也有所差异。东部城市的城市型旅游产业集群以城市为依托,形成了在城市空间范围上的旅游核心产业为核心层、直接相关产业为紧密层、间接相关产业为辅助层的旅游产业集群区,城市自身成为一个旅游目的地,旅游产业体系不断完善,与相关产业不断融合发展,形成城市空间上的网络状旅游产业链,充分发挥旅游产业的集群效应、规模效应和范围效应,较大程度上促进了城市经济增长和推动城市产业结构升级。

中、西部城市的景区型旅游产业集群以景区为依托，旅游核心产业在景区上集聚,在景区空间范围上发挥产业集群效应、规模效应和范围效应,因而对城市经济增长和城市产业结构升级的拉动效应要小于东部城市,且景区型集群是一种初级形式的旅游集群,存在一定的不足。一方面由于对旅游资源有很强的依赖性,因而集群规模较小,在城市空间上较分散,没有形成密切的产业关联网络;另一方面集聚在旅游景区周围，集群内的旅游企业只是单一的围绕满足旅游者基本的“食、住、行、游、购、娱”旅游需求来设计旅游产品，同质性生产极易造成集群企业的激烈竞争，彼此的竞争关系可能甚至超过彼此的协同关系，使得集群优势没有得到充分发挥，集群内旅游企业更多的是地理空间上的集聚关系，而没有形成良好的集群协同关系，因而中、西部城市景区型集群对城市经济增长和城市产业结构升级的拉动效应要小于东部城市。西部城市的社区型旅游产业集群则改变了农村产业结构，促进了乡村旅游发展和农民收入增长，但仅在社区空间范围内较好地带动了农村经济和促进了农村产业结构调整优化，对城市经济增长和城市产业结构升级的拉动效应较有限。

三、不同模式下的城市发展环境差异

在东、中部城市旅游产业发展模式下，城市产业发展环境主要对旅游产业发展起到环境支撑作用。而在西部城市旅游产业发展模式下，城市旅游产业发展环境充分发挥先导作用，先于旅游产业发展以为其创造良好的产业发展环境。

东部城市服务经济较发达，旅游产业发展以现代服务业为依托，一方面，金融、航运、物流、商贸的成熟发展为旅游产业发展提供了很好的金融、交通和商贸环境，优化了旅游核心产业的服务水平和质量，提升了旅游产业功能，同时文化、创意、会展、科技、医疗保健、教育等现代服务业新兴发展，与旅游产业积极融合，促进了文化旅游、创意旅游、会展商务旅游、科技旅游、医疗旅游、教育旅游等旅游新业态产生，进一步扩展了城市旅游产品线，完善了城市旅游功能。另一方面东部城市现代服务业呈现集聚化特点，旅游产业发展既可以在休闲旅游集聚区进行专业集中发展，也可以通过与生态商务、高科技、文化创意、金融、贸易、会展等其他旅游相关产业集聚区的融合进行联动发展，在城市空间上形成旅游产业与各类服务业集聚区的多级联动发展，以旅游经济带动城市经济增长。东部城市发展环境同时注重城市形象的优化，将城市作为整体旅游目的地，协调城市形象与旅游形象、旅游景区（点）形象关系，形成持久的旅游吸引力。

中部城市则由于原本城市产业结构多为“二、三、一”结构，以工业为支柱产业，服务业并没有得到充足的发展空间和发展资源，使得旅游产业结构以“食、住、行、游、购、娱”旅游核心产业为主，旅游产业功能较单一。因此城市发展环境以大力发展现代服务业，培育旅游相关产业为主要内容，通过服务业的发展和壮大促进旅游产业发展，形成多元化的新型旅游业态和产品，扩大旅游产业规模和完善旅游产业体系。

西部城市则由于城乡二元化发展导致经济发展不均衡，城市经济发展较快，而农村地区相对滞后，投资和政策更多向城市倾斜，农村基础设施和公共服务不足，发展环境的相对落后严重阻碍了西部城市旅游产业发展。因而西部城市旅游产业发展模式以环境为先导，首先通过城市化带动旅游产业发展壮大，一方面促进旅游生产要素的充分流动和有效配置，扩大旅游产业规模和增强旅游核心产业联动。另一方面完善了城市功能、增加城市产业门类，促进旅游产业相关服务业的广泛发展，拓宽旅游产业面，延伸旅游产业链，丰富旅游产品。其次，对城市环境进行大规模建设和改造以改善城市形象，不断完善城市基础设施和接待设施以提升旅游接待服务能力，构建城市交通网络以增强城市旅游可达性。最后，西部城市在城市化进程中多选择旅游城市化路径将进一步提高旅游产业在城市国民经济中的地位，促进城市要素和资源向旅游产业集中，进一步发展壮大旅游产业。

第二节　城市旅游产业发展对策研究

上文基于 GIU 框架对东、中、西城市旅游产业发展模式进行了比较，从发展模式差异角度解释了东、中、西城市旅游经济效应不同的原因，进一步明确了东、中、西城市旅游产业发展模式的优缺点所在，因而本节将在 GIU 框架下立足于东、中、西城市旅游产业发展实际，进一步发扬东、中、西旅游产业发展模式优点与弥补发展模式不足，展开 GIU 框架下的城市旅游产业发展对策研究和不同区域城市旅游产业发展对策研究。

一、GIU 框架下的城市旅游产业发展对策与建议

（一）发挥城市旅游产业政策导向作用

1. 推动城市旅游产业发展的政策导向

（1）旅游投资政策导向

城市旅游投资政策应积极创造“政府主导、企业主体”的投资主体格局。政府既可以通过政策制度引导、监管旅游产业投资，也可以直接参与旅游产业投资。对于东部经济发达城市，政府主要通过投入制度要素来科学、合理引导、调控和监管旅游产业投资，确保旅游投资的合理化和规范化，提高旅游企业投资效益。对于中、西部城市政府则可作为直接投资主体，加大资金、技术、劳动力等实体生产要素的投入，有效弥补旅游企业投资不足。同时政府应降低或开放企业投资旅游产业的门槛，保障在市场机制下企业公平、自由投资，以使得投资效益最大化，并用积极的投资政策鼓励提高企业投资积极

性，扩大投资企业的投资规模和投资渠道，充分发挥企业在旅游产业投资中的主体作用。

资金是旅游产业得以持续发展和扩张的物质基础，因此应健全旅游招商引资政策制度，拓宽旅游融资渠道，引进外资和社会资金促进旅游产业发展。同时政府可建立旅游专项发展资金，编入城市财政预算，以用于城市旅游发展、开发建设和营销。同时加大科学技术要素的投入，提升旅游产业运营和经营水平和提高旅游产业劳动生产效率。还要建立有效的旅游产业人才培养机制，加强对旅游产业人力资源的投入和培养。

对于东部城市，由于旅游产业发展水平较高，投资政策应引导投资主体投入现代化的旅游景区景观开发建设和旅游服务接待设施的建设，以提高城市旅游产业服务水平和产业素质。对于中、西部城市由于城市基础设施、旅游配套设施条件较差，因此政策导向应鼓励、引导投入城市基础设施、公共服务设施以完善旅游产业的硬环境，但由于这类投资回报周期长，所以应给予相应的政策优惠以吸引投资主体。

(2) 旅游产业集群政策导向

旅游产业集群为城市旅游产业发展带来了集聚经济、规模经济和范围经济，很好地推动了旅游产业发展，因此城市政府应当制定和完善城市的旅游产业集群政策。城市集群政策的制定首先应客观评估城市旅游产业集群发展的条件、影响因素、发展方式、发展方向和集群效应，根据城市实际情况出发制定集群发展战略和政策。由政府牵头，汇集旅游行业专家、旅游企业、旅游行业协会共同交流以充分了解城市旅游产业集群的现状和问题，共同制定出城市旅游产业集群发展政策。集群政策应涵盖到旅游产业链每个环节上的旅游企业和相关机构，既包括旅游核心产业企业，也包括与其有密切联系的其他企业，以促进集群内企业间的协同合作，共同发展。并建立促进集群内旅游企业之间、旅游企业与行业专家、旅游研发机构、旅游人才教育培训机构等相关企业间的交流与合作机制，为产业集群企业发展提供良好的交流和自我调整环境。同时建立鼓励城市旅游产业集群创新和旅游产业集群品牌打造的政策机制，如政府给予集群内的规模较小、资金较少但是很有成长潜力和创新能力的中小企业资金扶持或税收优惠；打破旅游产业与其他行业的壁垒，积极引导其他行业企业进入旅游产业集群以创新旅游业态，提升产业能级的政策放宽；对于产业集群创造的品牌政府给予营销、宣传、运作等方面的支持等等。总之城市政府应因地制宜，结合城市旅游产业集群特点、规模、方式、效应来制定城市旅游产业集群政策，充分发挥旅游产业集群优势，促进城市旅游产业发展。

(3) 旅游产业区域合作政策导向

随着旅游运行方式由“点线旅游”方式向“板块旅游”方式转变，原由旅游企业主导的旅游合作向城市政府主导的区域旅游合作转变，城市政府在城市区域旅游合作上有着重要的主导作用。旅游产业区域合作政策主要在这几方面起到导向作用：首先，健全城市合作制度。各个城市政府应推进区域内旅游政策和制度建设一体化，制定出一系列促进城市旅游合作共赢的、具有可操作性的制度和保障措施，同时加强管理和监督，为区域内旅游产业发展提供统一、良好的制度环境和行业环境，保障区域旅游发展一体化的推进。其次，在深入调查和系统分析区域内各城市的旅游资源、旅游设施、旅游定位后，共同制定区域旅游发展总体规划，有效避免城市间的重复建设、产品雷同和恶性竞争，促进城市间旅游产业的共同发展。再者，城市政府和旅游主管部门可以合作联动，共同研发旅游产品、共同培养旅游品牌、共同拓展旅游市场，实现合作共赢。最后，明确界定城市区域旅游合作的权利和义务。在现实区域旅游合作过程中如果存在利益不合理分配，那么就失去了区域合作共赢的基础，因此要明确界定合作城市的权利和义务，在制度上约束各个合作城市的行为，遵循平等互利、合作联动、利益共享的原则，对为区域旅游发展全局利益做出牺牲的城市给予一定的利益补偿或利益转让，对违反区域旅游合作制度的城市给予追究和惩罚，实现区域旅游合作的平等、互利，旅游利益在合作城市间合理分配，为区域合作的健康、持久发展提供制度保障。如长三角旅游城市合作协议、泛珠江三角洲旅游城市合作协议、华中旅游圈城市合作协议等都极大地促进了合作区域内城市旅游产业的发展，进一步发挥了合作城市的联动效应、协同效应和互补效应，提升了区域旅游产业竞争力。

（4）城市旅游产业融合的政策导向

由于产业融合发生在不同行业、部门的产业边界地带，因此融合过程中产生的新业态、新产品就可能跨越于不同的产业部门，这就意味着新的产业融合业态和产品将受到不同管理部门的管理。我国旅游产业的管理体制长久以来是条块分割、多头管理的体制，各旅游行业根据各自行业管理目标来制定政策制度，因此当其他产业的企业和要素要进入旅游产业时，不可避免地会遇到不同的制度要求，不利于旅游产业融合的推进。比如携程、艺龙等在线服务商在准备发展旅行社业务时，就遇到审批问题，没有合法的旅行社牌照成为其进一步发展的阻碍。直到2009年我国《旅行社条例》的正式实施，在注册资本、成立条件、质量保证金等方面准入条件都有所下降，对非国有资本投资主体的限制有所放宽，才使得旅游在线服务商有了获得合法旅行社业务资质的机会，获得更大的发展空间。

再比如大数据在旅游行业的应用潜力巨大，但在现实推广中仍面临一些壁垒，旅游数据分散在酒店、交通、景区等不同部门和企业，缺乏共享机制，难以整合；旅游数据涉及用户隐私（如行程、支付信息），数据泄露风险高，法律法规尚不完善。因此城市政府的相关管理政策制定要及时调整和健全，以顺应旅游产业融合的发展趋势，城市政府应结合旅游产业融合实践，尽快统一制定融合产业的标准，打破行业壁垒，加强对旅游融合新业态的规范和标准体系的制度设计，健全旅游产业融合管理体制，从制度上保障和促进城市旅游产业融合发展，政府要出台政策推动数据共享和标准化。同时交通运输业、文化娱乐业、体育业、农业、林业、科技、海洋等行业管理部门应根据旅游市场需求，结合自身产业优势，与旅游产业主动对接，消除行业壁垒，共同开发、生产融合型旅游产品。

2. 保障城市旅游产业发展的政策导向

（1）旅游产业地位政策导向

城市政府在充分认清旅游产业在城市国民经济发展中的作用后，应通过政策化和制度化给予旅游产业明确的产业定位和地位，明确旅游产业作为国民经济新的增长点的产业地位，在各有关环节上予以扶持，彻底消除以往制定的对旅游发展的限制性政策，以保障其进一步发展壮大。从武汉旅游产业发展的实践经验就可看出，在武汉明确提出将旅游业发展为武汉国民经济发展的战略性支柱产业后，武汉旅游产业获得了飞速的发展，产业地位的获得保障和引导了城市要素充分地向旅游产业流动和集中，政策导向使得旅游产业获得了更大的产业发展空间和发展资源，推动了旅游产业发展。因此城市政府应明确旅游产业在城市经济中的发展地位和作用，并给予强有力的产业发展政策支持。同时旅游产业政策的制定还要有明确的目标导向，比如武汉的旅游产业发展政策制定的目标导向是将武汉建成中部地区的旅游中心和旅游枢纽，因此制定了支持开发与长江中游城市、高铁沿线城市的互补衔接性旅游的相关合作政策。上海旅游产业发展政策制定的目标导向是将上海建设成为世界著名旅游城市，这就意味着上海旅游产业核心地位的确立和旅游发展具体战略目标的制定应当更加明确，以促进上海旅游产业形成参与国际旅游竞争的强大而独特的产业竞争优势。

(2) 旅游产业可持续发展政策导向

城市旅游产业的可持续发展主要从几个方面给予政策制度保障：

首先为城市旅游生态保护政策。城市的旅游生态环境是旅游产业赖以生存的基础，旅游产业应与城市生态环境相互协调，共同发展。所以城市政府应以科学发展观为指导，以可持续发展为原则，将旅游生态文明建设放在突出地位，健全和完善旅游生态保护政策和制度。通过行政管理与监督、生态保护税收、生态补偿、低碳优惠等手段来宏观规范和引导旅游利益相关者的旅游生态环境保护行为，并在城市旅游资源开发、景区规划过程中，对景区生态承载能力做出预测和判断，并对旅游开发和发展可能对生态环境造成的影响和破坏进行预测与评估，兼顾旅游发展的经济效应、生态效应和社会效益。对于已造成旅游生态污染的违法行为不仅给予明确的经济上的处罚，还应当要求其参与到旅游生态治理、污染控制过程中并承担相应费用。

其次为旅游产业规范政策。城市政府应根据旅游产业现实发展情况和产生的问题，及时制定旅游市场监督与管理、各行业规范、旅游从业人员规范等专项政策法规以规范旅游经营。同时加快推动旅游标准化工作的开展，城市政府由对旅游企业的具体管理向行业管理转变，通过制定涵盖旅游设施、旅游服务质量和旅游产品设计等旅游诸多要素的技术要求和标准，科学规范旅游行业管理工作，提升城市旅游产业整体效能，科学化、规范化发展。

最后为城市旅游消费政策，切实落实国民休闲旅游纲要。旅游产业政策是从供给角度对旅游产业发展的促进和保障，而旅游消费政策以保障国民休闲旅游权利为内容，是从需求角度对旅游需求尤其是国内旅游需求从潜在变为现实的保障。国务院颁布《国民旅游休闲纲要（2013—2020）》①，从制度上保障国民的休闲权利，通过保障国民休闲时间落实带薪休假、改善国内旅游休闲环境、推进旅游休闲基础设施建设、加强旅游休闲产品开发和活动组织、完善旅游休闲公共服务、提升旅游休闲服务质量等六方面措施来保障国民的旅游休闲权利，提升旅游休闲质量、提高城乡居民旅游休闲消费水平和营造全社会参与旅游休闲的氛围，城市政府切实实施和落实该纲要，无疑会为城市旅游产业的可持续发展提供了最充分的制度保障和制度促进。

（二）调整优化城市旅游产业结构

1. 完善旅游产业要素结构

从之前的分析，可知目前中西部城市主要还停留在依托旅游资源和劳动力要素驱动的阶段，为典型的粗放型旅游经济增长，这种单一的依赖先天旅游资源的发展模式局限显而易见：首先对资源过度依赖造成了旅游资源的过度开发和生态破坏；其次以观光旅游为主，

---

① 引自《国务院办公厅关于印发国民旅游休闲纲要（2013—2020 年）的通知》，国办发〔2013〕10 号。

旅游消费多为一次性消费，回头客少，重复消费率很低，难以满足旅游者多样性的旅游需求；再次，旅游消费水平低，旅游收入结构多来自门票收入，而收入结构中收入弹性大、消费水平高、重复消费率高的旅游娱乐、旅游购物、旅游休闲比重却很小，因此传统的旅游资源、劳动力驱动模式为旅游产业的进一步发展带来了较大的局限和压力。而在东部城市旅游产业发展已进入依托技术创新和资本驱动的阶段，技术进步与创新是核心推动要素，促进了东部城市旅游产业从传统的资源、劳动密集型产业向技术、知识密集型产业转型升级。技术进步与创新直接改变了旅游产业要素的投入产出比例，提高了产业劳动生产率，促进了产业集约化生产，也带来了旅游经营模式和服务方式革新，更推动了多层次、多样化的旅游产品开发与创新，通过技术创新与融合促进旅游产业与其他相关产业融合发展，开发出集观光、商务、娱乐、休闲、购物等多元化的旅游产品，充分满足了现代旅游者的休闲旅游需求。因此城市旅游产业发展应首先优化旅游投入要素的结构，从资源、劳动力要素投入向技术创新、管理要素投入递进，由资源驱动型向技术创新驱动型转变，以提高城市旅游产业生产效率，提升产业素质，优化旅游产品。

2. 优化旅游产业结构

城市旅游产业发展的本质要求就是旅游产业结构的调整和优化，城市旅游产业结构优化是城市旅游产业结构合理化和产业结构高度化的有机结合。

旅游产业结构合理化不仅要求旅游产业内各行业间比例关系合理、协调，各行业发展速度和规模与旅游市场需求和消费结构相适应，更要求各行业之间在动态变化中相互适应和相互促进。首先通过市场机制和旅游产业结构自组织机制来促进城市经济资源和生产要素在不同边际产出率的行业间充分流动、自由转换，提升高产出效率旅游行业比重，降低低产出效率旅游行业比重，实现城市经济资源和生产要素在旅游产业的最有效配置，达到旅游产业结构合理化的最优状态。其次加强行业间的相互关联、相互协作，通过产业集群形成行业间的关联合作、协同发展，充分发挥旅游产业集群的集聚效应、规模效应和外部经济效应，提升旅游产业发展经济绩效。

旅游产业结构高度化包括了技术结构高度化、就业结构高度化和产出结构高度化，三者有机结合，相互促进。技术结构高度化通过加大技术要素投入，使得科技创新和知识资本在旅游产业发展中的作用越来越显著，促进旅游产业内各行业之间的经济技术联系更紧密，也可形成对旅游专业人才的需求，促进旅游就业结构高度化，同时通过技术创新，推出各种行业内和行业间的新型旅游业态和产品，进一步促进旅游产出结构高度化。就业结构高度化是提升旅游产业就业比例中专业化技术人才和管理人才的比重，提高产业劳动生产率，使得新兴技术、高科技在旅游产业应用范围不断扩大。产出结构高度化是旅游产业总产出中，餐饮、住宿、交通、游览等基本层次行业产出比重不断下降，娱乐、购物、休闲等收入弹性大、附加值高的高层次行业产出比重不断上升，带动旅游产业整体产出规模不断扩大和产业结构进一步对应的调整优化。

3. 完善旅游产业体系，培育旅游产业集群

从之前的分析，可知目前城市旅游产业集群主要分为三种方式，一为围绕旅游核心吸引物，由“食、住、行、游、购、娱”旅游核心产业构成核心层，由现代服务业中其他旅游直接相关产业构成紧密层，由第一、二产业间接相关产业构成辅助层的城市型产业集群。二为以旅

游资源为核心，旅游核心企业集聚在旅游景区周围的景区型产业集群。三为以民俗风情旅游资源为核心，农民自营旅游企业围绕在少数民族社区周围集群的社区型产业集群。这三种集群方式中以城市型产业集群的旅游产业发展与城市发展结合最为紧密，它以城市发达的、集聚的现代服务业为依托，旅游核心产业、旅游密切相关产业和旅游间接相关产业构建成了一个完善的旅游产业体系，充分利用城市资源，在城市空间范围内形成广泛而紧密的产业关联网络，充分发挥规模经济和集群经济效应，形成城市旅游产业竞争优势。

而景区型旅游产业集群则由于城市原有产业结构为“二、三、一”，现代服务业起步较晚、发展较缓，主要依托旅游产业发展来促进、带动城市服务业发展，因此城市的旅游产业体系以旅游核心产业为主，紧密层和辅助层企业较少，集群效应较小、空间联系分散、辐射效应范围有限，所以应健全相关机制来完善城市旅游产业体系，促进景区型旅游产业集群在空间上和产业关联范围上向城市型旅游产业集群升级转型。首先，城市政府在制定城市经济发展规划时应充分考虑旅游产业集群发展的方向，调整产业结构加大相关服务业发展力度，培育旅游产业集群的紧密产业和辅助产业，完善旅游产业体系，保障产业集群发展供给，推动相关服务业和第一、二产业与旅游产业的融合发展。其次，对旅游产业集群企业给予技术、资金、人才等方面的扶植和支持，并提供促进旅游产业集群发展升级所需的城市公共服务和基础设施支持，形成良好的城市旅游产业集群支持环境。再者完善相关旅游法规以规范集群内企业行为，维护市场秩序，避免集群内企业恶性竞争，为城市旅游产业集群良性发展和升级提供制度保障。

对于社区型旅游产业集群由于农村产业结构的单一，以农村自营的家庭企业为核心的产业集群较好地打造了乡村旅游品牌，改变了农村产业结构，也促进了农民增收，该集群方式为城市发展乡村旅游提供了一个可参考的发展模式，政府应给予该模式政策上的鼓励和放开，推动旅游社区示范建设，同时加大对农村基础设施、交通设施、公共服务设施的完善，改善农村社区型旅游产业集群发展壮大的硬环境，促进集群形成和发展。

4. 协调发展与均衡发展旅游产业区域结构

从上文的分析评价可知以上海为代表的东部城市旅游产业发展实力强，且呈现出区域合作的态势，因此应促进东部城市间的旅游产业一体化，发展成为我国旅游产业发展的引擎，发挥区域经济的集聚和辐射效应，实现东部城市的旅游资源共享和整合，旅游市场联合开发，旅游资本、技术、人才等生产要素无障碍流动，形成旅游产业发展的规模经济和外部经济，并辐射带动中、西部旅游产业发展。以武汉为代表的中部城市旅游产业处于快速扩张期，为城市在产业结构转型中重点发展的产业，因此中部城市应建设成为我国旅游产业发展高地，首先改变依靠资源驱动的产业发展方式，加大技术、知识、资本等要素的投入，提升产业素质。其次，不断发展新型旅游业态和产品，一方面在中部城市旅游产业主要依托传统旅游行业进行发展，因此应不断发展传统旅游行业内部的新业态以满足不断更新变化的旅游需求，如旅游交通企业除了有传统的旅游车船企业外，还可以发展旅游汽车租赁企业、旅游包机企业、旅游房车企业等，旅游住宿企业除了传统的星级饭店还可以发展产权酒店、主题酒店、分时度假酒店等等，通过在传统旅游行业中不断发展出新型旅游行业来优化旅游产业结构。另一方面通过旅游产业带动相关产业的发展，并不断与相关产业融合，形成如会展旅游、文化旅游、休闲旅游、教育旅游、生态旅游、工业旅游、农业旅游等新型业态和产品，扩大旅游产业规模和完善旅游产业体系。再者，加强中部旅游城市的区域合作，改变旅游产业竞争格局，构建合作共赢、联合互动的中部旅游产业合作平台，推动中部城市旅游产业共同发展。以重庆为代表的西部城市旅游产业尽管和东、西部城市相比有一定的差距，但后发之势强劲，正发展成为我国旅游产业的生力军。西部城市有很强的旅游资源绝对优势，因此应合理、有效开发利用旅游资源优势，打造独特的、具有垄断性的旅游产品，形成西部旅游品牌，使优势旅游资源实现市场价值，扩大国内和国际市场影响力。对于西部城市基础设施和旅游资金、技术、知识、人才等要素投入的不足和滞后，应加大政策上的支持和财政投入，同时通过国家旅游产业政策促进、扶持西部旅游产业，为西部旅游产业的做大做强提供制度保障。

(三) 完善城市旅游产业发展环境

1. 完善城市基础设施和公共服务设施

东部地区城市由于经济基础好，经济实力雄厚，对城市基础设施和公共服务设施建设投入大，城市配套设施完善，为旅游产业发展提供了很好的物质保障。而中、西部城市由于经济发展水平相对低，政府作为城市基础设施和公共服务设施的投资主体往往财力不足，使得城市配套设施落后于旅游产业发展，成了城市旅游产业发展的瓶颈。因此应大力推进城市基础设施建设和公共服务设施建设，改善城市的交通运输、通讯、能源、道路、供排水、环保等基础设施环境，为城市旅游产业发展创造良好的发展硬环境，同时应结合城市旅游产业发展规划，根据城市旅游产业集群所需的基础设施和服务设施来规划、建设城市基础设施和服务设施，有利于旅游产业集群共享基础设施和公共服务，降低生产成本。

2. 完善城市交通体系建设

完善的城市旅游交通网络将大大提升城市旅游的可进入性，降低了旅游者在旅游过程中的时间和费用花费，增强了城市作为旅游客源地和旅游目的地的旅游功能强度。城市交通网络的连通范围将改变城市旅游产业的空间结构和区域结构，城市与郊区交通网络的建设使得城市的环城游憩带上旅游产业迅速发展，城市与城市之间交通网络的建设大大缩短了城市之间的空间距离，扩大了城市旅游市场，最突出的例子就是我国高铁的快速发展，大大缩短了高铁沿线旅游城市之间的时空距离，极大地促进了沿线城市旅游产业的大发展。因此完善城市交通体系建设是发展壮大旅游产业的物质基础，城市的交通设施建设应紧密结合城市旅游资源开发、规划布局，形成结构联结合理、道路网络通畅、运输便捷、运载能力强的城市交通体系，建设一个铁路、公路联运，干线公路和专线公路连通，景区、景点公路交通、轨道交通联网，航空机场、港口码头设施良好的城市交通网络体系，交通的便捷将大大提高城市旅游服务的质量，提升旅游产业素质。

3. 提升城市科技创新水平

科技进步与创新将直接提高旅游产业要素的投入产出比例，提高产业劳动生产率，促进旅游产业向集约化发展，并革新旅游经营模式和体验方式，推动旅游业态和产品的创新，同时不断创造和激发出消费者的新型旅游需求为城市旅游发展带来动力和活力，因此城市政府应加大对科技创新的财政投入，积极引导和鼓励社会企业成为科技研发投入的主体，并加大对科技创新型企业的融资支持；创建科技研发平台、科技公共服务平台和企业孵化平台以支撑和促进城市科技创新；通过人才引进、人才培养等手段打造城市高素质的科技创新人才队伍,为城市旅游产业的进一步发展营造良好的科学技术创新环境。

4. 优化城市旅游形象

从上海城市旅游产业发展的经验来看,上海不是简单地将城市旅游景区、旅游景点作为旅游吸引物,而是将城市整体作为一个旅游目的地来进行城市旅游宣传和推广,因此良好的城市旅游形象是城市旅游产业发展的重要的无形要素,将提升城市的知名度和美誉度,推动城市旅游产业的发展。打造优化城市旅游形象可从 3 个层面入手:首先是城市最高层面的旅游形象,城市政府和旅游主管部门应联合旅行社、星级饭店、旅游景区(点)等旅游企业以及旅游相关部门如文化、交通、城建、环保、通信、海关、工商等共同营造良好的城市旅游大环境,将城市整体视为旅游吸引物,创造出既体现城市个性特色又美丽、文明、生态、舒适、安全的最佳城市旅游形象。其次是城市特色旅游吸引物的形象,即城市中最具旅游吸引力的旅游产品形象,它不是特指个别旅游景区、景点,而是指城市中某一类最具特色的景观,这是中间层次的旅游形象。最后是城市旅游企业形象,是城市基本层次的旅游形象的塑造。城市旅游形象是城市的旅游品牌,打造优化城市独特、个性、魅力的旅游形象将大大提升城市旅游的无形价值,城市旅游形象将成为城市旅游产业发展的无形却最具价值的核心要素,形成强大的市场吸引力推动城市旅游产业发展。

5. 加快城市化进程

对于中、西部城市而言,城市化发展水平较低会使得城市经济呈现城乡二元结构,农民的旅游需求小且消费水平低,且城市化规模小、辐射能力较弱将很大程度上制约了包括旅游产业在内的整个第三产业的发展,成为城市旅游产业发展和经济发展的主要障碍。因此，加快推进城市的城市化进程，提高城市化发展水平将对城市旅游产业发展产生重要影响。首先，城市化将促进旅游生产要素的充分流动和有效配置，既扩大旅游产业的产业规模，也将提升旅游产业的产业素质。其次，城市化将促进农村人口向城市的转移，将引起城市人口逐步增加、空间范围逐渐扩大，对旅游需求逐步扩大，同时城市功能日益完善、城市产业门类不断增加，将促进与旅游产业相关的各种服务业的广泛发展，使得旅游产业面拓宽，产业链延伸，旅游产品不断丰富、多样化。最后，有利于旅游产业发展环境得到优化，随着城市化进程加快，城市在基础设施和公共服务上的投入将不断加大，改善了旅游基础设施和服务设施，美化了城市生态环境，优化了城市旅游产业发展的硬环境。因此加快城市化进程将促进城市旅游产业的发展，首先从制度上保障城乡规划一体化，将城乡作为整体来统一规划和建设，并改革城市户籍制度，有序开放接纳农村人口成为城市居民，逐步消除城乡二元差异。其次，促进城乡产业一体化，实现第一、二、三产业协调发展，一方面促进农业现代化发展为城市工业、服务业提供物质支撑，另一方面根据城乡要素禀赋和比较优势形成工业专业化分工，农村工业以轻工业为主，城市工业以资本密集型与技术密集型的现代工业为主，促进城乡工业的协调发展、合理分工。再者，推进旅游城市化发展，通过旅游产业的强大产业关联效应、带动效应促进城市相关产业的发展，吸纳农村剩余劳动力，发展社区型旅游产业集群，调整农村产业结构，增加农民收入，缩小城乡收入差距，消除城乡差距。

二、不同区域城市旅游产业发展对策与建议

（一）东部城市旅游产业发展对策建议

上海旅游产业在“产业驱动、政策支持型”发展模式下，遵循了在

市场主导为先的政策支持下旅游产业不断市场化，通过技术核心要素驱动旅游产业由传统劳动密集型产业向技术、知识密集型产业转型升级，以城市发达、集聚的现代服务业为依托，形成以旅游核心产业为主导核心层、旅游密切相关产业为紧密层、旅游间接相关产业为辅助层的完善旅游产业体系，并与城市科技、经济、生态发展环境协调发展，不断优化升级的发展路径，取得了良好的经济增长效应和城市产业结构优化效应，且旅游部门边际生产力大于非旅游部门边际生产力，这为东部其他城市发展旅游产业提供了发展模式参考和提升路径选择，东部城市可从以下几方面促进旅游产业发展：

1. 加快服务业向现代服务业转型，促进现代服务业集聚。东部城市经济发展水平高，科技发展较先进，具备了服务业向现代服务业转型的良好基础，应加快传统服务业向现代服务业转型。大力发展服务业中的商业服务业、金融保险业、文化创意业、现代物流业、信息咨询业、计算机通信业等知识密集型产业，这些产业的发展将为旅游产业的发展提供良好的产业发展空间和融合空间。旅游产业与其他服务业融合将产生商务旅游、科技旅游、文化旅游、创意旅游、体育旅游、教育旅游等一系列新型业态和产品，充分满足旅游者不断变化的多样性需求，同时其他现代服务业与旅游业融合也将给予旅游产业更多的产业发展支持。比如银行业与旅游产业融合，推出旅游场景化金融，面向国内旅游消费者的“中国旅游卡”和面对国外旅游消费者的“游中国旅游卡”，提供机票折扣、酒店优惠、机场贵宾厅等服务，很好地改善了旅游支付环境，提升了旅游服务水平。再如保险业与旅游产业融合，推出旅游保险、旅游企业经营险，降低了旅游者和旅游经营者的风险，扩大了旅游市场。因此东部城市应大力推进传统服务业向现代服务业转型，发挥现代服务业对旅游产业发展、对城市经济发展的强大推动作用。同时促进服务业在城市空间上的集聚，形成多个现代服务业集聚区，充分发挥服务业的集聚效应和规模效应，形成适宜旅游产业进一步发展壮大的强大外部效应。一般而言城市的现代服务业集聚区是城市中形象较为突出、较具特色的区域，往往汇集了现代城市建筑景观、大型时尚购物商业中心、餐饮和休闲娱乐场所，对旅游者形成很强的吸引力，其次现代服务业集聚区基础设施完善，公共服务水平良好，有利于提升旅游产业服务水平和素质，再者现代服务业集聚区往往汇集了城市充裕的专业人才、资本、技术要素，旅游发展要素可在服务业集聚区充分流动获得有效配置，提升旅游产业发展效率。

2. 打造良好城市形象，优化旅游产业发展环境。在东部地区，随着城市旅游产业的发展，旅游不断带动人口、资本、物质等生产力要素向城市积聚并向城市周边不断扩散，城市已然发展成为一个综合的旅游目的地，城市形象就是城市旅游现象，一个优美、独具城市特色的城市形象将对国内外旅游者形成强大的吸引力，起到宣传和促进城市旅游产业发展的作用。东部城市应加大在城市公共服务和城市基础设施上的投入，提升城市公共服务水平、改善优化城市基础服务设施，塑造城市美好形象，提升产业发展素质，形成对旅游消费者具有持久吸引力的旅游产业发展软环境。

3. 推动旅游产业向城市型产业集群发展。形成由“食、住、行、游、购、娱”旅游核心产业构成核心层，由交通运输业、娱乐服务业、住宿餐饮业、邮电通信业、信息服务业、会展业、金融业等直接相关产业构成辅助层，由农业、林业、畜牧业、渔业、食品制造业、饮料业、建筑业、文化艺术业、体育业、教育业等间接相关产业构成辅助层的产业集群，在城市范围内形成广泛而紧密的产业关联网络，为城市旅游产业发展带来集群效应、规模效应和范围效应。并带动城市现代服务业相关产业及第一、二产业的发展，优化城市产业结构，促进城市经济增长。

（二）中部城市旅游产业发展对策建议

武汉旅游产业在“政策驱动、产业推动型”发展模式下，遵循了由城市政府政策驱动，以城市产业发展环境为支撑，旅游产业在城市国民经济中地位不断提升，成为带动城市第三产业发展和城市产业结构调整优化的服务业龙头产业的发展路径，取得了较好的经济增长效应和城市产业结构优化效应，为中部其他城市发展旅游产业提供了发展模式参考和提升路径选择，但旅游部门边际生产力略小于非旅游部门边际生产力，因而中部城市可从以下几方面促进旅游产业发展：

1. 调整城市产业结构，大力发展服务业。中部城市在城市产业结构调整过程中主要依托旅游产业发展来发挥对相关服务业的带动效应，促进城市产业结构转型升级。城市原有服务业不发达，使得城市旅游产业体系以旅游核心产业为主，集群效应较小，因此中部城市应健全相关机制来发展服务业，调整产业结构加大相关服务业发展力度，培育旅游产业集群的紧密产业和辅助产业，完善城市旅游产业体系。

2. 发展景区型旅游产业集群，并促进其在城市服务业进一步发展后向城市型旅游产业集群升级。由于中部城市现代服务业发展相对滞后，旅游产业要取得进一步发展，可以参考武汉模式发展景区型旅游产业集群，以旅游产业中的旅行社、旅馆、饭店、餐馆、旅游交通企业、旅游产品销售企业等六要素旅游企业为核心，集聚在旅游景区周围，形成旅游服务企业聚集区，集群内的旅游企业可以共享景区基础设施和服务设施,依托旅游景区合作营销,形成集群品牌。同时为弥补景区型旅游产业集群在空间结构和范围上的有限与不足,在城市服务业发展水平提升后,应促进景区型旅游产业集群向城市型旅游产业集群转型升级。

3. 增加旅游技术要素投入,促进中部城市旅游产业从传统的资源、劳动密集型产业向技术、知识密集型产业转型升级,由资源驱动型向技术创新驱动型转变,以提高城市旅游产业生产效率,提升产业能级,优化旅游产品。

(三) 西部城市旅游产业发展对策建议

重庆旅游产业在"资源环境先导,政策响应型"发展模式下,遵循了以城市资源环境为先导,以城市化和城市产业结构调整为先,优化城市旅游产业发展环境,改善旅游基础设施和服务设施,促进旅游生产要素有效配置,培育完善重庆旅游产业体系,并以旅游资源为核心驱动要素,促进旅游产品升级和新型旅游业态产生,由传统旅游产业向现代旅游产业转型升级的发展路径,为西部其他城市发展旅游产业提供了发展模式参考和提升路径选择,西部城市可从以下几方面促进旅游产业发展:

1. 推进城市化进程。西部城市城乡二元经济结构突出,农民的旅游需求普遍较小且消费水平低,城市化规模小、辐射能力较弱,将很大程度上制约西部城市旅游产业的发展,成为西部城市旅游产业发展的主要障碍。因此,应学习重庆模式,加快推进城市的城市化进程,提高城市化发展水平将对城市旅游产业发展产生重要影响。城市化将促进旅游生产要素的充分流动和有效配置,既扩大旅游产业的产业规模,也将提升旅游产业的产业素质。其次,城市化将促进农村人口向城市的转移,将引起城市人口增加、空间范围扩大、城市功能日益完善、城市产业门类不断增加，特别是促进了与旅游产业相关的各种服务业的广泛发展，使得旅游产业面拓宽，产业链延伸。再者，有利于旅游产业发展环境得到优化，随着城市化进程加快，城市基础设施和公共服务得到改善，优化了城市旅游产业发展的硬环境。最后城市化为旅游产业发展找到了更大的发展空间和更高的产业地位，西部城市的城市化可以选择旅游城市化路径，发挥旅游产业在城市化中的重要作用。

2. 发展社区型旅游产业集群。西部城市农业在经济中比重较大，农村人口众多，农村产业结构单一，因而以农村自营的家庭企业为核心的产业集群较好地打造了乡村旅游品牌，调整了农村产业结构，促进了农民增收，缩小了城乡差距。重庆的社区型旅游产业集群方式为西部城市发展乡村旅游提供了一个可参考的发展模式，西部城市政府应给予该模式政策上的鼓励和放开，推动旅游社区示范建设，丰富拓宽社区居民的参与途径，除了自营农家旅馆、餐馆外，还可进行当地特色旅游产品的设计、开发、生产、销售以及当地民俗风情表演的创作编排，既充分拓宽了社区居民参与旅游产业发展的途径和渠道，也可克服西部地区乡村旅游产业结构较单一的局限。同时加大对农村基础设施、交通设施、公共服务设施的完善，改善农村社区型旅游产业集群发展壮大的硬环境，促进集群形成和发展。

3. 调整城市产业结构，但避免城市第一、二产业弱化、空心化。以重庆为代表的西部城市，其旅游资源丰富，经济发展水平较低，但旅游产业对经济增长的作用明显，往往为服务业中龙头产业或支柱产业，带动了城市第三产业的迅速发展，其政府往往在城市产业结构调整过程中，更强调提升以旅游产业为主的第三产业在城市经济中比重。但在这过程中极易造成第一、二产业逐渐弱化、空心化，违反了产业结构演进升级的一般规律，使得旅游产业缺乏长远发展的市场需求和相关产业支持。因此对于西部城市应借鉴重庆在旅游产业发展过程中的城市产业结构调整经验，注重在大力发展第三产业的同时，提升第一、二产业的发展水平，发展现代农业和现代工业以促进旅游产业进一步发展和与第一、二产业的融合，并在与旅游产业融合同时又进一步促进传统农业和工业向现代知识型、技术创新型农业、工业转变，取得跨越式发展。

4. 增加资金和技术要素投入。西部城市经济实力较弱，旅游产业资金投入不足，很大程度上制约了旅游产业的发展壮大，城市旅游基础接待与服务设施改善、新型旅游景区（点）开发建设和旅游技术创新都需要足够的资金支持，因而应首先加大对西部城市旅游产业的资金投入，并在此基础上进一步加大技术要素投入比重，逐步实现由传统资源密集型产业向技术密集型产业转型升级，以提升西部旅游产业能级，提高旅游产业边际生产率。

第九章
研究结论与展望

本书以城市旅游产业发展的影响因素为切入点，构建城市旅游产业 GIU 分析框架和评价指标体系，通过综合评价所揭示出的旅游产业关键影响因子及其关联程度与特征来判断、识别东、中、西部城市旅游产业发展模式，进一步对不同发展模式下的旅游经济效应进行测度，从发展模式差异角度探究经济效应不同的原因以明确东、中、西部城市旅游产业发展模式的优缺点，在此基础上给出了东、中、西部城市旅游产业发展对策与建议。

一、研究结论

本书围绕城市旅游产业发展展开理论研究和实证分析，主要有以下几方面结论：

本书从时间维度对我国城市旅游产业发展的演进历程和发展特征进行归纳、总结，将城市旅游产业发展分为 1978 年到 1992 年的形成起步阶段、1993 年到 2002 年的快速成长阶段和 2003 年到 2011 年的调整优化阶段和 2012 年起步入的高质量发展阶段，并呈现出城市旅游产业发展格局改变带动城市旅游产业功能转变、城市旅游产业发展融入城市功能和分工、城市旅游产业运行方式由“点线旅游”向

“板块旅游”转变、城市旅游产品不断丰富和创新的演进趋势和特征。从空间维度对我国城市旅游产业发展的区域差异变化过程和区域结构做了进一步深入分析，得出东、中、西部城市旅游产业发展水平差异明显，城市间的多级旅游产业增长中心明显出现，呈现出东部沿海首级增长中心城市带动中部、西部次级增长中心城市，次级增长中心城市带动区域内其他城市的城市旅游产业发展空间格局，并在东、中、西部以上海、武汉、重庆 3 个城市的旅游产业发展水平最高。

在对城市旅游产业发展的相关理论进行梳理，系统回顾目前国内外关于城市旅游产业发展研究的理论和实证进展基础上，界定了本书城市旅游产业的产业研究范围，认为城市旅游产业发展是一个以城市为依托、由旅游核心产业主导的产业形成、成长和进化的演进过程，并具有系统性、复杂性和动态性的特性。将城市旅游产业发展模式定义为是一个城市旅游产业发展的总体方式，既包括了旅游产业的形成方式，也包括了旅游产业发育到特定阶段向高度化和现代化方向发展的方式，具有高度概括性、特定阶段性、相对稳定性、差异性和统一性相结合这四点特性。然后从定性角度以城市旅游产业发展的影响因素为切入点，结合相关理论和城市旅游产业发展的特性，构建了城市旅游产业 GIU 分析框架，将影响城市旅游产业发展的因素分为政府政策层面（level of governmental policy）、产业发展层面（level of tourism industry）和城市环境层面（level of urban environment）3 个层面，为后续城市旅游产业的分层定量评价和发展模式识别确立理论基础。

从定量角度基于城市旅游的 GIU 分析框架构建了城市旅游产业 GIU 评价指标体系，并选取 2007 年到 2017 年的时间序列数据，运用因子分析法分别对东、中、西部旅游产业发展水平最高的上海、武汉、重庆 3 个增长中心城市的旅游产业进行纵向分层评价，通过分层评价所揭示出的旅游产业关键影响因子及其相关程度与特征对样本城市的旅游产业发展模式进行了判断、识别，得出以上海为代表的东部城市旅游产业发展模式为“产业驱动，政策支持型”模式，以武汉为代表的中部城市旅游产业发展模式为“政策驱动，产业推动型”模式，以重庆为代表的西部城市旅游产业发展模式为“资源环境先导，政策响应型”模式，并在识别过程中结合 3 个城市旅游产业现实发展的深度剖析对不同发展模式下旅游产业的发展特征和发展路径进行了分析、归纳。

对不同发展模式下旅游产业经济效应进行了分析。运用两部门经济模型和 VAR 向量自回归模型，分别对样本城市旅游产业的经济增长效应和产业结构优化效应进行了实证研究，得出在东、中、西部城市旅游产业发展模式下，旅游经济增长对城市经济增长和非旅游部门产出增长都有正向带动效应，东部城市旅游经济增长效应大于中、西部城市旅游经济增长效应，且东部城市旅游部门边际生产力高于非旅游部门边际生产力，而中部、西部城市旅游部门边际生产力低于非旅游部门边际生产力。对于东、中部城市，旅游产业发展水平提升是产业结构优化的单向原因即旅游产业发展促进了城市产业结构优化，且东部城市产业结构优化影响系数大于中部城市产业结构优化影响系数。而对于西部城市，城市产业结构优化是旅游产业发展水平提升的单向原因，即城市产业结构优化提升了城市旅游产业发展水平。

进一步比较东、中、西部城市旅游产业发展模式，从发展模式差异角度解释了东、中、西部城市旅游产业发展经济效应不同的原因，明确了东、中、西部城市旅游产业发展模式的优缺点，并在 GIU 框架下从发挥城市旅游产业政策导向作用、调整优化城市产业结构和完善城市旅游产业发展环境3个层面给出了促进东、中、西部城市旅游产业发展的对策建议。

二、研究局限

(一) 研究数据局限

本书基于城市旅游产业GIU分析框架构建评价城市旅游产业的GIU指标体系,并根据各目标层确定了25个具体测度指标对样本城市旅游产业做出定量评价。基于数据选取的科学性、权威性和可操作性原则,本书指标数据的来源局限为国家统计局、地方统计局、旅游局等有关部门公开发布的统计数据,因而在获取数据上存有一定的局限性,主要是因为旅游统计数据的不完整、不全面与不连续。在我国《中国旅游统计年鉴中》主要城市旅游相关数据来源于60个样本城市,涵盖了我国32个东部城市,14个中部城市,14个西部城市,包括4个直辖市(北京、天津、上海、重庆)、15个副省级城市(深圳、杭州、大连、南京、厦门、广州、成都、沈阳、青岛、宁波、西安、哈尔滨、长春、武汉、济南)和41个地级市,具有一定的代表性。但年鉴中关于这60个主要城市的旅游统计数据仅为国际旅游外汇收入和接待入境旅游者人数等相关数据,而进行城市旅游产业发展的研究离不开对旅游产业的产业规模、产业结构、产业集中度、产出效益等方面的研究分析,而这些数据在《中国旅游统计年鉴》无法获得,且由于我国《国民经济行业分类与代码》中“旅游业”仅指“包括经营旅游业务的各类旅行社和旅游公司等”,将很多其他旅游服务行业排除在“旅游业”之外,所以在我国其他统计年鉴中无法取得全面、权威的旅游产业相关数据,所以本书研究局限于或者说不得不依赖于《中国旅游统计年鉴(副本)》上的有关城市旅游企业的数据。但《中国旅游统计年鉴(副本)》中的样本城市范围要小于《中国旅游统计年鉴》,只有27个样本城市,研究范围大大缩小,且这27个城市主要为东部沿海城市,中部和西部城市数量较少,缺乏一定的代表性,且存在个别城市数据不全、不连续的问题。因此本书在把握我国城市旅游产业发展的整体态势和演进阶段特征时,本书采用《中国旅游统计年鉴》中60个城市的相关旅游数据以对我国城市旅游产业的发展规模、发展水平、区域间、城市间的发展差异做出较全面、宏观的分析和比较,但在具体到对城市旅游产业发展的内部产业结构、产业集中度和产出效益进行分析时,本书就不得不缩小研究样本城市范围,选取《中国旅游统计年鉴(副本)》中的27个样本城市做出相关分析和判断,因此研究结论的代表性就略显不足。且在构建城市旅游产业发展模式评价指标体系时,本书力求选取指标能全面、系统地反映城市旅游产业的发展,但由于相关统计数据的局限不得不剔除一些数据不完整、不连续的指标,比如旅游景区统计口径的改变前后数据不具可比性,旅游核心产业企业仅能包括旅行社和星级饭店,再如旅游特征产业内各个行业的就业人数、固定资产投资数、营业收入等数据由于在统计年鉴中多以省区为统计单位,以城市为单位的相关数据存在缺失或不完整,只能以旅游核心产业的相关数据为指标数据,因而难免造成选择具体评价指标的局限性和完整性。再有,由于2018年4月文化部与国家旅游局职责整合成立了文化和旅游部,《中国旅游统计年鉴》出版年份2019之后与《中国文化文物统计年鉴》合并为《中国文化文物和旅游统计年鉴》,前后统计指标不一致,故样本数据只能截止到2018年《中国旅游统计年鉴》中数据,故本书只选取2007年到2017年这11年的时间序列数据对样本城市旅游产业进行定量实证分析与评价。

(二) 研究范围局限

本书选取 2007 年到 2017 年时间序列数据对样本城市旅游产业进行定量实证分析与评价,时间序列数据充分反映了样本城市旅游产业发展演变的过程性和趋势性,通过对其的量化分析较客观、科学地识别出了东、中、西部城市旅游产业的发展模式,归纳出了不同发展模式下的发展特征和发展路径。由于本书的研究目的是通过对东、中、西部旅游增长中心城市旅游产业评价、发展模式识别与对比、发展特点和路径提炼归纳来发挥东、中、西部旅游增长中心城市在区域内的发展示范效应,以为其他城市完善旅游产业体系、优化旅游产业结构和提升旅游产业提供发展模式参考和提升路径选择,因此选择了东、中、西部城市旅游产业发展水平最高的上海、武汉和重庆 3 个城市作为研究对象,实证研究范围有针对性而存在局限性。

(三) 研究视角局限

本书基于城市旅游产业发展 GIU 评价指标体系展开对城市旅游产业的定量研究,影响因素的选择和评价体系的构建是基于本书所构建的城市旅游产业的 GIU 分析框架,但由于笔者的研究能力和研究视角的局限性。本书所构建的评价指标体系和由此得出的评价结果难免带有一定的主观性与片面性,如在对城市旅游产业发展影响因素的量化评估时,在指标选择上优先考虑的是可以量化分析的影响因素,对于城市政府政策层面中的区域合作制度和城市旅游产业发展环境层面中的城市管理、城市文化、城市居民对发展旅游产业态度等难以量化的因素就较少选择和考虑,因而评价结果难免缺乏一定的全面性和客观性,如何通过适当的方法对定性因素进行量化或用更合理的相关指标来表征代替,需要进一步的深入研究与改进。

三、研究展望

鉴于上述研究局限，城市旅游产业的进一步研究可从以下几方面着手：一、在旅游统计数据不断完善的前提下，进一步扩大研究实证范围，进行更大样本量的东、中、西部城市旅游产业实证研究，并可结合面板数据模型对东、中、西部城市旅游产业的发展模式、特点、路径和效应展开研究，以更全面、客观地揭示城市旅游产业发展的内在规律和特征。二、探索更好的研究方法以克服研究数据局限。由于城市旅游产业研究涉及旅游产业及其所在城市诸多层面的时空数据，这对数据取得与指标选取提出较大的挑战，因此探索更科学、更适用于城市旅游产业研究的方法就尤为关键，可在后续研究中尝试运用结构方程模型转化定性指标以克服数据局限，提高研究结论科学性。三、进一步研究不同城市旅游产业发展模式下增长中心城市的溢出效应和增长极效应。本书以东、中、西部城市旅游产业发展水平最高的上海、武汉、重庆为例研究东、中、西部城市旅游产业的发展模式、特点和路径，以发挥 3 个增长中心城市的示范作用，为区域内其他城市发展旅游产业提供发展模式参考和发展路径选择，但对现实中这 3 个增长中心城市对区域的溢出效应、增长极效应、辐射效应没有进一步的测度和给予现实验证，因而尚需展开进一步的深入研究与实证分析。

参考文献

Adam Finn. The Economic Impact of a Mega-multi-mall: Estimation Issues in the Case of West Edmonton Mall[J]. Tourism Management，1995(16):367—373.

Adamos A. Prospects and Limits of Tourism-Led Growth: The International Evidence. http://www.socolar.com/link?id=420043181648.

Airey D，Chong K. National Policy-makers for Tourism In China[J]. Annals of Tourism Researeh，2010(2):295—314.

Allan M. Williams，Gareth Shaw. Tourism and Economic Development Western European Experience[M]. London and New York: Belhaven press，1991.

Allen L. R.，Long P. T.，Perdue R. R.，Kieselbach S. The Impact of Tourism Development on Residents Perceptions of Community Life[J]. Journal of Travel Research，1998.

Allison J. Welington. Self-employment: the New Solution for Balancing Family and Career? [J]. Labour Economics，2006(13): 357—386.

American Hotel & Lodging Association(2006). The 2006 Lodging Industry Profile. http://www. ahla. com/products_info_ center_lip.asp.

Andrew, B. P., Tourism and the Economic Development of Cornwall[J]. Annals of Tourism Research, 1997(3):721—735.

Arslanturk Y., Balcilar M. and Ozdemir Z. A. Time-varying Linkages between Tourism Receipts and Economic Growth in a Small Open Economy[J]. Economic Modelling, 2010(3):1—8.

Ashworth G. J. and Tunbridge J. E. The Tourist-Historic City. London: Belhaven Press, 1990.

Ashworth G. J. Is There an Urban Tourism? [J] Tourism Recreation Research, 1992(2):3—8.

Balaguer J., Cantavella-Jordá. Tourism As a Long-Run Economic Growth Factor: The Spanish Case[J]. Applied Economics, 2002(7):877—884.

Brain Davies, Paul Downward. Industrial Organization and Competition in the U. K. Tour Operator and Travel Agency Business, 1989—1993: An Econometric Investigation[J]. Journal of Travel Research, 2001(4):411—425.

Brau R., Lanza A. and Pigliaru F. How Fast Are Small Tourism Countries Growing? Evidence from the Data for 1980—2003[J]. Tourism Economics, 2007(4):603—613.

Brau R, Lanza A and Pigliaru F. How Fast Are the Tourism Countries Growing? The Cross Country Evidence[R]. Fondazione Eni Enrico Mattei, Working Papers, 2003:85.

Brian Areher: Economic Impact Analysis [J]. Annals of Tourism Research, 1995(22):704—707.

Brida J. G，Carrera E. J. S. and Risso W. A. Tourism's Impact on Long-Run Mexican Economic Growth[J]. Economics Bulletin，2008(21)：1—8.

Butler R. W. Evolution of Tourism in the Scottish Highland [J]. Annals of Tourism Researeh，1985(3)：371—391.

Chang C. L，Khamkaew T. and McAleer M. J. A. Panel Threshold Model of Tourism Specialization and Economic Development. Working Papers，2009：1—43.

Chen，M. H. Interactions between Business Conditions and Financial Performance of Tourism Firms：Evidence from China and Taiwan[J]. Tourism Management，2007(28)：188—203.

Choi，J. The Restaurant Industry：Business Cycles，Strategic Financial Practices，Economic Indicators，and Forecasting. Doctoral dissertation，Virginia Polytechnic Institute and State University，1999.

Choy D. J. L.，Dong G. L.，Wen Z. Tourism in P R China：Marker Trends an Changing Policies[J]. Tourism Management，1986(3)：197—201.

Chris Cooper，John Fletcher，David Gilbert，Alan Fyal. Tourism：Principles and Practice[M]. London：Pitman.

Chun-Hung，Soo Cheong. The Tourism-Economy Causality in the United States：A Sub-industry Level Examination[J]. Tourism Management，2009(30)：553—558.

Dimitri Ioannide，Keith Debbage. Post-Fordism and Flexibility：the Travel Industry Polyglot[J]. Tourism Management，1997(18)：

229—241.

Donald. Sustainable Tourism Competitiveness Clusters: Application to World Heritage Sites Network Development in Indonesia[J] Asia Pacific Journal of Tourism Research, 2004(9):293—307.

Douglas G, Pearce, Jean-Pierre Grimmeau. The Spatial Structure of Tourist Accommodation and Hotel Demand in Spain[J]. Geo Forum, 1985(16):37—50.

Dyer P, Gursoy D, Sharma B et al. Structural Modeling of Resident Perceptions of Tourism and Associated Development on the Sunshine Coast[J]. Australia Tourism Management. 2007(10): 73—89.

E. W. Henry, B. Deane. The Contribution of Tourism to the Economy of Ireland in 1990 and 1995[J], Tourism Management. 1997(18):483—502.

Gang. Tourism and Local Economic Development in China, Richmond, Surrey Curzon Press, 1999.

Geoffrey W. Atlantic City Tourism and Social Change[J]. Annals of Tourism Research, 1983(4):590—605.

Ghali M. A. Tourism and Economic Growth: An Empirical Study[J]. Economic Development & Cultural Change, 1996(3): 527—538.

Gunn C. A., Larsen T R. Illinois Zones of Tourism Potential [R]. College Station, TX: A T Kearney, Inc. and Illinois Bureau of Tourism, 1993.

Guzhva, V. S., Pagiavlas, N. US Commercial Airline Performance after September 11, 2001: Decomposing the Effect of the Terrorist Attack from Macroeconomic Influences[J]. Journal of Air Transport Management, 2004(10):327—332.

Hanqin Qiu Zhang, King Chong, John Ap. An Analysis of Tourism Policy Development in Modern China [J]. Tourism Management, 1999(4):471—485.

Henry E. W., D. B., The Contribution of Tourism to the Economy of Ireland in 1990 and 1995[J]. Tourism Management, 1997(8):535—553.

Jackson J., Murphy P. Clusters in Regional Tourism: An Australian Case[J]. Annals of Tourism Research, 2006(4):1018—1053.

James Deegan, Donal Dineen. Employment Effect of Irish Tourism Projects: A Microeconomic Approach, Perspectives on Tourism Policy. New York: Mansell Publishing Limited, 1992.

Jang, H. J. K. M. Tourism Expansion and Economic Development: The Case of Taiwan[J]. Tourism Management, 2004(5):925—933.

Johnston R. J. City and Society: an Outline for Urban Geography[M]. Hormondsworty: Penhuin, 1980:90—91.

Jozée Lapierre. Research on Service Quality Evaluation: Evolution and Methodological Issues[J]. Journal of Retailing and Consumer Services, 1996(3):91—98.

Katircioglu S. Testing the Tourism-Led Growth Hypothesis: The Case of Malta[J]. Actao Economics, 2009(3):331—343.

Kim H. J, Chen M. H. and Jang S. Tourism expansion and

Economic Development: The case of Taiwan[J]. Tourism Management, 2006(5):925—933.

King. B., Pizam. A., Milman, A Social Impacts of Tourism Host Perceptions[J]. Annals of Tourism Research. 1993(5):83—96.

Kontogeorgopoulos. Accommodation Employee Pattern and Opportunities[J]. Annals of Tourism Research, 1998(6):56—78.

Krugman, P. Increasing Return and Economic Geography[J]. Journal of Political Economy, 1991(3):483—499.

Krugman. Scale Economies, Product Differentiation and the Pattern of Trade[J]. American Economic Review, 1980(70):950—959.

Lanza A. and Pigliaru F. Tourism and Economic Growth: Does Country's Size Matter? [J]. International Review of Economics and Business, 2000(1):77—85.

M. Thea Sinclair, Mike Stable. The Economics of Tourism [M]. London & New York: Routledge.

M. Thea Sinclair and M. J. Stabler. The Tourism Industry[M]. CAB International of Wallingford, 1991:35—46.

Maskell P., Malmberg A. Myopia, Knowledge Development and Cluster Evolution[J]. Journal of Economic Geography, 2007(5):603—618.

McRae-Williams P. Wine and Tourism: Cluster Complementarity and Regional Development[C]. Proceedings of the New Zealand Tourism and Hospitality Research Conference, Wellington, 2004.

Middletonvictor T. C. Marketing in travel and tourism[M]. Oxford: Boston butterworth-Heinemann, 1988:11—12.

Mill, R. C. & Morrison, A. M.(2002). The tourism system (4th ed.). Iowa, Dubuque: Kendall/Hunt Publishing Company.

Molefe. South African Tourism Cluster Study Summary[R/OL]. 2000-05-01. http://www.nedlac.org.za/research/fridge/south African tour cluster_st.html.

Mullins P. Tourism Urbanization[J]. International Journal of Urban and Regional Research, 1991(3):326—342.

Myriam J. Inner-City Tourism: Resources, Tourists and Promoters[J]. Annals of Tourism Research, 1986(1):79—100.

Narayan P. K. and Prasad B. C. Does Tourism Granger Causes Eco-nomic Growth in Fiji? [J]. Empirical Economics Letters, 2003(5):199—208.

Noam Shoval, Kobi Cohen-Hattab. Urban Hotel Development Patterns in the Face of Political Shifts[J]. Annals of Tourism Research, 2001(8):908—925.

Oh, C. O. The Contribution of Tourism Development to Economic Growth in the Korean Economy[J]. Tourism Management, 2005(6):39—44.

Ongan S and Demiroz D M. The Contribution of Tourism to the Long-Run Turkish Economic Growth[J]. Ekonomicky Casopis Journal of Economics, 2005(9):880—894.

Paul Brunt, Paul Courtney. Host Perceptions of Social Cultural Impacts[J]. Annals of Tourism Research, 1999.

Pearce D. G An Integrative Frame Work of Urban Tourism Research[J]. Annals of Tourism Research, 2001(4):925—946.

Priskin J. Assessment of Natural Resources for Nature-based Tourism: The Case of the Central Coast Region of Western Australia [J]. Tourism Management, 2001(6):637—648.

R. Edward Freeman Strategic Management: A Stakeholder Approach[M]. Cambridge University Press, 2010(3).

Sara Nordin. Tourism Clustering and Innovation-path to Economic Growth and Development[Z]. European Tourism Research Institute. Mid-Sweden University, 2003(14):81—85.

Sephen L Smith. Measurement of Tourism's Economics Impacts[J]. Annals of Tourism Research, 2000(2):530—553.

Sequeira T. N. and Nunes P. M. Does Tourism Influence Economic Growth? A Dynamic Panel Data Approach[J]. Applied Economics, 2008(40):2431—2441.

Soukiazis E, Proenca S. Tourism as an Alternative Source of Regional Growth in Portugal: a Panel Data Analysis at NUTS II and III Levels.[J]. Portuguese Economic Journal, 2008(1):43—61.

Stansfield C. A. A Note on the Urban-nonurban Imbalance in American Recreational Research[J]. Tourist Review, 1964.

Szivas E. and Riley M. Tourism Employment During Economic Transition[J]. Annals of Tourism Research, 1999(4):747—771.

Tang C. Is the Tourism-led Growth Hypothesis Valid for Malaysia? A View from Disaggregated Tourism Markets[J]. International Journal of Tourism Research, 2011(1):97—101.

Teye V, Senmez S. F, Sirakaya E. Residents Attitudes Toward Tourism Development[J]. Annals of Tourism Research, 2002.

The Cluster Consortium. How to Accelerate Local Tourism Clusters[R/OL]. 1999-11. http://www.nedlac.org.za/research/fridge-studies/local-tourism-clusters.aspx.

Tisdell C., Wen J. Investment in China's Tourism Industry: Its Scale, Nature, and Policy Issues[J]. China Economic Review, 1991(2):175—193.

Urtasun A., Gutifrrez I. Tourism Agglomeration and Its Impact on Social Welfare: An Empirical Approach to the Spanisn Case[J]. International Journal of Tourism Research, 2011(1):97—101.

Wheaton, W. C., & Rossoff, L.(1998). The Cyclic Behavior of the U.S. Lodging Industry[J]. Real Estate Economics, 1998(1), 67—82.

Willhelm Pompl, Patrick Lavery. Tourism in Europe: Structures and Developments[M]. CAB International of Wallingford. 1993: 26—30.

阿尔弗雷德·韦伯.工业区位论[M].北京:商务出版社,1997:183—207.

把多勋,郭言歌,高力.基于产业集群效应的区域旅游竞争力分析[J].商业时代,2012(4):130—132.

保继刚,朱竑,刘晓冰.珠海市旅游发展模式及驱动机制研究[J].特区探索,1998(5):19—21.

卞显红.城市旅游空间成长及其空间结构演变机制分析[J].重庆

旅游高等专科学校学报,2002(3):30—35.

卞显红.旅游产业集群成长阶段及持续成长驱动力分析:以杭州国际旅游综合体为例[J].商业经济与管理,2011(12):84—91.

蔡榕晖.旅游经济增长与区域旅游合作间的密切联系[J].广东科技,2011(16):89—90.

查芳.旅游产业与经济增长的相关性:基于 1994～2009 年的经验数据[J].统计与决策,2011(11):115—117.

陈飞宝.台湾旅游业的发展和趋势[J].台湾研究集刊,1983(1):61—66.

陈海波,刘洁,张瑾.基于 Panel-Data 模型的江苏省区域旅游接待人数与旅游经济增长研究[J].工业技术经济,2006(7):127—129.

陈秀莲.泛珠三角国际旅游产业结构实证分析:基于次区域理论和灰色关联度的探讨[J].国际经贸探索,2007(7):39—43.

崔峰.基于偏离度分析法的江苏省旅游就业潜力预测[J].重庆旅游高等专科学校学报,2007(5):755—757.

董鸿安.基于 PEST 框架的宁波旅游产业发展研究[J].特区经济,2007(9):53—54.

杜江.中国旅行社业发展的回顾与前瞻[J].旅游学刊,2003(6):31—39.

杜炜.关于旅游对环境影响问题的思考[J].旅游学刊.1994(3):49—52.

杜长辉.制度变迁与中国旅游产业政府主导式发展[D].北京:北京第二外国语学院,2006.

方世敏,赵金金.旅游产业集群形成影响因素关联度分析:以长株潭城市群旅游圈为例[J].旅游论坛,2010(4):432—437.

冯翔.欧洲旅游关于产业发展及组织管理的全新研究[M].北京:中国旅游出版社,2009.

冯学钢,胡小纯.中国旅游就业研究:类型与层次分析[J].经济问题探索,2007(8):113—117.

冯学钢.上海旅游就业容量及拓展对策研究[J].华东师范大学学报(哲学社会科学版),2004(3):109—115, 125.

冯学钢.中国旅游就业理论与实证研究[M].安徽人民出版社,2008:92—95.

冯学钢.国民休闲计划与旅游弹性消费:基于旅游应对危机的政策选择[J].旅游科学,2010(1):25—35.

高佩义.中外城市化比较研究(增订版)[M].天津:南开大学出版社,2004:65—68.

高峻,刘世栋.可持续旅游与环境管理:理论·案例[M].天津:南开大学出版社,2009:11—16.

葛宇菁.旅游卫星账户的发展与方法研究[J].旅游学刊,2007(7):11—18.

龚绍方.区域旅游产业集群发展战略初探[J].中州学刊,2007(4):71—73.

郭舒.城市旅游发展模式的研究框架[J].北京第二外国语学院学报,2002(4):16—19.

郭为,朱选功,何媛媛.近三十年来中国城市旅游发展的阶段性和演变趋势[J].旅游科学,2008(8):12—18.

何建民.我国旅游产业融合发展的形式、动因、路径、障碍及机制[J].旅游学刊,2011(4):8—9.

胡宇橙,王庆生,钱亚妍.天津市国际旅游产业结构的现状及优化:基于偏离-份额分析法(SSM)的研究[J].哈尔滨商业大学学报(社会科学版),2008(1):111—115.

黄惠莲.菲律宾的旅游业[J].东南亚研究资料,1983(3):105—108.

黄震方,吴江,侯国林.关于旅游城市化问题的初步探讨:以长江三角洲都市连绵区为例[J].长江流域资源与环境,2000(2):160—165.

蒋满元.旅游外汇收入对国民经济增长的贡献分析[J].旅游学刊,2008(8):30—33.

金永生,杜国功.北京旅游产业化的条件与素质分析:兼论旅游产业结构评价指标[J].北京工业大学学报,1999(S1):22—26.

巨鹏.旅游产业的趋同与本地化研究:以上海市与广州市为例[C]//美国 James Madison 大学、武汉大学高科技研究与发展中心、美国科研出版社. Proceedings of International Conference on Engineering and Business Management[C]2011:5.

巨荣良,王丙毅.现代产业经济学[M].济南:山东人民出版社,2009:4—6.

康传德.青岛旅游产业结构分析与优化对策研究[J].经济研究导刊,2009(20):23—25.

康蓉.旅游卫星账户及旅游业增加值的测算,商业时代,2006(5):78—80.

匡林.市场失灵与旅游政策[J].旅游科学,1998(4):19—21.

黎洁.旅游卫星账户的起源、内容与研究进展[J].地域研究与开发,2009(1):58—61.

黎洁.旅游卫星账户与旅游统计制度研究[M].北京:中国旅游出

版社,2007.

李锋,陈太政,辛欣.旅游产业融合与旅游产业结构演化关系研究:以西安旅游产业为例[J].旅游学刊,2013(28):69—76.

李赓.产业关联:有待释放的潜在功能:中国旅游产业的现实思考[J].旅游学刊,1989(2):7—11.

李海瑞.都市旅游与上海模式:应上海“都市旅游国际研讨会”之邀而作[J].旅游学刊,1996(1):20—23, 78.

李江帆,李冠霖.旅游业的产业关联和产业波及分析:以广东为例[J].旅游学刊,2002(3):19—25.

李美云.论旅游景点业和动漫业的产业融合与互动发展[J].旅游学刊,2008(1):56—62.

李明耀,黎洁,陈劲松.我国区域旅游卫星账户理论与实践的若干问题研究[J].旅游学刊,2004(2):11—15.

李爽,黄福才,李建中.旅游公共服务:内涵、特征与分类框架[J].旅游学刊,2010(4):20—26.

李廷勇.论科技旅游[J].山西大学学报(哲学社会科学版),2004(2):66—70.

李星明.旅游者对发展中国家的旅游地社会文化影响研究[J].华东师范大学学报(自然科学版),2002(2):254—256.

李正欢.论中国旅游经济增长的特征与政策选择[J].经济与管理,2003(7):7—8.

李志青.旅游业产出贡献的经济分析:上海市旅游业的产出贡献和乘数效应[J].上海经济研究,2001(12):66—69.

李竹宁.上海旅游业发展推动劳动就业增长的实证分析[J].上海商业,2002(12):27—29.

厉新建,张辉.旅游经济学(理论与发展)[M].东北财经大学出版社,2002:218—223.

厉新建.中国旅游就业效应分析与制度创新[J].北京第二外国语学院学报,2004(5):29—35.

林洪岱.我国沿海城市旅游产业发展制约分析[N].中国旅游报,2006-08-18006.

刘春济,高静.中国旅游产业集聚程度变动趋势实证研究[J].商业经济与管理,2008(11):68—75.

刘艳兰.实景演艺:文化与旅游产业融合的业态创新:以桂林阳朔《印象・刘三姐》为例[J].黑龙江对外经贸,2009(8):105—111.

刘迎辉.基于旅游卫星账户的旅游经济效应实证分析:以2008年陕西省为例[J].生态经济(学术版),2011(2):189—192, 197.

刘长生.我国旅游业发展与经济增长的关系研究[J].旅游科学,2008(5):23—32.

刘志勇,王伟年.论创意产业与旅游行业的融合发展[J].企业经济,2009(8):127—130.

柳思维,王兆峰.旅游经济增长与旅游就业关系研究:以湘鄂渝黔边区为例[J].产业经济研究,2008(3):64—68.

楼嘉军,邱扶东,王晓云等.旅游业结构调整和和谐发展[M].立信会计出版社,2005:177—180.

卢晓.上海旅游资源产品化的一般模式研究[J].旅游科学,2000(1):17—19.

陆军.实景主题:民族文化旅游开发的创新模式:以桂林阳朔"锦绣漓江・刘三姐歌圩"为例[J].旅游学刊,2006(3):37—43.

陆林.旅游城市化:旅游研究的重要课题[J].旅游学刊,2005,20

(4):10.

罗明义.关于建立健全我国旅游政策的思考[J].旅游学刊,2008(10):6—7.

骆昌慈,丁玫,庞铁坚.我国旅游经济政策初探[J].湖北财经学院学报,1981(4):69—74.

骆华松.区域旅游环境影响评价[J].云南师范大学学报(自然科学版),2002(3):53—58.

麻学锋,吕白羽.武陵山区旅游产业集群发展的对策[J].沿海企业与科技,2005(9):6—8.

麻学锋,张世兵,龙茂兴.旅游产业融合路径分析[J].经济地理,2010(4):678—681.

马波,纪玉国.新时期旅游产业政策调整略论[J].社会科学家,1998(1):34—39.

马波.试论旅游产业经济学的建立[J].旅游学刊·基础理论与教育专刊,1999.

马春野.基于协同动力机制理论的中国旅游产业发展模式研究[D].哈尔滨:哈尔滨工业大学,2011.

马歇尔.经济学原理(上)[M].北京:商务印书馆,1997.

马勇,董观志.武汉大旅游圈的构建与发展模式研究[J].经济地理,1996(2):99—104.

马勇,李丽霞.改革开放30年中国饭店业发展的回顾与展望[J].北京第二外国语学院学报,2009(31):1—6.

迈克尔·波特.国家竞争优势[M].北京:华夏出版社,2002:233—248.

孟祥伟,金浩.旅游经济发展与区域经济增长关系的实证研究[J].河北学刊,2010(3):224—227.

宁泽群.旅游经济、产业与政策[M].中国旅游出版社,2005:239—241.

潘洪萱,崔燮钧.试论上海都市旅游的发展及其定位[J].财经研究,1995(12):29—33.

潘建民,李肇荣,黄进.旅游业对广西国民经济的贡献率研究.北京:社会科学文献出版社,2003.

潘景胜,王淼.上海国际旅游产业结构效益分析[J].上海大学学报(社会科学版),1998(5):94—98.

庞丽,王铮,刘清纯.我国入境旅游和经济增长关系分析[J].地域研究与开发,2006(3):51—55.

庞闻,马耀峰,唐仲霞.旅游经济与生态环境耦合关系及协调发展研究:以西安市为例[J].西北大学学报(自然科学版),2011(6):1097—1101.

裴青.承德市旅游环境质量现状及其调控.地理学与国土研究,1991(1):35—39.

彭华,钟韵.关于旅游开发与城市建设一体化初探.经济地理.1999(2):111—115.

彭华.旅游发展驱动机制及动力模型探析[J].旅游学刊,1999(6):39—44.

彭华.试论经济中心型城市旅游的商务主导模式:以汕头市为例.地理科学,1999(4):140—146.

彭新沙.旅游消费生态效应:概念、类型及特征初探:兼论旅游生态效应研究范式建设问题[J].旅游论坛,2010(2):135—140.

山田浩之.城市经济学[M].大连:东北财经大学出版社,1991(5):4—8.

盛学峰，李德明.安徽省国际旅游产业结构分析与优化研究[J].特区经济，2009(6)：129—131.

师萍.旅游产业结构评价方法初议[J].西北大学学报（哲学社会科学版），1999(1)：85—88.

史密斯（Stephen L. J. Smith），赵丽霞，刘臻译.旅游测度与旅游卫星账户[M].北京：中国统计出版社，2004.

宋胜洲，郑春梅，高鹤文.产业经济学原理[M].北京：清华大学出版社，2012：112.

宋振春.论旅游发展观与国际旅游发展政策[J].浙江万里学院学报，2007(6)：105—110.

宋子千，廉月娟.旅游业及其产业地位再认识[J].旅游学刊，2007(6)：37—42.

苏东水.产业经济学[M].北京：高等教育出版社，2005：392—395.

苏继伟，邱沛光.旅游业对地区经济发展的贡献分析[J].统计与决策，2005(8)：115—116.

苏理云，陈彩霞，高红霞.SPSS 统计分析基础与案例应用教程[M].北京：北京希望电子出版社，2012：215—236.

孙建芳.旅游对社会文化的影响及对策：以江苏省扬州市为例[J].旅游纵览（下半月），2012(10)：27—28.

唐承财，钟全林，周超明，张颖.城市旅游发展动力模型判别[J].经济地理，2007(6)：1030—1033.

唐留雄，邬爱其.基于 SCP 框架的上海旅游业发展现状评析[J].旅游科学，2002(3)：27—32.

陶金龙.苏州市旅游业经济拉动效应的实证分析[J].社会科学家，2004(5)：99—102.

田纪鹏.国际大都市旅游产业结构多目标优化模型构建与实证研究:基于优化上海旅游产业结构的视角[J].上海经济研究,2012(24):100—111.

田敏.民族社区社会文化变迁的旅游效应再认识[J].中南民族大学学报(人文社会科学版).2003(5):40—44.

汪惠萍,章锦河.黄山市旅游产业结构评价与优化分析[J].华东经济管理,2007(1):12—15.

王大悟,魏小安.新编旅游经济学[M].上海:上海人民出版社,1998:97.

王慧敏,王泽光.旅游业:上海新一轮发展中的主导产业[J].上海综合经济,2004(10):46—50.

王起静.市场作用、政府行为与我国旅游产业的发展[J].北京第二外国语学院学报,2005(1):20—25.

王起静.旅游产业经济学[M].北京:北京大学出版社,2006:7—8.

王兆峰.旅游交通对旅游产业发展影响的实证分析:以张家界为例[J].财经理论与实践,2009(4):112—116.

王兆峰.张家界旅游产业结构升级优化定量评价研究[J].资源开发与市场,2011(5):439—441, 456.

王兆峰.湘鄂渝黔边区旅游产业集群竞争力提升研究[J].吉首大学学报(社会科学版),2006(2):122—125.

王振如,钱静.北京都市农业、生态旅游和文化创意产业融合模式探析[J].农业经济问题,2009(8):14—17.

威廉·瑟厄波德主编.全球旅游新论[M].北京:中国旅游出版社,2001:23—29.

魏洁文.基于SCP范式的浙江省饭店产业组织优化研究[J].旅

游学刊,2008(7):56—61.

魏敏,冯永军,李芬,王晓玲.农业生态旅游地综合评价指标体系的研究[J].中国生态农业学报,2004(4):194—197.

魏卫,陈雪钧.旅游产业的经济贡献综合评价:以湖北省为例[J].经济地理,2006(2):331—334.

魏小安,付磊.旅游业受"非典"影响情况分析及对几个相关问题的解析[J].旅游学刊,2003(4):15—16.

魏小安,韩建民.旅游强国之路:中国旅游产业政策体系研究[M].北京:中国旅游出版社,2003.

魏小安,刘赵平,张树民.中国旅游业新世纪发展大趋势[M].广州:广东旅游出版社,1999.

魏小安.旅游城市与城市旅游:以另一种眼光看城市[J].旅游学刊,2001(6):8—12.

魏小安.中国旅游饭店业的竞争与发展趋势[N].中国旅游报,2010-07-14, 2010-07-21, 2010-08-04.

翁瑾.规模经济、产品差异化与中国入境旅游空间结构的变动[J].旅游学刊,2008(6):30—35.

吴必虎,俞曦,党宁.中国主题景区发展态势分析:基于国家A级旅游区(点)的统计[J].地理与地理信息科学,2006(1):89—93.

吴文智,赵磊.旅游系统非线性成长机制[J].经济管理,2012(3):103—114.

吴承照,马林志.上海旅游产业结构健康指数及其应用研究[J].同济大学学报(社会科学版),2009(20):108—113.

吴国清.市场导向与上海郊区旅游开发初探[J].人文地理,1996(3):69—71.

吴铮争.西安国际旅游产业结构分析与优化研究[D].西安:西北大学,2004.

吴志宏.国际旅游业的发展[J].外国经济参考资料,1980(5):31—34.

谢春山,傅吉新,李飞.旅游业的产业地位辨析.北京第二外国语学院学报,2005(3):5—10.

徐红罡,田美蓉.城市旅游的增长机制研究[J].中山大学学报(自然科学版),2006(3):95—99.

徐虹,范清.我国旅游产业融合的障碍因素及其竞争力提升策略研究[J].旅游科学,2008(4):1—5.

许凤歧.旅游业:奥地利经济的重要支柱[J].外国经济参考资料,1980(5):34—35, 24.

薛莹.地区级旅游卫星账户构建的国际经验及启示[J].世界地理研究,2012(3):127—133.

杨传开,汪宇明,杨牡丹.中国主要城市旅游功能强度的变化[J].地域研究与开发,2012(2):106—111.

杨俭波,乔纪刚.旅游地社会文化环境变迁的时序特征与阶段发展模式[J].广西社会科学,2005(1):52—55.

杨俭波.旅游地社会文化环境变迁机制试研究[J].旅游学刊,2001(6):70—74.

杨小凯.经济学原理[M].北京:中国社会科学出版社,1998:473—480.

杨颖.产业融合:旅游业发展趋势的新视角[J].旅游科学,2008(4):6—10.

杨勇.旅游业与我国经济增长关系的实证研究[J].旅游科学,

2006(2):40—46.

杨勇.上海旅游产业化进程的发展路径和综合评价研究:一个基于经验分析的逻辑框架[J].北京第二外国语学院学报,2012(1):40—48.

杨勇.中国旅游产业区域聚集程度变动趋势的实证研究[J].旅游学刊,2010(10):37—42.

杨勇.资源贡献与我国旅游业转型研究:基于跨省数据的实证分析(2000—2005年)[J].软科学,2008(10):76—81.

依绍华.旅游业的就业效应分析[J].财贸经济,2005(5):89—91.

尹贻梅,陆玉麒,刘志高.旅游企业集群:提升目的地竞争力新的战略模式[J].福建论坛(人文社会科学版),2004(8):22—25.

于德珍,李核隆,和洁.对生态旅游的社会文化效应认知之研究:以张家界为例[J].生态经济(学术版),2007(1):252—254.

于英士.把北京建成现代化国际旅游城市[J].旅游学刊,1994(1):13—16.

《中国旅行社业发展现状与发展对策研究》课题组.中国旅行社业发展现状与发展对策研究[J].旅游学刊,2002(1):9—16.

张安民,李永文,梁留科.基于SCP模型的我国旅行社业的经营测度[J].旅游学刊,2007(10):44—49.

张佰瑞.北京旅游就业效应和就业乘数分析[J].北京社会科学,2010(1):38—41.

张佰瑞.产业融合与北京旅游业的发展[J].城市问题,2009(9):69—77.

张春晖,张红,白凯,刘丽.基于动态偏离-份额和灰色关联分析的陕西入境旅游产业结构与竞争力分析[J].旅游论坛,2010(3):

59—64.

张广海,高乐华.山东半岛城市群旅游产业集群及其竞争力评价[J].山东经济,2008(2):145—148.

张广瑞.市场经济国家的旅游发展模式[J].社会科学家,1989(4):43—49.

张辉.对我国旅游发展道路的重新认识.西北大学学报(哲学社会科学版),1995(3):119—122.

张辉.中国旅游产业发展模式及运行方式研究[M].北京:中国旅游出版社,2003:68—73.

张辉.转型时期中国旅游产业环境、制度与模式研究[M].北京:旅游教育出版社,2005.

张建春.旅游产业集群探析[J].商业研究,2006(15):147—149.

张建梅.论我国旅游业由政府主导向市场主导模式的转换[J].现代财经-天津财经学院学报,2003(11):58—61.

张凌云.试论有关旅游产业在地区经济发展中地位和产业政策的几个问题.旅游学刊,2000(1):10—14.

张梦.区域旅游业竞争力理论与实证研究[M].成都:西南财经大学出版社,2005.

张鹏,丘萍.相对滞后地区旅游产业系统的理论探讨[J].资源与产业,2006(4):67—70.

张茜,马添翼.中国区域旅游业专业化与竞争力评价[J].江西财经大学学报,2008(1):114—117.

张树夫,唐继刚,徐菲菲.江苏沿海生态旅游资源开发研究[J].地理学与国土研究,2000(3):75—78.

张文.构造一个基于关系的旅游系统的讨论[J].北京第二外国语

学院学报,1997(4):32—43.

张文建.试论现代服务业与旅游业新增长态势[J].旅游学刊,2006(4):23—27.

张晓明,刘总理.基于偏离——份额法的西安国际旅游产业结构分析[J].统计与信息论坛,2010(1):103—106.

张英,张炎,彭苑.民族地区旅游就业效应研究:以湖南凤凰县为例[J].湖南社会科学,2012(3):125—128.

张佐华.香港的旅游业为什么能够迅速发展[J].旅游论坛,1986(3):65—70.

章尚正.政府主导型旅游发展战略的必然转化[J].旅游科学,2002(1):5—8.

庄志民.上海都市旅游规划的时空审视及其战略取向[J].旅游学刊,2007(4):43—47.

庄志民.论系统关系中的旅游产品开发管理[J].旅游科学,2004(1):52—57.

赵磊,庄志民.旅游目的地竞争力模型比较研究[J].旅游学刊,2008(10):47—53.

赵磊.旅游发展与中国经济增长效率:基于 Malmquist 指数和系统 GMM 的实证分析[J].旅游学刊,2012(11):44—55.

周四军,张墨格.中国旅游业发展与经济增长的统计分析[J].统计与信息论坛,2006(4):60—64.

朱竑,戴光全.经济驱动型城市的旅游发展模式研究:以广东省东莞市为例[J].旅游学刊,2005(2):41—46.

朱竑,贾莲莲.基于旅游"城市化"背景下的城市"旅游化":桂林案例[J].经济地理,2006(1):151—154.

朱祥忠.西班牙的旅游业是怎样发展起来的[J].世界经济,1980(5):63—67.

朱彧,樊琪.海南省旅游产业集群定量识别与分析[J].中国商贸,2012(4):194—195, 197.

邹统钎.饭店战略管理:理论前沿与中国的实践[M].广州:广东旅游出版社,2002.

左冰.中国旅游产出乘数及就业乘数的初步测算[J].云南财贸学院学报,2002(6):30—34.

左冰.旅游产业集群:形态、边界与运行机制:湖南旅游产业集群实证研究[J].桂林旅游高等专科学校学报,2007(5):741—745.

黄基秉,刘婕,袁力,等.城市旅游产业升级理论与实证研究[J].成都大学学报(自然科学版),2007(3):240—242, 261.

栗动琴.城市旅游产业升级研究[D].浙江工商大学,2008.

张洪.基于SSA法的城市旅游产业结构比较分析:以南京市为例[J].资源开发与市场,2010(7):602—604, 608.

宁坚.高铁沿线城市旅游产业链共建研究:以成绵乐高铁沿线城市为例[J].经济体制改革,2012(2):177—180.

韩元军.中国城市旅游产业效率时空特征与行业差异[J].商业研究,2013(11):211—216.

徐春红.基于灰色系统理论的城市旅游产业经济发展实证研究:以宁波市为例[J].旅游研究,2014(1):82—87.

吴晶,马耀峰.东、西部城市旅游产业与城市化耦合协调度对比研究[J].旅游论坛,2014(1):46—50.

徐春红.基于偏离—份额法的城市旅游产业结构评价分析:以宁波市为例[J].经济论坛,2014(4):132—136.

刘迅.基于政府主导的城市旅游产业升级发展研究[D].南昌大学,2014.

韦福巍,周鸿,黄荣娟.区域城市旅游产业、社会经济、生态环境耦合协调发展研究:以广西14个地级市为例[J].广西社会科学,2015(3):24—28.

葛敏,臧淑英,马涛,等.产业融合视角下城市旅游发展的双路径研究:以苏州市为例[J].森林工程,2016(2):87—92.

张璇,段正梁,耿长伟.城市旅游产业效率与经济发展协调关系研究:以湖南省14个市州为例[J].城市学刊,2017(4):75—81.

赵紫燕.北京、杭州、上海、厦门、成都位居前五19个副省级及以上城市旅游产业发展指数测评排名[J].国家治理,2017(44):2—14.

戎婷竹.长三角城市群高铁沿线城市旅游产业效率研究[D].上海:上海师范大学,2018.

魏哲.城市旅游经济产业相关性研究:基于灰色系统下北京、广州两市的产业数据[J].当代经济,2018(21):68—72.

胡少卿.城市旅游营商环境对旅游产业投资效率的影响研究[D].上海:上海财经大学,2021.

伍蕾,倪姣,孙维筠.城市旅游发展效率与旅游产业集聚的互动关系研究:基于湖南省14市州PVAR模型分析[J].旅游论坛,2021(4):91—102.

张林,孙永权,寇勇.热门城市旅游产业发展对经济增长的影响效应研究:以GDP过万亿城市为例[J].兰州交通大学学报,2024(3):148—156.

章坤,谢朝武.城市旅游产业要素“距离-集聚”空间关联模式[J].中国生态旅游,2024(3):621—635.

图书在版编目(CIP)数据

城市旅游产业发展模式与经济效应研究 / 李瑶亭著.
上海 : 上海社会科学院出版社, 2025. -- ISBN 978-7
-5520-4762-2

Ⅰ. F592.3

中国国家版本馆 CIP 数据核字第 2025ER0145 号

城市旅游产业发展模式与经济效应研究

著　　者: 李瑶亭
责任编辑: 朱婳玥　霍　覃
封面设计: 黄婧昉
出版发行: 上海社会科学院出版社
　　　　　上海顺昌路 622 号　邮编 200025
　　　　　电话总机 021 - 63315947　销售热线 021 - 53063735
　　　　　https://cbs.sass.org.cn　E-mail: sassp@sassp.cn
照　　排: 南京理工出版信息技术有限公司
印　　刷: 上海新文印刷厂有限公司
开　　本: 890 毫米×1240 毫米　1/32
印　　张: 10.25
插　　页: 1
字　　数: 246 千
版　　次: 2025 年 6 月第 1 版　2025 年 6 月第 1 次印刷

ISBN 978 - 7 - 5520 - 4762 - 2/F · 812　　定价: 68.00 元